음양오행의 역사

음양 · 오행에서 태일 · 태극까지

음양오행의 역사

음양 · 오행에서 태일 · 태극까지

초판 1쇄 인쇄 2026년 1월 10일
초판 1쇄 발행 2026년 1월 20일

지은이 | 신미경
펴낸이 | 김태화
펴낸곳 | 파라아카데미 (파라북스)
기획편집 | 전지영
디자인 | 김현제

등록번호 | 제313-2004-000003호 등록일자 | 2004년 1월 7일
주소 | 서울특별시 마포구 와우산로29가길 83 (서교동)
전화 | 02) 322-5353 팩스 | 070) 4103-5353

ISBN 979-11-88509-95-9 (93180)

* 값은 표지 뒷면에 있습니다.
* 파라아카데미는 파라북스의 인문 분야 전문 브랜드입니다.

음양오행의 역사

음양 · 오행에서
태일 · 태극까지

신미경 지음

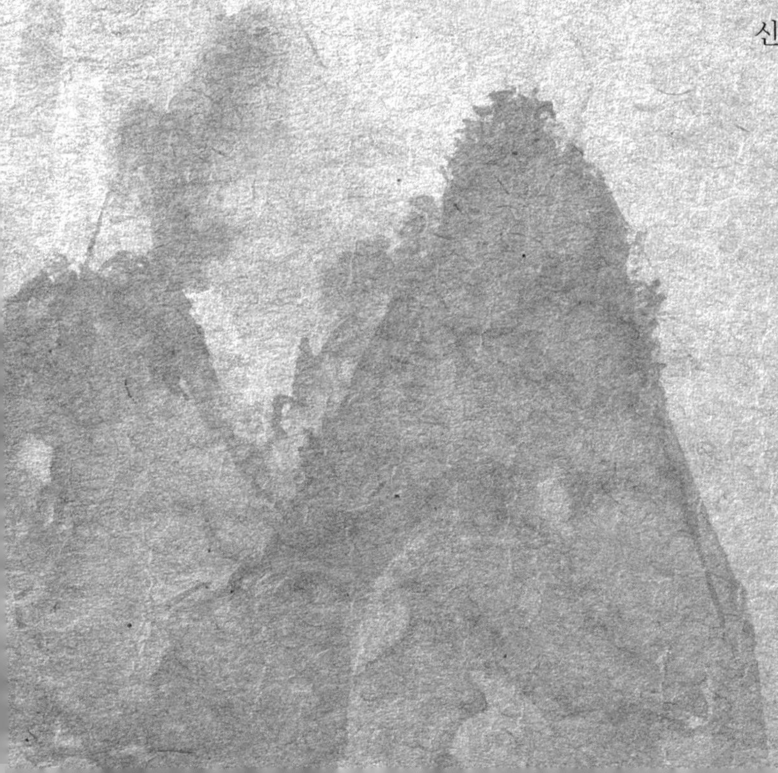

파라아카데미

추천사

이봉호(경기대학교 자유교양대학 교수)

음양과 오행은 범주가 다른 개념이었다. "음양은 음양, 오행은 오행(陰陽自陽, 五行自五行)"이었다. 주희朱熹는 음양은 기氣, 오행은 질質이라고 구분하여 서로 다른 범주라고 하였다. 각기 다른 두 범주가 발전해 오다가 한나라 시기에 이르면 두 범주가 결합하기 시작한다.

이 책은 음양의 역사와 오행의 역사를 추적하고, 음양과 오행이 결합하는 과정을 정리하였다. 동아시아 전통에서 음양오행이 갖는 문화적 영향력이 매우 강함에도 음양과 오행에 대해 그 기원과 역사를 분명히 알지 못한 답답함을 풀어주는 내용이다.

일상생활에서 음양오행이 여전히 사용되고 있음에도 그 기원과 역사를 알지 못하였는데, 이 책을 통해 음양오행의 기원과 역사를 이해할 수 있다. 《음양오행의 역사》는 음양과 오행에 관한 고전들을 꼼꼼히 탐색하고, 현재 중국과 한국에서 수행된 연구자료를 정리하여, 음양과 오행의 기원과 역사뿐만 아니라 음양과 오행이 결합하는 과정들을 해명하였다. 음양과 오행의 역사가 지난한 것처럼, 이를 정리하는 것 역시 지난한 작업이다. 신미경 박사의 특유한 성실함과 꼼꼼함이 그 긴 역사를 깔끔하게 정리하였다.

이 책을 읽으면 음양과 오행의 기원과 역사에 관한 이해와 음양오행이 동아시아에서 문화의 중심축이 되었는지 알 수 있다. 그리고 오늘날에도 여전히 일상에서 한의학으로, 명리학으로, 풍수학으로 음양오행이 살아있을 수 있는 이유를 알 수 있을 것이다.

들어가는 글

음양오행은 동아시아 사상을 대표하는 거대한 관념 체계로, 오랜 역사를 거쳐 점차 이론 체계로 성숙해 왔다. 음양은 본래 산의 햇볕이 드는 쪽(양)과 들지 않는 쪽(음)을 구별하는 개념에서 비롯되었으며, 오행은 자연과 인간 생활에 필수적인 다섯 가지 물질(五材)인 목木, 화火, 토土, 금金, 수水에서 유래한 것이다.

근원이 다른 음양과 오행이 하나의 이론 체계로 결합하려면 두 개념을 아우르고 이어주는 상위 개념이 필요한데, 이것이 '기氣'이다. '기'가 음양보다 더 근본이 되는 중요한 개념으로 자리잡을 때, '태일太一'과 '태극太極'에 대한 논의가 나타나게 된다. 이 책에서는 음양, 오행, 그리고 태일(태극)이 각각 어떻게 시작되고 결합해서 하나의 체계로 만들어지는지 그 과정을 추적하였다.

1장 서론에서는 음양오행 연구의 필요성과 문제의식을 제기한다. 기존 연구 성과와 한계점을 검토하고, 음양오행의 기원 및 개념 형성을 밝혀내기 위한 연구 방법, 음양오행의 발전 과정과 시대별 주요 논점을 체계적으로 살펴보았다.

2장에서는 음양의 연원과 개념화가 진행되는 지난한 과정을 고전 속에서 낱낱이 찾는다. 여기서는 자연현상과 재해와 관련된 음양, 서로를 이룬다는 대대待對와 상반상성相反相成으로서의 음양, 그리고 음양이 대대 관계나 상반상성으로 설명되는 과정을 정리하였다.

3장에는 오행의 연원과 개념화 과정을 다루었는데, 현실에 있는 다섯 가지 물질이 오행의 개념으로 바뀌는 과정과, 이들 오행이 서로 살리기도(生) 혹은 서로 다투며(剋) 연결되는 원리를 추적했다. 사방四方설과 오행의 연결, 실용 재료와 오행, 왕조 교체와 오행, 오행이 항상 바뀌면서 우열이 없다는 오행무상승五行無常勝 등 여러 측면에서 오행의 전체적인 흐름을 고찰하였다.

4장에서는 '태일'과 '태극'이 음양오행과 결합하면서 체계를 이루게 되는 과정을 살폈다. 태일과 태극은 종교와 역학 영역에서 근본 개념으로 출발한다. 시간이 흐르면서 근본 원리라는 개념으로 정립된다. 태일과 태극이 근본 원리라는 개념으로 정립되고 나서, 태일(태극)-음양-오행이라는 전체 체계가 만들어진다. 또한 음양과 오행이 결합하는 과정을 『관자』, 『여씨춘추』, 『회남자』, 『춘추번로』, 『백호통의』, 『주역참동계』 등의 문헌을 비교 분석해서 고찰하였다.

5장은 앞 장들에서 살펴본 결과를 바탕으로, 음양과 오행의 연원과 개념화 과정, 그리고 태일(태극)과 음양오행 체계의 정립을 중심으로 음양과 오행의 형성과 결합을 결론으로 정리하였다.

음양과 오행의 개념화 과정을 좇아가면, 음양과 오행이 어느 시대에 어떻게 바뀌고 개념이 생겨났는지 살펴볼 수 있다. 우리가 알고 있는 음양이나 오행의 개념이 언제 어떻게 만들어졌고, 이들 개념이 어떤 논리와 흐름으로 결합했는지도 분명해진다.

차례

2장

음양의 연원과 개념화 과정

3장

오행의 연원과 개념화 과정

1장

태일(태극) 음양오행
체계의 형성

01
음양오행의 출발점과 연구 방법

음양오행의 기본 개념과 원리

음양陰陽은 서로 대립하면서도 보완하는 두 가지 기본적인 상태나 성질을 개념화한 용어이다. 음과 양은 절대적으로 고정된 상태가 아니라, 서로 변화하고 균형을 이루려고 한다.

음의 특징은 어둠, 수동적, 소극적, 하강, 수축, 땅, 밤, 달, 여성적인 성질, 정지, 차가움 등이다. 양의 특징은 밝음, 능동적, 하늘, 태양, 운동, 적극적, 상승, 팽창, 하늘, 낮, 남성적인 성질, 더움 등이다. 이 두 가지는 서로 변화하며 조화를 이루어 만물을 생성하고 변화시킨다. 음과 양은 서로 대립하면서도 의존하며, 어느 한쪽이 지나치면 반대 성질로 변한다. 즉 음이 최고로 극한 상태(陰極)에서 양이 생기고, 양이 최고로 극한 상태(陽極)에서 음이 생긴다는 관계이다. 음양의 변화는 낮과 밤, 더움과 추움, 생과 사, 계절의 변화, 인체의 생리와 병리 설명에도 적용된다.

오행五行은 우주 만물의 변화를 다섯 가지 원소 또는 기운, 즉 목木, 화火, 토土, 금金, 수水 다섯 가지 기본 요소로 설명하는 체계이다.

오행은 단순한 물질 개념이 아니라 그 작용과 성질까지 나타낸다. 각 오행은 각각의 성질과 상징을 갖는다. 목木은 성장, 확장, 생장, 동쪽, 봄과 관련되고, 화火는 발산, 상승, 열, 남쪽, 여름과 관련된다. 토土는 조화, 안정, 매개, 중앙, 환절기를, 금金은 수렴, 응축, 서쪽, 가을을, 수水는 하강, 저장, 북쪽, 겨울에 해당된다.

오행의 상호관계는 목생화木生火, 화생토火生土, 토생금土生金, 금생수金生水, 수생목水生木과 같이 서로 돕는 순환 관계인 상생相生 작용과, 목극토木剋土, 토극수土剋水, 수극화水剋火, 화극금火剋金, 금극목金剋木의 서로 제어하며 순환하는 상극相剋 작용이 있다. 이처럼 상생과 상극의 관계를 통해 자연과 인간 세계의 변화와 조화가 이루어진다고 이해한다.

음양과 오행은 서로 밀접하게 결합되어 있다. 음양의 두 가지 흐름은 오행의 다섯 단계로 구체화되며, 우주 만물과 그 변화 과정을 설명한다. 이 이론은 자연현상뿐만 아니라 의학, 인간성, 사회, 철학, 명리학 등 동아시아 문화 전반에서 매우 중요한 근간이 되어 왔다.

음양오행의 기본 개념은 시간이 흐름에 따라 고대 중국의 사상가들과 철학자들에 의해 더욱 체계화되고 심화되었다. 음양오행은 다양한 현상을 해석하는 데 사용되면서 점차 더욱 복잡하고 정교한 원리로 발전해왔다.

한나라 이전에는 음양은 음양[陰陽自陰陽], 오행은 오행[五行自五行]으로 독립적인 개념이었고, 음양은 음양대로 오행은 오행대로 발전 과정을 거쳤다.[1]

한나라 시기에 음양과 오행이 결합하고, 이 음양-오행의 결합에서 음양의 근거로 일기一氣 개념이 논의된다. 일기 개념은 태일太一,[2] 태을太乙, 태극太極 등 다양한 명칭으로 사용되다가 태일과 태극이 혼용되는 상태로, 태일-음양-오행의 체계가 만들어질 때도 있고, 태극-음양-오행의 체계가 등장할 때도 있다. 태일과 태을은 성수신앙星宿信仰에서 북극성을 가리키던 명칭이라 사실 같은 의미를 지닌다. 태극은 『주역』「계사전」에서 그 용어가 나오면서 점차 철학적 의미가 부여되어 한나라 때에 개념화된다.

한나라에 이르러 태일(태극)-음양-오행이 하나의 체계를 이룬다. 한나라 시기에 이 체계가 형성되는 것에 대해 거자오광(葛兆光)은 진나라와 한나라 시대의 사상이 그 이전 우주와 역사, 인간에 대한 파편적이고 치우친 지식을 통합하고 체계화하여 중국 사상의 토

1. 彭華,「陰陽五行研究(先秦篇)」, 華東師範大學 博士學位請求論文, 2004, pp.1~2. / 南偉,「論陰陽五行之起源」, 青島大學 碩士學位請求論文, 2006, p.1 참조.
2. 태일(太一)은 태일(泰一)로 쓰기도 하는데, 태을(太乙)과 같은 말이다. 성수신앙에서 북극성을 태을(太乙)신으로 섬겼는데, 이를 한무제 시기에 태일(太一)이라고 부르면서 최고의 신격을 부여했다. 이와 관련해서, 胡孚琛 主編,『中華道教辭典』, 중국사회과학원출판사, 1995, p.784. 태을(太乙) 항목 참조.

대를 형성한 시기라고 평가한다.[3] 리쩌허우(李澤厚)는 한나라 우주론 철학이 중국 문화와 심리 구조의 형성에 영향을 주었으며, 한나라 시기 사상은 중국 철학 발전에서 가장 중요한 새로운 단계라고 본다.[4]

이와 같이 파편적인 지식이 체계화되어 우주론 철학으로 발전하는 것이 바로 '태일(태극)-음양-오행의 체계'이다. 이에 대해 호외려胡外廬는 "음양오행설은 한나라에 와서야 비로소 체계를 이룬다. 이 체계를 이해하지 못하면 한나라 이후 중국사상을 이해할 수 없으며, 특히 유가사상도 이해할 수 없다"[5]라고 했다. 또 방박龐朴은 "음양오행설 없이 중국 문화체계를 설명할 방법은 없다"[6]라고 말한다.

한나라 시기에 와서 파편적인 지식이 비로소 하나의 원리로 정리되고, 또 체계화되기 시작했다. 이런 지식들이 체계화되는 과정에 중심이 되는 개념은 태을太乙, 태일太一, 태극太極, 음양陰陽, 오행五行 등이다. 이 개념들이 하나의 체계로 정비되는 것이 한대 사상의 주요한 흐름이며, 이런 흐름에서 원기元氣를 중심으로 한 기화론氣化論이 형성되었다. 이 원기를 태일, 태극으로 이해하게 되었다.

기화론이 형성되고 나서, 음양과 오행이 결합 할 수 있었다. 물론 이

---

3. 거자오광 지음, 이동연 외 옮김, 『중국사상사』, 일빛출판사, 2013, pp.543~554 참조.
4. 리쩌허우 지음, 정병석 옮김, 『중국고대사상사론』, 한길사, 2005, pp.27~35 참조.
5. 胡外廬 등 著, 『中國思想通史』권1, 人民出版社, 1992, p.646 참조.
6. 龐朴, 『陰陽五行探原』, 『中國社會科學』, 1984, p17 참조.

는 음양과 오행이 각자 충분히 개념적으로 정립된 후에야 비로소 서로 결합하여 하나의 통합적 체계를 이룰 수 있었다는 의미다. 우리가 알고 있는 음양과 오행의 완전한 이론적 형태는 한나라에 와서야 완성된다.

음양 개념은 『시경詩經』에서 상관성과 상대성의 개념을 갖추고, 『춘추좌씨전春秋左氏傳』에서는 자연현상을 설명하는 개념으로 발전한다. 「계사전繫辭傳」에서는 기와 결합해 변화와 운동을 설명하는 이론이 되지만, 분류 기준이자 하나의 체계로서의 음양은 동중서에 이르러 완성된다. "동중서는 음양에 시비와 선악이라는 개념을 적용해서 음을 비非, 악惡, 양을 시是, 선善으로 분류한다. 이는 음양 개념이 동중서에 이르러 우리가 생각하는 그 의미에 다다랐다는 점을 보여준다."[7]

오행은 실생활에서 사용되는 재료를 뜻하는 오재五材에서 시작되어 만물을 구성하는 요소로서 발전하였다. 전국시대에는 제齊나라를 중심으로 오행이 중앙과 네 방위에 적용된다. 추연에 의해 오행상승설五行相勝說을 근거로 오덕종시설이 제시되고, 『회남자淮南子』에 이르러서야 오행상생설五行相生說이 정립된다. 『회남자』에는 첫째로 '수→목→화→토→금→수, 둘째로 토→목→화→운雲→수→토'로 이어지는 두 가지 상생설이 함께 존재하는데, 이는 당시 상생설이 두

---

7. 藏明, 「五德終始說的形成與演變-從鄒衍到董仲舒, 劉向」, 西北大學, 博士學位請求論文, 2012.

가지로 만들어져 서로 경쟁하고 있었음을 짐작하게 한다.

음양과 오행은 각각 개념으로 정립되는 과정을 거치다가 한나라의 무제 시기에는 태일(태극)-음양-오행 체계가 확립되는 단계에 이른다. 하나의 체계로 완성되려면 각 개념이 내포와 외연에서 모두 완전성을 가져야 한다. 한나라의 무제 시기를 전후하여 음양과 오행이 완성된 개념 체계를 이루게 되었다는 것을 의미한다.

이 체계의 완성에 대해 팽화彭華는 그 과정을 네 단계로 나누어 설명한다. 첫 번째 단계는 전국 중기 이전으로, 음양은 음양대로, 오행은 오행대로 독립적으로 발전하던 시기다. 두 번째 단계는 전국 중기 이후로 제자백가가 등장해 서로 논쟁하면서 음양과 오행이 점차 개념화되는 시기다. 세 번째 단계는 전국 말기로, 이때 음양과 오행이 기초적으로 결합한다. 네 번째 단계는 진나라에서 한나라 문제文帝 시기로, 음양오행의 체계가 완전해지고 확립되는 시기다. 팽화는 특히 네 번째 단계에서 서기 2세기 유안劉安이 편집한 『회남자』와 동중서董仲舒의 『춘추번로春秋繁露』가 과거 시대의 음양오행 사상을 체계적으로 정리·통합한 과정을 보여주며, 이 이후 거대한 음양오행 체계가 확립됐다고 평가한다.[8]

연구사 정리에서 후술하겠지만, 한나라를 중심으로 한 음양과 오행의 결합, 그리고 태일(태극)-음양-오행의 체계 형성에 대해서는 아

8. 彭華, 「陰陽五行研究(先秦篇)」, 華東師範大學 博士學位請求論文, 2004, pp.1~2 참조.

직 충분히 연구되지 않았다. 위에서 언급한 팽화의 박사 논문이 선진시대의 음양오행 연구를 주로 다루어서, 진나라에서 한나라까지의 음양오행 연구로 범위를 넓히지 못했다. 태일(태극)-음양-오행 체계의 형성에 관한 탁견을 보여준 이봉호의 연구도 선진시대 이전의 음양, 오행의 연원과 개념화는 다루지 않았다.[9] 다른 연구들도 음양과 오행이 언제, 누구에 의해 결합되었는지에 논의를 집중하느라, 음양오행의 연원과 개념화 과정에 대한 연구는 진전을 보이지 못했다.

이러한 관점에서 구체적으로는 음양이라는 용어와 오행이라는 용어가 어떻게 개념으로 정립되었는지 그 기원에서부터 추적하겠다. 음양과 오행은 각각 연원도 다르고, 개념화의 과정도 달라서, 음양은 음양으로[음양자음양陰陽自陰陽], 오행은 오행으로[오행자오행五行自五行], 서로 다른 범주의 개념으로 존재했다고 할 수 있다.

음양과 오행 개념이 언제 어떤 논리를 통해 결합하는지는 중요한 쟁점이다. 학계에서는 음양과 오행의 결합을 '추연鄒衍에 의해 이루어졌다고 보는 견해',[10] 『관자管子』에서 결합되었다는 견해,[11] 『여씨춘

---

9. 이봉호, 「『참동계』와 태극(태일)-음양-오행 체계」, 『대순사상논총』 제37집, 2021 참조.

10. 조윤래, 「陰陽五行說의 同質性에 관한 論考」, 『유교사상문화연구』 9권, 1997. / 주현희, 「직하학파(稷下學派)의 음양오행설(陰陽五行說) 연구-관중(管仲)과 추연(鄒衍)을 중심으로-」, 영남대학교 대학원 석사학위청구논문, 2019. / 千仁錫, 「陰陽五行說의 起源에 關한 一考」, 東西醫學 대구한의대학교 제한동의학술원, 1987.

11. 조주은, 윤무학, 「『呂氏春秋』에서의 陰陽과 五行의 結合-十二紀의 月令思想을 중심으로」, 『한국철학논집』 42권, 한국철학사연구회 2014. / 金己, 「陰陽五行

추呂氏春秋』에서 결합되었다는 견해,[12] 『춘추번로春秋繁露』에서 결합되었다는 견해,[13] 그리고 『백호통의白虎通義』에서 결합되었다고 주장하는 견해[14]로 나누어 볼 수 있다. 각 주장들을 검토해 음양과 오행 결합의 시대와 논리를 밝혀 보고자 한다.

개념 정립, 결합 논의와 주요 논쟁점

음양과 오행을 아우르는 '기氣'가 상위 개념으로 자리잡으면서, 태일太一과 태극太極은 한나라 시기에 각각 종교적 철학적 의미로 개념화되었다. 태일 혹은 태극 개념은 한무제 시기에 음양오행 체계와 연결되어, 태일은 천명신학의 근거가 되고 한무제가 대일통사상大一統思想을 주장하는 바탕이 되었다. 태극은 팔괘를 생성하는 근거로 제시된다. 태일 혹은 태을은 성수신앙의 대상이었던 북극성을 의미했

說의 朱子學的 適用樣相에 關한 硏究」, 성균관대학교대학원 박사학위청구논문, 2012. / 오청식, 「『관자』의 음양오행이론에서 時와 政의 合一과 '四時五行循環式'에 관한 연구」, 『원불교사상과 문화』 제90집, 원광대학교 원불교사상연구원, 2021.

12. 조주은, 「陰陽五行의 結合過程 硏究-天人關係論과의 相關性을 中心으로」, 동방문화대학원대학교 박사학위청구논문, 2014.

13. 이정재, 「陰陽五行論의 형성과 이의 응용연구」, 『한국문화연구』 7권, 경희대학교민속학연구소, 2003. / 송갑준, 「음양오행설의 사유체계」, 『人文論叢』 제14집, 경남대학교인문과학연구소, 2001.

14. 은남근 지음 이동철 옮김, 『오행의 새로운 이해』, 법인문화사, 2000. / 강성인, 「『淮南子』의 음양오행학설과 사주명리의 연관성 연구」, 동방문화대학원대학교박사학위 청구논문, 2017.

다. “한 고조 이후 한무제 시기에 조신운동造神運動이 일어나며”[15] 한무제는 태일을 중심으로 한 대일통사상을 정립하고 모든 권력을 집중시켰다. 이때 “태일신－천일신(건괘/양인 신), 지일신(곤괘/음인 신)－오제신(오행 신)의 신학적 체계가 만들어졌다.”[16] 이 신학 체계는 음양오행사상을 기초로 한 것이라는 주장이 있다.[17] 이 구조는 한나라 말기『주역참동계』에서 태일－음양－오행의 체계로 정립된다.[18]

태극은「계사전」11장의 경문에서 팔괘의 생성 근거로 제시된다. 서한시대에는 금문 역학자들에 의해 역학에 오행이 도입된다. 서한 중기에는『역위易緯』[19]에서「계사전」11장의 내용을 우주 발생론 관점

---

15. 胡外廬 등 著,『中國思想通史』, 권2, 人民出版社, 1992, p.86 참조.
16. 이봉호,「『참동계』와 태극(태일)-음양-오행 체계」,『대순사상논총』 제37집, 2021, p.274 참조.
17. 남위(南偉)는 한무제 시기에 교사(郊祠)의 제례를 정할 때, 사마상여(司馬相如) 등이 〈郊祀〉 19장의 제례 음악을 만들었는데, 이 제례 음악이 음양오행의 이론에 기초하여 창작되었다고 한다. 이 제례 음악의 가사에 ‘태일-천지-오행’의 신학 체계가 들어있다고 한다. 南偉,「論陰陽五行之起源」, 靑島大學 碩士學位請求論文, 2006, p.47 참조.
18. 이봉호,「『참동계』와 태극(태일)-음양-오행 체계」,『대순사상논총』 제37집, 2021 참조.
19.『易緯』는『周易』과 관련된 緯書를 말한다. 위서는 유학의 경(經)에 대하여 위(緯)가 되는 책이라는 의미이다. 유학의 경전에 음양오행과 재이설, 술수 등을 끌어들여, 천명신학을 말하거나 길흉예측 등의 내용을 잡다하게 서술한 책을 위서라고 한다.『易緯』는『周易』과 관련된 위서들을 통칭하여 부르는 말로,『易緯乾鑿度』,『易緯乾坤鑿度』,『易緯稽覽圖』,『易緯辨經備』,『易緯通卦驗』,『易緯乾元序制記』,『易緯是類謀』,『易緯坤靈圖』로 8개 서책이 있다. 이들 서책이 모두 ‘易緯’라는 용어가 있어『易緯』로 통칭한다.

에서 다시 해석하며, 태역太易, 태초太初, 태시太始, 태소太素, 태극太極의 기론이 제시된다.[20] 태극 이후 건곤乾坤이 형성되어 만물이 생겨나면 음양이 나타난다고 한다.[21] 하지만 『역위』의 논리에서는 음양과 오행이 어떻게 연결되는지 분명하게 드러나지 않는다. 음양에 관한 설명은 건곤 이후에 음양이 생긴다는 경우와 만물이 먼저 생기고 나서 음양이 나타나는 경우로 나뉜다. 오행의 경우는 역을 정의하는 과정에서 역이 기의 형태로 드러날 때 언급된다. 다만 『역위』에서는 역학에 태극과 음양, 오행 이론이 모두 받아들여졌음을 알 수 있다. 태일(태극)-음양-오행의 체계가 뚜렷하게 드러나는 것은 『역위』보다 후대 『주역참동계周易參同契』에 와서이다.

『주역참동계』에서는 태일-음양-오행의 체계가 정립되어 나타난다. 즉, 음양오행의 결합을 논하는 것은 태일-음양-오행 체계가 성립되는 과정을 논하는 것과 같다. 음양과 오행이 결합하려면 이 두 가지 모두를 기로 규정해야 하며, 이 기는 음양보다 더 높은 상위 개념이어야 한다. 그리고 이 기를 일기一氣, 태일太一, 혹은 태극太極으로 볼 것인지가 한나라 시대 주요 논의 주제가 되었다.

이 책은 음양 개념의 연원에서 개념화 과정, 오행 개념의 연원에서 개념화 과정, 그리고 태일(태극)을 기반으로 한 음양오행 체계의 결합 과정과 태일(태극)-음양-오행 체계가 형성되는 과정을 차례대

---

20. 『易緯乾鑿度』: 太易始著太極成, 太極成, 乾坤行.
21. 『易緯乾鑿度』: 乾坤相, 俱生物, 有陰陽.

로 다루고자 한다. 이러한 연구 방법은 용어가 등장한 시대 순서를 따르는 동시에 각각의 개념이 성립되는 층위를 고려하는 것이다. 시대적으로 보면 음양이 먼저 개념화되고, 그 뒤 오행이 개념화된다. 개념적 층위로 볼 때, 음양 개념이 오행 개념을 포괄한다. 그리고 음양과 오행이 결합한 뒤, 그 근원이 되는 태일(태극) 개념이 정립되어 태일-음양-오행 체계의 형성을 뒷부분에서 다룬다.

02
음양오행 연구의 시대별 전개와 논점

1. 음양오행의 시대별 연구 특징

음양오행설의 중국 문화적 위치와 의의

음양오행설은 중국인들의 사유법칙[思惟律]이자 우주론적 종교로 평가된다.[22] 음양오행설이 없으면 중국 문화체계를 설명할 방법이 없다[23]고 말해진다.

중국에서 음양오행에 관한 연구는 여러 시기로 나누어 볼 수 있다. 중국에서 음양오행 연구를 시기적으로 정리한 것은 다음 논문들의 도움을 받았다.[24] 음양오행설에 대해 중국 학계는 1920~1930년대에는 서구 학문 방법론을 적용해 비판적으로 접근한 시기이며, 1940~

---

22. 顧詰剛, 「五德終始說下的政治和歷史」, 『古史辨』 제5책, 上海人民出版社, 1982, p.404 참조.
23. 龐朴, 「陰陽五行探原」, 『中國社會科學』, 1984.
24. 彭華, 「陰陽五行研究(先秦篇)」, 華東師範大學 博士學位請求論文, 2004./南伟, 「論陰陽五行之起源」, 青島大學碩士學位請求論文, 2006. / 竇福志, 「先秦文献中的陰陽五行思想研究」, 山東師範大學碩士學位請求論文, 2010.

1950년대에는 갑골문과 금문을 통해 연구가 진행되었다. 1950~1970년대 중화인민공화국 성립과 문화혁명기를 전후로는 연구가 거의 이루어지지 않았다. 1970년대에는 한묘 백서와 호북 형문 곽점촌 제일호 초묘 발굴을 계기로 오행 연구가 활발해졌다. 1980년대 이후에는 종교와 미신 연구가 허용되면서 현재에 이르기까지 다양한 연구가 이어지고 있다.

1920~1930년대 : 고사변파의 음양오행 연구와 비판

1920~1930년대의 음양오행 연구는 고사변파古史辨派에 의해 시작되었다. 이들은 서구 학문 방법을 중국 사상사 연구에 적용하고, 비판적 관점에서 중국의 고대 문헌과 사상을 재검토하였다.

고사변파의 음양오행 연구는 1921년 양계초梁啓超가 「음양오행설지래원陰陽五行說之來歷」[25]이라는 논문을 발표한 것이 계기가 되었다. 양계초는 서구 학문을 적극적으로 도입하였으며, 비판적 관점에서 음양오행설을 연구하였다. 그는 논문 서두에 "음양오행은 이천 년 동안 미신의 주요 근거지였으며, 지금도 사회적으로 큰 영향력을 가지고 있어, 진실한 논증으로 그 기원을 밝히려 한다."[26]라고

25. 「陰陽五行說之來歷」은 梁啓超의 문집인 『飮氷室文集』 pp.3277~3281에 수록되어 있다.

26. 梁啓超, 「陰陽五行說之來歷」, 陰陽五行說, 爲二千年來迷信之大本營. 直至今日, 在社會上猶有莫大勢力. 今當辭而闢之, 故考其來歷如次. 『古史辨』 제5책 하편, p.343.

적고 있다.

고사변파의 음양오행 연구는 두 가지 방향으로 전개되었다. 첫째, 음양과 오행이 어떤 고전에서 어떻게 등장하는지, 그 고전들이 서로 어떤 관계를 맺고 있는지 추적하며 음양오행설의 전파 경로를 분석하였다. 구체적으로, '음양'은 『시경』, 『서경』, 『의례』, 『역』, 『노자』, 『장자』 등에서 그 빈도와 관계를, '오행'은 『서경』, 『여씨춘추』, 『예기』, 『회남자』 등에서 용례를 찾아 경로를 살폈다. 고사변파는 음양오행설이 추연鄒衍, 동중서董仲舒, 유향劉向 등으로 이어지며 전파된 과정을 밝혔다.[27] 둘째, 음양오행설을 근거로 왕조 교체나 정권의 정당성을 설명하는 내용들을 검토하면서 비판적인 견해를 내놨다. 특히 고힐강顧頡剛은 음양오행설을 사설邪說로 규정하며 이를 이용해 혹세무민한 점을 비판하고, 직접적으로 추연, 동중서, 유향을 지목해 타도할 대상으로 규정했다.[28]

1940~1950년대 : 갑골문 · 금문 중심의 실증적 연구

1940~1950년대에는 갑골문과 금문을 대상으로 한 연구가 활발하게 이루어졌다. 이 시기의 음양 연구는 두 방향으로 진행되었다. 첫째는 갑골문과 금문의 음과 양 글자 구성 및 그 자의적 의미를 밝히

---

27. 『古史辨』 제5책, 상해인민출판사, 1982.
28. 顧頡剛, 「五德終始說下的政治和歷史」, 『古史辨』 제5책, 상해인민출판사, 1982 참조.

는 것이고,[29] 둘째는 갑골문의 음양 글자가 금문에서 형태가 변하는 과정과 자의 전승을 추적하는 것이다.[30]

1950~1970년대 : 문화혁명기

중화인민공화국 성립 이후 미신과 종교에 대한 탄압이 심화되며, 음양오행 및 종교 관련 연구는 중국사회과학원 등 특정 목적의 기관에서만 제한적으로 이루어졌다. 문화혁명 시기에는 대학 기능이 정지되어 연구와 교육 모두 중단되었고, 이로 인해 음양오행 연구도 제대로 이루어지지 못했다.

1970년대~현재 : 고문헌 발굴과 연구 재개, 현대적 확대

1973년 마왕퇴 한묘에서 많은 백서가 출토되고, 호북 형문 곽점촌 제일호 초묘에서도 많은 죽간이 발굴되었다. 마왕퇴 한묘와 곽점촌

29. 이에 해당하는 연구들은 陳邦懷, 「"小屯南地甲骨"中所發現的若干重要資料」, 『歷史硏究』, 1983년 제2기. / 蕭良琼, 「從甲骨文看五行說的淵源」, 『中國古代思惟模式與陰陽五行說探原』, 江蘇考籍出版社, 1998. / 胡厚宣, 「甲骨文四方風名考」, 『甲骨學思想論叢』, 초집 제2책, 齊魯大學國學硏究所, 1944. / 丁聲樹, 胡厚宣, 「甲骨文四方風名考補證」, 『責善半月刊』 2권 22기, 1942. / 楊樹達, 「甲骨文中之四方神命與風俗」, 『積微居甲文說』, 과학출판사, 1954.

30. 常正光, 「陰陽五行學說與殷代方術」, 『中國古代思惟模式與陰陽五行說探原』, 江蘇考籍出版社, 1998./劉翔, 「中國傳統價値觀詮釋學」, 三聯書店上海分店, 1996, p.258 참조.

초묘에 「오행」편이 포함되어 있었다. 이 자료의 발굴로부터 음양오행 연구가 다시 진행되었다.

1980년대 중반에 이르러서는 종교와 미신 연구가 허용되면서 음양오행 연구가 재개되었고, 2000년 이후에는 석박사 학위 청구 논문과 여러 소논문이 지속적으로 나오고 있다. 중국학술정보원(CNKI)에서 '음양오행'을 검색하면 분야와 논문 수가 너무 많아 일일이 정리하기 힘들 정도이다.[31]

2. 음양오행 결합 연구의 동향과 쟁점

음양과 오행의 개념 정립 과정과 결합에 대한 중국의 선행연구는 다양한 방면에서 이루어졌다. 이 연구들을 네 가지 정도로 분류하여 정리하였다. 주요 인물로서 추연과 동중서, 서적으로는 『관자』와 『여씨춘추』, 『회남자』를 중심으로 하며, 또한 음양오행에 관련한 최근 학위 논문도 빠짐없이 검토하여 중요한 부분을 정리하였다.

31. 중국에서는 2007년에 음양오행을 주제로 한 박사 학위 청구 논문이 최초로 발표되어 현재(2024년 5월 말 기준)까지 297편의 박사 논문이 발표되었다. 석사 학위 청구 논문의 경우는 현재 491편의 논문이 발표되었다. 중국의 석사 논문과 박사 논문은 철학, 고고학, 역사학, 문학, 예술, 의학, 정원학, 건축학 등 다양한 학문 분야에서 음양오행을 주제로 한 것들이다.

추연(기원전 305~240)의 음양오행설을 단독으로 다룬 학위 논문은 없다. 추연의 사상에 대해서는 여러 논문에서 각 장과 절로 정리하고 있다. 이들 논문은 추연의 생애와 사상을 '오덕종시설五德終始說', '오덕주운설五德主運說', '대구주설大九州說'로 구분해 설명한다.[32]

추연의 생애에 대해 중국 학자들의 평가는 대체로 비슷하다. 추연은 전국시대 제나라 사람으로 직하학궁稷下學宮 말기의 인물로 본다. 그의 사상적 토대는 유가의 학설을 바탕에 두고, 제나라 방사方士의 이론을 결합해 오덕종시설을 제안한 것이라 한다.

추연의 사상에 대해서 중국 학자들의 쟁점은 그가 음양론을 제시했는지와 오행상생설을 주장했는지의 여부다. 중국 학자들의 논문에서는 추연의 사상에서 음양에 대한 언급이 거의 없다고 본다. 반면 오행상생설이 존재하는지에 대한 논쟁은 백해白奚의 논문에서 논쟁이 해소됐다. 백해는 「추연사시교령사상고색鄒衍四時教令思想考索」이라는 논문에서 추연의 오행사상이 오행상생설에 해당함을 증명하였다.

추연 사상의 핵심은 '오덕종시설五德終始說'과 '오덕주운설五德主運說'이다. 학자들은 오덕종시설이 오행상승설을 바탕으로 왕조 교체

32. 彭華, 「陰陽五行研究(先秦編)」, 華東師範大學 博士學位請求論文, 2004. / 畢曉樂, 「齊文化與陰陽五行」, 山東師範大學 碩士學位請求論文, 2005. / 南偉, 「論陰陽五行之起源」, 青島大學 碩士學位請求論文, 2006.

를 설명한다는 점에 대체로 동의한다. 반면 구체적으로 오행상생설을 언급하고 있지 않다는 점에서 추연의 사상에 오행상생설이 존재하는가가 논란이었다. 백해는 『사기史記』「봉선서」의 내용을 인용해 추연의 「주운」편이 오행상생의 이론임을 증명하였고, 왕이 계절에 따라 거처하는 방위와 복색服色을 바꾼다는 점도 오행상생설에 따른 것임을 해명하였다.

구체적으로 백해는 추연의 「주운」편에 나오는 '오행이 서로 차례로 일을 맡고, 방위에 따라 복색을 달리한다[오행상차전용사五行相次轉用事, 수방면위복隨方面爲服]'는 내용에서 '오행상차五行相次'는 오행의 상생의 순서에 따른 것임을 『관자』의 「사시四時」, 『여씨춘추』의 「십이기十二紀」에서 설명된 사시교령四時敎令과 그 논리가 같음[33]을 논증해, 추연의 사상에 오행상생의 이론이 있음을 증명했다. 또 오덕종시설은 오행상승설과 같은 것이므로, 추연의 오행사상은 오행상승설과 오행상생설을 모두 갖춘 이론임을 인정받았다.

동중서의 귀토 사상

동중서의 음양오행 사상은 석·박사 논문에서도 다양하게 다루고 있다. 장명藏明의 「오덕종시설적형성여연변五德終始說的形成與演變一종

33. 白奚,「鄒衍四時教令思想考索」,文史哲,首都師範大學 東方文化研究所, 2001 참조.

추연도동중서從鄒衍到董仲舒, 유향劉向」,[34] 이풍경李豊琼의 「동중서음양오행철학사상연구董仲舒陰陽五行哲學思想硏究」,[35] 후영侯塋의 「동중서음양오행사상연구董仲舒陰陽五行思想硏究」[36] 등이 대표적이다. 이들 연구에서 주목해야 할 부분은, 동중서가 음양을 기준으로 시비와 선악을 분류했다는 점과 오행 중 토를 중시한 귀토貴土사상을 드러냈다는 점이다. 귀토사상은 오덕종시설 이론에서 한나라를 오행 중에 토의 성질을 갖는 나라로 해석하는 것이다. 동중서는 귀토 중심으로 충과 효를 결합해 삼강오륜의 사회 이데올로기를 만들었다. 한나라의 귀토사상은 오덕종시설에 따라 한나라가 어떤 오행에 속할지를 두고 벌어진 논쟁과도 연결된다.

『관자』·『여씨춘추』·『회남자』의 오행 논의

『관자』와 관련된 논문으로 류명월劉明月의 「종사시편간관자음양오행사상從四時編看管子陰陽五行思想」[37]을 들 수 있고, 『여씨춘추』에 관한 연구로는 손염여孫艷茹의 「논여씨춘추지음양오행설論呂氏春秋之陰陽五

---

34. 藏明, 「五德終始說的形成與演變-從鄒衍到董仲舒, 劉向」, 西北大學 博士學位請求論文, 2012.
35. 李豊琼, 「董仲舒陰陽五行哲學思想硏究」, 西南大學 碩士學位請求論文, 2010.
36. 侯塋, 「董仲舒陰陽五行思想硏究」, 西安電子科技大學 석사학위청구논문, 2023.
37. 劉明月, 「從四時編看管子陰陽五行思想」, 黑龍江大學校 석사학위청구논문, 2023.

行說」[38]이 대표적이다. 두 논문은 책의 본문에서 자세히 다룬다.

『회남자淮南子』 관련 논문으로는 주신림朱新林의 「회남자음양오행사상연구淮南子陰陽五行思想研究」[39]가 있다. 이 연구에서는 오행상생설이 동중서의 사상에서 처음 나타났다는 고힐강의 주장에 반대하며, 동중서보다 앞선 『회남자』에 오행상극설五行相剋說과 오행상생설五行相生說이 모두 나타난다고 한다.

음양오행 결합 논쟁과 연구 동향

이 책의 주제와 가장 밀접한 논문으로 풍학馮鶴의 「음양오행학설여진한대일통정체적형성陰陽五行學說與秦漢大一統政體的形成」가 있다. 이 논문은 음양 · 오행의 기원을 탐구하고, 추연의 음양오행설을 검토한 뒤, 『여씨춘추』에서 대일통사상의 이론이 마련되고, 동중서가 음양오행 구조를 정치체제로 발전시켜 이론적으로 완성했다고 분석한다.[40] 이 논문의 특징은 동중서가 천인합일天人合一 사상을 바탕으로 군을 양陽, 신하를 음陰, 아버지를 양陽, 자식을 음陰, 지아비를 양陽, 지어미를 음陰으로 구분해 삼강령을 만들었고, 이 논리가 음양론에 기초한다는 점, 오상의 논리가 오행에 근거해 배치되었다는 점, 삼강오륜

38. 孫艷茹, 「論呂氏春秋之陰陽五行說」, 河北師範大學校 석사학위청구논문, 2012.
39. 朱新林, 「『淮南子』陰陽五行思想研究」, 山东大学 석사학위청구논문, 2006.
40. 馮鶴, 「陰陽五行學說與秦漢大一統政體的形成」, 中國社會科學院 석사학위청구논문, 2007.

의 구조가 대일통으로 수렴된다는 점을 밝혔다는 데 의의가 있다. 이 논문에서는 대일통사상의 구조인 태일-음양-오행의 구체적 도식은 제시되지 않았지만, 한무제 시기의 대일통사상이 태일-음양-오행 체계를 바탕으로 구성된 만큼 본 연구의 시대적 · 정치적 배경 분석에도 참고가 된다.

음양과 오행에 관한 중국 학위 논문들을 검토해 보면, 본 연구의 주제인 태일-음양-오행 결합 과정이 아직 명확히 밝혀지지 않았다는 점을 알 수 있다. 하지만 이들 논문은 음양과 오행이 어떻게 결합했는지 단계를 파악하는 데 일정한 참고가 된다.

음양오행에 대한 국내 연구는 매우 활발하다. 한국교육학술정보원에서 운영하는 '학술연구정보서비스RISS'에서 '음양오행'을 키워드로 검색하면,[41] 국내 학술 논문은 1,285건, 학위 논문은 1,899건, 단행본은 4,174권, 해외 학술 논문은 3건, 연구보고서는 167건, 공개 강의는 8건이 검색된다. 학위 논문 가운데 국내 석사 논문은 1,312건, 국내 박사 논문은 574건, 해외 박사 논문은 13건이다. 주제 분류는 예술체육 605건, 인문학 563건, 사회과학 450건, 의약학 150건, 교육 143건, 공학 137건, 자연과학 104건, 농수해양 35건, 기타 11건 등으로 다양하다.

이 논문 중 우리의 주제인 태극-음양-오행의 결합과 관련된 논문들을 검토한 결과, 음양오행의 결합 시기에 대한 견해는 학자마다

41. 2024년 5월 말 기준.

다르다는 점이 확인된다.

추연에서 음양오행이 결합되었다고 주장하는 학자에는 조윤래, 주현희, 천인석, 궁철병, 서복관이 있고, 『관자』에서 결합되었다는 주장은 김기, 오청식, 조주은 · 윤무학, 류명월 등이 있다. 송갑준, 이정재는 동중서의 『춘추번로』에서 음양오행이 결합되었다고 하였고, 조주은은 『여씨춘추』에서, 은남근과 강성인은 『백호통의』에서 음양오행이 결합되었다고 주장한다.

이처럼 학자마다 의견이 다르고 음양과 오행의 결합이 언제 어떤 논리로 결합되었는지는 해명되지 않음을 알 수 있다.

03
개념 연원과 자료 분석 방법

음양오행 개념의 형성과 연원 추적

본 연구의 방법은 개념들이 어떻게 형성되고 결합하여 이론적인 체계를 만드는지를 추적하는 과정이다. 구체적으로는 음양, 오행, 태일(태극)의 연원과 개념화 과정을 살핀다. 갑골문과 금문부터 한나라에 이르는 다양한 자료에서 관련 용어를 추출하고, 각각의 자료에서 용어들이 어떻게 개념화되는지 정리하는 방식으로 진행한다.

갑골문과 금문에서 음양의 기원에 대한 연구는 저자가 한국인으로서 직접 그 자료를 확인할 수 없어 중국 학자들의 논문을 참고하여 정리하였다. 소량경蕭良琼의 『종갑골문간오행설적연원從甲骨文看五行說的淵源』, 호후선胡厚宣의 「갑골문사방품명고甲骨文四方風名考」, 정성수丁聲樹 · 호후선의 「갑골문사방풍명고보증甲骨文四方風名考補證」, 양수달楊樹達의 「갑골문중지사방신명여풍속甲骨文中之四方神命與風俗」 등 선행 연구들을 바탕으로 음양과 오행의 기원을 논한다.[42]

---

42. 陳邦懷, 「"小屯南地甲骨"中所發現的若干重要資料」, 『歷史研究』, 1983년 제2기.

춘추와 전국시대 음양오행 관련 연구는, 그 시기의 주요 전적들에서 관련 내용을 뽑아 개념 형성 과정을 정리한다. 여기서 주로 참조하는 자료는 『역경易經』, 『시경詩經』, 『춘추좌씨전春秋左氏傳』, 『국어國語』, 『상서尙書』, 『주례周禮』, 『예기禮記』, 『논어論語』, 『묵자墨子』, 『맹자孟子』, 『장자莊子』, 『열자列子』, 『노자老子』 등이다.

음양과 오행이 이론적으로 하나의 체계로 결합할 주제는, 『관자管子』, 『여씨춘추呂氏春秋』, 『춘추번로春秋繁露』, 『논형論衡』, 『회남자淮南子』, 『역위易緯』, 『백호통의白虎通義』, 『주역참동계周易參同契』, 『사기열전史記列傳』, 『한서漢書』, 『설문해자說文解字』 등 주요 고전에서 관련 내용을 추출해 분석한다.

아울러 이런 춘추 · 전국시대 원전 자료들에 대한 중국 학자들의 연구도 충분히 참고한다. 이는 중국 학자들이 어떻게 음양오행설을 정리하고 해석했는지 한국에 소개하는 자료로서 의의도 갖는다.

/ 蕭良琼, 「從甲骨文看五行說的淵源」, 『中國古代思惟模式與陰陽五行說探原』, 江蘇考籍出版社, 1998. / 胡厚宣, 「甲骨文四方風名考」, 『甲骨學思想論叢』, 초집 제2책, 齊魯大學國學硏究所, 1944. /丁聲樹, 胡厚宣, 「甲骨文四方風名考補證」, 『責善半月刊』 2권 22기, 1942. /楊樹達, 「甲骨文中之四方神命與風俗」, 『積微居甲文說』, 과학출판사, 1954.

개념이란 인간이 세계를 인식하는 도구이다. 인간에게 개념이 없으면 현실을 이해할 수 없고,[43] 개념과 개념을 연결해 이론적 체계를 만들어야 다양한 현실의 변화도 설명할 수 있다. 음양과 오행이라는 개념이 결합해 하나의 이론적 체계를 이루는 것을 음양오행설 혹은 음양오행학이라 한다. 음양오행학은 동아시아에서 현실과 세계를 바라보는 근본적인 사유틀로 기능한다.

음양을 개념적으로 보면, '기氣' 개념의 전제 아래 기의 두 가지 양태가 음과 양이다. 오행 역시 기를 전제로 하지만, 이는 음양의 하위 개념으로 음양에 포함되며, 오행의 각 행은 음 또는 양 어느 하나에 속한다.

음양과 오행의 연원과 개념화 과정을 추적한다는 것은 이 용어들이 점차 추상적인 특성을 갖추어 가고, 공통적인 의미를 지니게 된 뒤, 현실에 적용되어 다양한 변화나 규칙성을 드러내는지를 살핀다는 것이다.

음양의 연원과 개념화 과정이란, 음과 양이 처음엔 각각 태양이 비치는 곳, 흐린 날씨를 가리키는 글자를 뜻하다가 '음양'이라는 복합용어로 연칭連稱되어 하나의 개념이 된 과정을 말한다. 이 과정에서

43. 엘리자베스 클레망, 샹탈 드몽크, 로렌스 한제-뢰브, 피에르 칸 지음, 이정우 옮김, 『철학사전』, 동녘출판사, 1996년, p.19, 개념 항목 참조.

음양은 단순한 현상을 지칭하는 것을 넘어서, 음의 특성이 보인 집합을 대표하거나 양의 특성을 보인 집합을 대표하며, 나아가 두 개념이 상관적 사고의 틀로 자리잡는 과정을 살펴본다.

오행의 연원과 개념화 과정은 현실에 존재하는 다섯 가지 물질이 각각 한 집합을 대표하는 다섯 개념으로 변화하는 과정, 그리고 이 개념들이 상극성과 상생성의 원리로 상호 관계를 맺는 과정을 추적하는 것이다.

태일과 태극이라는 용어가 처음에는 종교 신학 영역과 역학易學, 철학 영역을 각기 다르게 대표하다가, 점차 두 용어가 근본 원리를 내포하는 동일한 성격으로 변하며 서로 유사해지는 과정을 추적한다. 이들 개념이 정립되고 나면, 태일(태극)—음양—오행 체계를 이룬다는 점에서, 각 용어의 연원과 개념화 과정을 먼저 다루고, 다음 단계로 이들이 통합되어 하나의 이론 체계가 되는 과정을 살펴보고자 한다.

음양과 오행의 연원에 관한 연구는 주로 갑골문과 금문을 분석 대상으로 삼는다. 저자는 이들 자료를 직접 확인할 수 없으므로, 중국 학자들의 연구 성과를 참고해 논의를 진행한다. 중국 학자들은 음양과 오행의 기원과 연원에 관해 갑골문, 금문 연구를 상당히 축적하였다. 따라서 이 책은 이런 자료들을 충분히 검토해 음양과 오행 연원을 정리한다.

음양과 오행의 개념화 과정을 추적한다는 것은, 시대별 중국 고전에서 이들 용어가 어떻게 사용되고 있는지 살펴보고, 그 과정에서 점차 추상적 의미를 띠며 개념으로 발전하는지를 따져본다는 뜻이다. 시대별 원전 자료를 검토하면서 각 용어의 개념화 과정을 논의한다.

태극 · 음양 · 오행 개념 형성의 분석 방법

원전 자료를 검토할 때, 음양이 개념화되는 과정으로는 독립적인 음과 양이 '음양'으로 연칭되어 하나의 용어가 되는 과정, 기와 음양이 결합해 새로운 개념을 만드는 과정, 음양을 이용해 자연현상 및 재이災異현상을 설명하는 논리, 상반성 및 상보성이 개념화되는 과정, 상반성과 상보성을 포함하는 대대성對待性의 개념으로 정착하는 과정을 파악할 수 있다.

오행에 대해선, 방위方位와 연관을 지어 오행의 기원을 설명하는 논리가 존재한다. 따라서 방위와 오행, 일상에서 쓰이는 재료가 만물을 생성하는 개념으로 바뀌는 과정, 상생相生과 상승相勝 같은 상호작용 원리의 도입, 왕조 교체를 해명하는 오덕종시설五德終始說의 변화 과정을 함께 추적한다. 태일과 태극에 대해서는, 한대 기론에서 원기설元氣說과 삼기설三氣說이 성립된 이후 이들이 어떻게 전개되었는지 정리하고, 점차 원기설로 통합되어 그 원기를 의미하는 용어로 태일과 태극이 사용되는 사례를 확인하고자 한다.

지금까지 음양오행 및 태극 개념의 연원과 형성 과정을 체계적으로 탐구하기 위한 연구 방법과 자료 분석의 방향을 제시하였다. 이제 갑골문 · 금문 등 고대 자료와 중국 고전들을 바탕으로, 가장 먼저 '음양'이 어떻게 문자적 · 자형적으로 태동하고, 구체적 자연현상과 역사적 맥락 속에서 추상적 개념으로 자리잡게 되었는지 그 구체적 발전 양상을 살펴보고자 한다.

2장

음양의 연원과 개념화 과정

01
자연현상과 재해현상으로서의 음양

1. 햇빛의 향배와 방위로서의 음양

음양의 문자적 기원과 자형적 변화

'음양陰陽' 두 글자의 문자적 기원은 매우 오래되었다. 은나라시기 갑골문의 복사卜辭에서부터 음과 양이라는 글자는 출현한다. 춘추전국시기의 여러 전적에서도 음양이라는 글자가 나타나면서, 음과 양이라는 글자가 햇빛의 향배를 지칭하는 것에서 방위와 특정 지역을 지칭하는 의미로 사용되기 시작한다. 춘추시기에 음양은 자연현상을 지칭하는 용어로 사용되었고, 지진과 같은 자연재해의 원인을 설명할 때, 기와 음양의 결합이 지목되기도 한다. 그러다가 전국시기에 이르면, 음양은 상반성相反性을 갖는 두 가지 성질이 서로를 이루어주는 상보성相補性의 성질을 갖추게 되며, 이를 표현하는 상반상성相反相成이라는 표현이 타나나고, 이를 개념화하여 대대對待라는 관계 개념으로 정립된다. 이 상반상성相反相成의 대대 관계를 음양으로 설명함으로써, 음양은 추상화된 개념으로 정립된다.

이 장에서는 음양이 추상화된 개념으로 형성되는 과정을 "갑골문과 금문의 연구자료"[1]와 춘추시기와 전국시기의 전적을 통해 확인하고자 한다.

음과 양이라는 글자를 분석할 때는 자형적字形的(글자 모양) 접근과 자의적字義的(글자 의미) 접근으로 나눌 수 있다. 자형적으로 보면, 갑골문과 금문의 음·양 글자는 현대 한자와 다르며, 시간이 흐름에 따라 의미가 확대되면서 글자 모양도 변화해서 현재의 자형에 이르게 되었다. 이는 곧 음과 양의 뜻이 변하면서 자형도 달라졌음을 의미한다.

음과 양 자형 변화는 허신의 『설문해자』에서 잘 확인된다. 『설문해자』「부부阜部」에는 "양陽은 높고 밝은 것, 부수는 언덕 부阜, 소리는 양昜, 음陰은 어두운 것으로 물의 남쪽, 산의 북쪽, 언덕 부阜를 부수로 하고 음侌을 소리로 한다."[2]라고 적혀 있다. 허신은 두 글자의 부수를 '언덕 부阜'로 보고 음의 발음 자는 '음侌', 양의 발음 자는 '양昜'이라고 밝혀, 음양이 육서六書 중 형성자形聲字에 해당한다고 설명했다.

---

1. 갑골문과 금문의 음양에 대한 자료는 필자가 접근할 수 없는 한계로 인해, 중국의 연구 자료들을 참조하여 정리하였다. 이와 관련해 참고한 중국 연구는 제1장 주 29)의 문헌과 논문들이다.
2. 許慎, 『說文解字』「阜部」: 陽, 高明也. 从阜, 昜声. 陰, 闇也, 水之南, 山之北也, 从阜, 侌声.

갑골문과 금문에 나오는 음과 양 글자의 모습은『설문해자』에서 제시한 것과 다르다. 유상劉翔의 연구에 따르면, 은나라 갑골문 복사와 서주 금문의 '양陽'자는 날 일日을 부수로 달고 그 위에 '丄'이라는 글자가 붙어 있다. 반면 '음陰'자는 물 수水를 부수로 달거나 언덕 부阜가 부수인 형태로 나타난다.[3]

즉, '양陽' 글자는 태양의 日과 '丄'의 회의자이고, '음陰' 글자는 물 수水와 언덕 부阜가 결합된 형성자다. '日' + '丄'의 자형이 뒤에 '阜'와 '昜'이 합쳐져서 '陽'이 되고, '水' + '阜'에서 '阜'와 '侌'이 합쳐져 '陰'이 된다. 이 변화는 글자의 의미가 발전됨에 따라 여러 차례 자형이 바뀐 결과라 할 수 있다.[4]

갑골문 복사의 여러 기록에 따르면, '日' + '丄'(양陽)은 태양(햇빛)을 상징한다. 태양을 섬기는 신관이나 천문 역법을 맡았던 신관들과 관련된 문자가 바로 '日' + '丄'(양陽)로 해석된다. 이를 보여주는 자료로는『은허서계전편殷虛書契前編』5.42.5,『은허서계갑편殷虛書契甲編』456, 3343,『둔남屯南』4529 등이 있다.[5] 여기서의 '양陽'자는 언덕 부阜가 아니라 날 日자에 '丄'이 붙어 있는 회의자로 구성되어 있다. 서주시기 금문에서도 '양陽'자는 날 日자에 '丄'자 결합의 같은 구조로

3. 劉翔,『中國傳統價值觀詮釋學』, 三聯書店上海分店, 1996, p.264 참조.
4. 劉翔, 앞의 책, p.267 참조.
5. 이들 자료에 숫자들은 갑골을 촬영하여 번호를 붙인 것이다.

나타난다.

이에 대해 유상劉翔은 '丄'이라는 글자를 '보일 시示'자로 보고, "이 글자의 구성은 고대의 태양신을 제사 지내는 원시종교 신앙과 서로 관련이 있는 것"[6]이라고 하였다. 은대갑볼복사 중에는 '남양南陽'이라는 용어가 나타난다. 이와 관련해, 복사의 내용은 다음과 같다.

> 새가 태양을 등지고 있는데, 남쪽 양지에서는 서쪽에 (?)무엇을 마주한다.[7]

복사의 내용에서 ?은 알 수 없는 글자이다. 이 복사의 내용에 대해, 여기에서의 '남양南陽'이란 천문역법과 관련이 있는 내용으로 이해한다. 이에 대해 연구자들은 복사에서 말한 '남일南日'이며(『합집合集』 20072), '남양南陽'의 '양陽'은 하늘 형상을 표현하기 위해서 사용한 것으로, 그것이 가리키는 것은 '태양(日)'이라고 해석한다.[8]

다른 복사卜辭 사례에서는 '양陽'이 태양을 제사하는 씨족을 나타내는 명칭으로 쓰이기도 한다. 예를 들어, "'신기辛己 날에 점을 쳤다. 곡이 바를까, 왕은 양백昜伯을 따를까(辛己卜, 谷贞:王比昜伯?)'라는 기록에서 '양백昜伯'을 은나라의 신하이자 태양신을 제사하는 씨족으로

6. 竇福志, 「先秦文献中的陰陽五行思想研究」, 山東師範大學 碩士學位請求論文, 2010, p.1 참조.
7. 于鸟日北对, 于南阳西?, 『둔남屯南』 4529번, 竇福志, 앞의 논문, p.1 참조.
8. 彭华, 「先秦阴阳五行研究(先秦篇)」, 華東師範大學 博士論文, 2004 참조.

해석한다."[9] 이런 점에서, 양陽이라는 글자가 씨족명으로 쓰이거나, 양씨가 활동했던 지역에는 '남양南陽' 등 양자가 들어가는 지명이 많다는 점을 밝혀냈다.

복사卜辞의 양씨昜氏 명칭의 기원에 대해 유상은 대체로 "양씨의 선조들이 일신日神을 제사하는 직책과 관련되어 있다."[10]라고 보았다. 이로 인해 양자가 들어간 지명은 대체로 양씨의 생활권과 연결되어 있다고 해석한다.[11]

이와 같은 연구를 통해 '양陽'은 태양 및 태양을 숭배하는 씨족과 관련된 집단, 그리고 그 집단의 생활권을 뜻하는 것으로 이해된다. 이후에는 양의 의미가 더 넓어져 태양이 비치는 곳이나 방향의 의미로도 확장된다.

두복지竇福志의 연구에 따르면, '음陰'이라는 글자는 은나라 갑골문 복사에 드물게 나타난다. 구체적인 예시로 다음과 같은 기록을 들었다.

> 병진일에 점을 쳤는데, 정사일에 날이 흐리겠습니까? 날이 흐리다.
> 무술일에 점을 쳤다, 날이 흐릴까요? 익일에 일어나, 구름이 나타나지 않았다.[12]

---

9. 竇福志, 「先秦文献中的陰陽五行思想研究」, 山東師範大學 碩士學位請求論文, 2010, p.2. 참조.
10. 劉翔, 『中國傳統價值觀詮釋學』, 三聯書店上海分店, 1996, p.268 참조.
11. 劉翔, 앞의 책, p.269 참조.
12. 丙辰卜, 丁巳其侌乎？允侌.『갑골문합집甲骨文合集』19781,
戊戌卜, 其侌乎？翌已起, 不见云.『갑골문합집甲骨文合集』20988.

이 두 종류의 자료에서 '侌' 글자는 모두 천기天氣의 변화를 묻는 내용, 즉 그 뜻은 '날이 흐린가'이다. 따라서 이때 '侌' 자는 '흐린 날'을 의미한다.[13]

위의 자료에 따르면, 갑골문 복사의 '侌'자는 날씨의 의미로 볼 수 있는데, 서주시기에 이르면 지리적 의미가 결합한다. 이와 관련해 유상의 연구에서는, 복사에 나타나는 '侌'자는 형성자인데, 서주시대의 금문金文에서 '侌'자에 수水 부수 혹은 언덕 부阜 부수가 결합한다고 한다. 유상은 이러한 글자형의 변화는 음陰이라는 글자에 지리와 지형이 결합된 것으로 추측한다.[14]

유상의 설명에서 볼 때, 수水 부수는 강江을, 언덕 부阜 부수는 산을 뜻한다. 즉, 날씨와 지리 두 의미가 하나로 결합된다. 『설문해자』에서 음陰을 '물의 남쪽, 산의 북쪽'이라 정의했던 사례와 연결해 보면, '侌'이 '음陰'으로 발전해가는 과정에서 날씨와 지리적 요소가 복합적으로 담긴 셈이다. 이것이 오늘날 우리가 음陰이라는 말을 쓸 때의 원뜻과 통하게 된다.

갑골문과 금문에서 음양 개념의 기원에 관한 기존 연구를 정리하면, 고대의 음陰과 양陽은 태양, 날씨, 지리적 위치를 나타내며, 특히 '음양侌昜' 두 글자에서 태양빛과 깊은 관련성을 가진 개념으로 확장

竇福志, 「先秦文献中的陰陽五行思想研究」, 山東師範大學 碩士學位請求論文, 2010, p.2 참조

13. 竇福志, 앞의 논문, 2010, p.2 참조.

14. 劉翔, 『中國傳統價值觀詮釋學』, 三聯書店上海分店, 1996, p.264 참조.

되었다. 서복관은 음양阴阳이 원래 '음양侌昜'에서 변화된 것이며, 글자 뜻은 햇빛과 관계된다고 했다. 즉, "'양陽'은 햇빛이 비치는 것이고, '음陰'은 햇빛이 비치지 않는, 그 반대"[15]로 설명하는데, 이는 갑골문과 금문의 자형과 의미 변화와도 일치한다.

『설문해자』에서의 음양 의미

『설문해자』「부부」에는 양과 음에 대해 "양은 높고 밝은 것이다. 언덕 부阜자 부수로 하고, 소리는 양昜이다. 음은 어두운 것이고, 물의 남쪽, 산의 북쪽이다. 언덕 부阜자를 부수로 하고, 侌을 소리로 한다."[16]라고 설명한다. 이는 갑골문 복사와 금문에서 음양의 자형과 의미 변화를 수용해 설명한 것으로 파악해 볼 수 있다.

여기서 주목할 것은 음과 양이라는 두 자는 모두 언덕을 의미하는 부阜 부수를 쓴다는 것이다. 이때의 언덕은 구릉이나 들판의 언덕을 의미하는 것이 아니라 산에 있는 언덕이다. 『설문해자』에서 물의 남

15. 『설문해자說文解字』에 관한 단옥재(段玉裁)의 주석에 따르자면, '侌'은 구름이 해를 가리는 것을 가리키는 것인데 구름이 해를 가리게 되면 그늘이 지고 어둡게 된다. 반면에 '昜'은 해가 나와서 땅을 비추어 밝고 쾌청한 것을 가리킨다. 그 후에 "산의 북쪽과 물의 남쪽은 해가 미치지 않아" '陰'으로 바뀌었고 산의 남쪽과 물의 북쪽은 해가 비추기 쉬운 곳이므로 '陽'으로 바뀌었다. 또 그 이후로는 "陰과 陽이 쓰이고 侌과 昜은 쓰지 않게 되었다." [徐復觀, 「中國思想史論集」(속편), pp.42~43.]

16. 許慎, 『說文解字 · 阜部』: 陽, 高明也. 从阜, 昜声. 陰, 闇也, 水之南, 山之北也, 从阜, 侌声.

쪽, 산의 북쪽이라는 규정에서 산의 북쪽, 즉 산의 언덕을 말한다. 구릉이나 들판의 언덕은 방향의 기준으로 삼기 어렵기 때문이다. 이를 확인할 자료는 다음과 같다. 『시경』「소아 · 천보」에서 "산이여 언덕이여, 솟은 언덕이여, 완만한 언덕이여."[17]라는 문장이 나온다. 이 문장에서 언덕은 산에 속해 있는 언덕을 의미한다. 산속에 있는 언덕에 햇빛이 비치는가와 그렇지 않은가에 따라, 높고 밝은 곳과 어두운 곳이 나뉜다. 이 기준에 따라 양과 음으로 구분한 것이다.

『설문해자』「부부」 이후, 주준성朱駿聲은 『설문통훈정성說文通訓定聲』에서 "음侌은, 구름이 나타나 해를 가려 해가 나타나지 않은 상태, 양昜은 구름이 걷히고 태양이 나타난 것이다."[18]라고 음양을 정의한다. 음양이란 두 글자는 '태양(日)'과 밀접한 관계를 가지며, 그 원래 뜻은 태양 빛이 있느냐 없느냐 하는 의미를 갖게 되었다.

이상의 내용을 종합하면, 음양의 최초 의미는 햇빛이 비치는 곳과 햇빛을 등진 곳이라는 뜻이었다. 즉 태양이 비추는 방향과 그 반대편 두 가지였다. 이후에 음양이라는 것이 태양을 향하는가? 태양을 등지는가? 하는 지리적 위치로 확대되어 해석되었다. 산의 남쪽, 강의 북쪽으로 표현되는 것처럼 지리 방위 기준의 의미로 전환되었다. 이후에는 다시 기후가 차가운가 따뜻한가라는 뜻으로 확대되었음을 알 수 있다.

---

17. 『詩經』「小雅 · 天保」: 如山如阜, 如岡如陵. [『시경』의 번역과 인용은 성백효 역주, 『시경집전』(전통문화연구회, 1993)의 번역을 참조해 필자가 재해석하였다. 이하 『시경』의 번역과 인용도 동일하다.]
18. 朱駿聲, 『說文通訓定聲』: 侌者, 見雲不見日也, 昜者, 雲開而見日也.

2. 자연현상으로서의 음양

'음양'의 자연현상적 의미와 『시경』의 기록

'음양' 두 글자는 『시경』에서 빈번히 출현하지만 현대적 음양의 의미를 담고 있지는 않다. 그 중 '음'은 어둑하고 컴컴하다는 의미의 '음암陰暗', 어둑해서 침잠하다는 의미의 '음침陰沈', 어둑하여 비가 내린다는 의미의 '음우陰雨' 등 자연현상의 의미로 쓰인다. 예를 들면,

> 음산하게 꾸물꾸물 그 구름이 끼며, 우르릉 꽝꽝 번개 우레가 친다.[19]
>
> 우거지고 우거진 기장 골짜기에 궂은 비가 주룩주룩 내리네.[20]
>
> 우거지고 우거진 기장 싹을 궂은 비가 윤택하게 하네.[21]

이 세 인용문에서 '음'은 비가 오기 전에 꾸물꾸물 먹구름이 끼거나, 궂은비가 내리는 의미로 쓰였다. 이는 '음'이 흐린 날씨를 의미하고, 비 오기 전의 자연현상을 의미한다.

한편 양陽은 구체적인 명사로 '태양'을 뜻하거나 '산의 남쪽', '강의 북쪽', 또는 '따뜻한 기운이 두루 퍼짐' 등의 의미로 쓰인다.

---

19. 『詩經』「邶風 · 终风」: 曀曀其陰, 虺虺其雷.
20. 『詩經』「邶風 · 谷風」: 習習谷風, 以陰以雨.
21. 『詩經』「谷風」: 芃芃黍苗, 陰雨膏之.

> 봄날에 태양이 하늘에 가득하고, 새의 울음 소리가 쨍쨍하다.[22]
>
> 내가 돌아가는 날이 돌아갈 날이다. 한해 중에서 양이 끝나는 날이다.[23]

여기서 '양'은 하늘에 떠있는 태양을 의미하거나 해가 바뀜 혹은 계절의 바뀜을 의미한다. 『시경』에서 '음'과 '양'은 구름이 끼거나, 궂은 비이거나, 태양이거나 계절 변화 등 자연현상을 상징한다.

『시경』「대아 · 공유」편에는 '음양'이 연칭된 최초의 사례가 나타난다. 이 시는 후직后稷의 증손 유증이 도읍지를 정하기 위해 답사하는 과정을 노래한 것이라고 한다.[24]

> 후덕하신 유공께서 토지가 이미 넓고 이미 길다랗자, 이미 해 그림자를 고찰하고, 이에 산등성이에 올라가, 그 음양陰陽(陰地와 陽地)을 살피고, 그 흐르는 샘물을 관찰하니[25]

이 인용문에서 '산등성이에 올라가 그 음양을 살핀다'라는 문장에서 '음양'이라는 두 글자가 연칭되어 나타난다. 이때의 '음양'도 햇빛의 향배와 관련된 것이다. 산등성이에 올라가 태양이 비치는 곳과 그늘진 곳을 살핀 것이다. 이때 '음'과 '양'의 의미는 태양의 향배와 관련

22. 『詩經』「豳風 · 七月」: 春日載陽, 有鳴倉庚.
23. 『詩經』「小雅 · 采薇」: 曰歸曰歸, 歲亦陽止.
24. 성백효 역주, 『시경집전』 하, 전통문화연구회, p.266 참조.
25. 『詩經』「大雅 · 公刘」: 篤公劉, 旣溥旣長, 旣景迺岡, 相其陰陽, 觀其流泉.

된 것으로 이해할 수 있다.

특기할 점은 이 인용문의 '음'은 『시경』의 다른 부분에서 사용되는 '음'과 그 의미가 다르다는 것이다. 『시경』에서 '음'은 일반적으로 궂은 날씨를 의미하지만, 이 인용문에서는 '음'이 태양이 비치지 않아 그늘진 곳을 의미하며, 태양이 비치는 곳인 '양'과 대비적으로 사용되었다는 점을 지적할 수 있다.

음양 개념의 확대와 기와의 결합

음양이 자연의 현상으로 확대되어 해석되는 것은 『국어』와 『춘추』에 나타난다. 이들 기록에서 음양은 자연현상의 변화와 자연재해의 원인이 음양이라고 지적한다. 이는 음양이 '기'라는 개념과 결합하면서 변화를 설명하는 이론이 나타난 것으로 이해할 수 있다.

『국어』「주어」에는 괵문공虢文公이 천자 선왕宣王에게 올린 상소문, 즉 「간주선왕부적천무諫周宣王不籍千畝」가 있다. 이 글은 천자 선왕이 봄이 되어 밭갈이하는 예(千畝之禮)를 행하지 않자, 이를 권유하는 내용이다. 양기, 지기, 음양을 언급한 내용만 가져오면 다음과 같다.

> ㉠ "양이 위로 올라 오르고, 땅의 기운이 모두 떨쳐 드러난다." ㉡ "양기가 모두 증발하니, 땅이 기름지고 모두 움직인다." ㉢ "음양이 고루

펴지니, 우레가 떨쳐서 비를 내린다."[26]

㉠과 ㉡에서 '양비阳痹'와 '양기陽氣'는 모두 봄 햇살을 받아 땅의 수증기가 증발하면서 아지랑이가 피어오르는 현상을 의미한다. 이 아지랑이는 곧 땅의 기운(土氣)으로서, 땅에서 생기고 피어오르는 것으로 해석된다. ㉢의 '음양이 골고루 퍼진다(陰陽分布)'라는 표현은 봄날의 따뜻함과 비가 내리는 현상을 나타낸다.

괵문공은 음양 관계를 통해 땅이 해동되거나, 아지랑이가 올라오거나, 천둥이 치는 등의 자연현상을 설명했다. 이는 음양을 이용해 자연 변화를 해석한 대표적 사례이다. 이때 기와 음양의 결합이 나타났다. 음양이 기와 결합하면 자연의 변화를 설명하는 논리가 탄생한다.

이후 더욱 구체적으로 음양을 사용하여 자연의 운동 · 변화를 해석한 예는 서주시기 대부 백양보伯陽甫의 발언이다. 이 기록 역시 『국어』「주어상」에서 인용하였다.

> 주나라 천자 유왕 2년에, 서주의 세 강에 모두 지진이 있었다. 백양보가 말하길 "주나라는 장차 망할 것이다. 대체로 천지의 기는, 그 순서를 잃지 않는데 만약 그 질서를 잃어버리거나 어기게 되면 백성에게 난리가 일어난다. 양이 엎드려 있으면서 나오지 못하고, 음은 억눌려서

26. 『國語』「周語」「諫周宣王不籍千亩」: 陽痹憚發, 土氣震發, 陽氣俱蒸, 土膏其動, 陰陽分布, 震雷出滯.

> 증발할 수 없으니, 여기에 지진이 일어난다. 지금 세 강에 실제로 지진이 일어났으니, 이것은 양이 그 있어야 할 자리를 잃어버리고서 음을 진압한 것이다. 양이 그 자리를 잃어버리고 음에 있게 되면, 강물의 근원이 모두 막힌다. 근원이 모두 막히면, 나라가 반드시 망한다. 대체로 수와 토는 그것을 백성이 이용하여 쓰는 것이다. 수와 토가 그것을 이용할 수 없게 되면, 백성들은 결핍되고 재화를 쓰지 못한다. 그러니 그 망하지 않고 무엇을 기다리겠는가"라고 하였다.[27]

백양보는 지진의 원인을 음양 두 기氣의 관계에서 설명한다. 그는 양기가 땅속에 엎드려 밖으로 나오지 못하고, 음기는 억눌려 증발하지 못할 때 지진이 발생한다고 풀이했다. 양기가 발산하거나 음기가 증발하지 못하는 상태가 바로 지진의 원인이라는 것이다. 이런 해석은 음과 양이라는 '기氣'의 존재를 전제하고 있다.

천지의 기는 그 순서를 잃지 않는데, 양기가 나와야 할때 나오지 못하니(陽伏而不能出), 음기도 증말하지 못하고 억눌린(陰迫而不能蒸) 상태가 지진의 원인이라는 것이다. 이는 기의 순서, 즉 양기가 나타나면 음기가 증발하고 음기가 나타나면 양기는 엎드리는 기의 흐름을 전제로 하고 있다. 이는 음기와 양기라는 개념이 형성된 것을 의미하

27. 『國語』「周語上」: 幽王二年, 西周三川皆震. 伯陽甫曰: 周將亡矣. 夫天地之氣, 不失其序 ; 若過其序, 民亂之也. 陽伏而不能出, 陰迫而不能烝, 於是有地震. 今三川實震, 是陽失其所而鎭陰也. 陽失而在陰, 川原必塞;原塞, 國必亡. 夫水土演而民用也. 水土無所演, 民乏財用, 不亡何待.

며, 기와 음양이 결합한 것을 확인할 수 있는 자료이다.

백양보의 말은 크게 두 가지로 요약된다. 첫째, 지진과 같은 자연 재해를 미신이나 초자연적 영역이 아니라, 음양 두 기의 관계와 순서로 설명하고 있다는 점이다. 둘째, 음양 두 기가 순환한다는 점을 분명히 전제한다. 즉, 모든 자연현상과 재해 현상을 음양 두 기의 관계와 그 순환 원리로 파악하려는 사유가 드러난다.

자연현상을 음양 두 기의 관계로 이해하거나, 인간과 관계없이 음양 두 기로부터 자연의 변화가 발생한다는 사고방식은 적어도 전국시대부터 이미 나타났음을 알 수 있다. 이와 유사한 예시는 『좌전』 「희공」 16년에 기록된 것이다. 주나라 사관 숙흥叔興이 운석 낙하와 물수리의 비상을 '음양의 일'로 해석한 사례이다.

> 16년 봄 "송나라에 운석이 다섯 개 떨어졌다." 별이 떨어진 것이다. "6마리의 큰 새가 물러나 날아가며, 송나라 수도 도읍을 지나갔다." 이것은 바람이다. 주나라 내사 숙흥이 송나라에 사신으로 갔을 때, 송의 양공이 그에게 물어서 말하였다. "이것은 어떠한 징조인가? 길하고 흉한 일이 일어날 것인가?" 숙흥이 대답하여 말하길 "지금 노나라에는 큰 슬픈 일이 많을 것이고 내년에는 제나라에 난리가 있을 것이다. 임금께서는 여러 제후들의 신임을 얻을 수 있지만 제후들의 영수로써 오래가지는 못한다." 이렇게 대답하고 나와서 다른 사람에게 고하여 말하길 "송나라 임금이 잘못된 질문을 했다. 이것은 음양의 일이지 길과 흉이 생겨나는 것이 아니다. 길하고 흉한 것은 사람으로

부터 일어나는데 내가 송나라 양공을 거역할 수 없기 때문에 이렇게 말했다."[28]

이 인용문에 따르면, 숙흥은 운석이 떨어지거나 익조가 물러나는 현상을 다음과 같이 생각했다. "'길흉이 생기는 일이 아니다. 이런 현상은 음양 자체의 변화에서 비롯된 것이며, 음양의 변화는 사람이 임의로 더하거나 뺄 수 없는 일이다.' 숙흥은 자연에서 발생하는 여러 현상의 원인을 음양관계에서 찾으려 했다."[29]

자연현상을 음양으로 파악하려 한 시도는 곧 음양법칙이 존재하며 그 법칙에 따라 음과 양이 바뀐다는 사유로 이어진다. 이를 보여주는 다른 자료로 『국어』「월어하」에서 범려范蠡가 한 말을 들 수 있다.

춘추 말기의 범려는 음양을 일정한 법칙이 있는 것으로 이해했다. 그는 자연 속의 다양한 변화를 음양의 변화로 바라보며, 이러한 변화에는 일정한 법칙이 있다고 보았다. "음양의 항상된 것을 따르고, 천지의 항상된 것을 좇는다"[30]라고 했으며, "양이 극점에 이르면 음이

---

28. 『左傳』「僖公十六年」: 十六年, 春, 隕石於宋, 五, 隕星也. 六鷁退飛, 過宋都, 風也. 周內史叔興聘於宋, 宋襄公問焉, 曰; 是何祥也? 吉凶焉在? 對曰:今茲魯多大喪, 明年齊有亂, 君將得諸侯而不終. 退而告人曰: 君失問. 是陰陽之事, 非吉凶所生也. 吉凶由人, 吾不敢逆君故也. [『좌전』의 번역과 인용은 허구호 역주, 『춘추좌씨전』(전통문화연구회, 2021)의 번역을 참조해 필자가 재해석하였다. 이하 『좌전』의 번역과 인용도 동일하다.]

29. 竇福志, 「先秦文献中的陰陽五行思想研究」, 山東師範大學 碩士學位請求論文, 2010, p.21 참조.

30. 『國語』「越语下」: 因陰陽之恆, 順天地之常.

되고, 음이 극점에 이르면 다시 양이 된다"[31]라는 관점으로 천도 변화의 규칙성을 음양적 원리로 해석했다.

이상의 자료들은 전국시대에 음양 개념을 통해 자연현상을 해석한 다양한 사례를 정리한 것이다. 춘추시기에 이르러서는 음양 원리가 자연현상이나 각종 재해를 설명하는 기준으로 활용되었다. 이 과정에서 음양이 일정한 법칙을 가진 개념으로 인식되어, 단순히 음지陽地와 양지陰地, 일기一氣만을 표현하는 것을 넘어 더 고차원적인 인식 단계로 발전한 모습을 확인할 수 있다.

전국시대 이후 음양 개념의 추상화와 법칙화

전국시대가 되면, 음양 개념은 자연현상이나 변화의 규칙성뿐만 아니라 천지와 만물 전체의 변화까지 포괄적으로 설명하는 원리가 된다. 예를 들어 『열자』에서는 음양 원리를 사용하여 천지와 만물의 변화까지 포괄적으로 해석한다. 『열자』「천서제일」에도 이런 관점이 직접적으로 언급되어 있다.

> 생성되는 것도 있고 생성되지 않은 것도 있으며, 변화하는 것도 있고 변화하지 않는 것도 있다. 생성되지 않는 것은 능히 생성하고 생성할 수 있으며, 변화하지 않는 것은 능히 변화하고 변화할 수 있다. 생성되

31. 『國語』「越语下」: 陽至而陰, 陰至而陽.

는 것은 생성되지 않을 수 없고, 변화하는 것은 변화하지 않을 수 없기 때문에 항상 생성하고 항상 변화한다. 항상 생성하고 항상 변화하는 것은 어느 때든 생성하지 않음이 없고, 어느 때든 변화하지 않음이 없다. 음양이란 것과 사시라는 것은 생성하지 않는 자가 홀로된 것이라 할 수 없고, 변화하지 않는 것은 되풀이되어 순환한다. 다시 말해 조화가 시작되고, 음양이 변화하는 것을 일러서 생이라거나 사라고 한다.[32]

세상 모든 사물의 생존과 변화, 생장과 사멸은 모두 음양과 깊은 관련이 있다는 뜻이다. 『열자』「주목왕제삼」에서는 "음양의 기氣가 서로 교감하지 않으면, 추위와 더위를 구분할 수 없다"[33]라고 한다. 즉, "음양의 기가 만나지 않고 교류하지 않으면 만물의 변화와 발전은 정지된다는 것이다."[34]

『관자』와 같은 전국시대 문헌에서는 음양이 천지의 법칙, 사시의 변화, 국가의 흥망 등 광범위한 영역에서 사용되었다. 『관자』「승마」편에는 음양을 사용해서 자연현상의 변화를 해석한다. 예컨대 "춘추동

---

32. 『列子』「天瑞第一」: 有生不生, 有化不化. 不生者能生生, 不化者能化化. 生者不能不生, 化者不能不化, 故常生常化. 常生常化者, 無時不生, 無時不化. 陰陽爾, 四時爾, 不生者疑獨, 不化者往複. 還說: 造化之所始, 陰陽之所變者, 謂之生, 謂之死. [『열자』의 번역과 인용은 이원섭 역주, 『열자』(현암사, 1976)의 번역을 참조해 필자가 재해석하였다. 이하 『열자』의 번역과 인용도 동일하다.]

33. 『列子』「周穆王第三」: 陰陽之氣所不交, 故寒暑亡辨

34. 陈德述, 「略論陰陽五行学说的起源与形成」, 四川省社会科学院哲学研究所 四川成都 610071, 西华大学学报(哲学社会科学版), 第33卷 第2期 Vol.33. No.2, 2014, p.2 참조.

하는 음양이 변화해 가는 것이고 어떤 계절의 길고 짧음은 음양을 이롭게 쓴 것이다. 낮과 밤이 바뀌는 것은 음양의 변화이다."[35]라고 적혀 있어, 이 시기 음양 개념이 이미 자연현상을 넘어 사회현상을 설명하는 핵심 논리로 확대되어 있음을 알 수 있다.

또한, 전국시대 말기의 『역전』, 『역경』 등에서는 음양의 범주가 더욱 체계적으로 정리된다. 『역경』 가운데 '음' 자가 한 번 나오는 것은 「중부」괘 구이효사에서다. 예컨대 "학鶴이 음陰에서 우는데, 그 새끼가 대답한다. 나에게 좋은 술이 있는데 나와 너는 일에 매여 있구나."[36]와 같은 기록에서 '음陰'은 강의 남쪽을, 또는 수풀 속 싹(그늘)으로 자연의 그늘 또는 방위적 개념과 관련되어 쓰였다.

이처럼 음양 개념은 갑골문에서 출발해 전국시대를 거치는 동안 자연 · 재해 · 지리 · 사회까지 그 범위를 넓혀왔음을 살펴보았다. 이제 각 경전에서 음양 관련 자료를 추출해 그 의미를 구체적으로 분석해 보자.

---

35. 『管子』「乘馬」: 春秋冬夏, 陰陽之推移也;時之短長, 陰陽之利用也;日夜之易, 陰陽之化也.[『관자』의 번역과 인용은 김필수, 고대혁, 신창호 옮김, 『관자』(소나무, 2021)의 번역을 참조해 필자가 재해석하였다. 이하 『관자』의 번역과 인용도 동일하다.]

36. 『易經』「中孚」卦 九二爻辭 : 鳴鶴在陰, 其子和之, 我有好爵, 吾與爾靡之

전국시대에는 사회 생산과 과학기술의 발전에 따라 다양한 학술 사상이 활발하게 전개되었다. 사람들은 점차 음양 이론을 활용해 자연계와 사회의 여러 현상을 해석하기 시작했다.

문헌에서 '음'과 '양', 그리고 '음양'이란 용어를 가장 먼저 확인할 수 있는 곳은 『시경』이다. 『시경』 속에서 '음', '양', '음양'의 등장 빈도는 연구자마다 다음과 같이 다르다. 양계초梁啓超는 "『시경』에서 '음'이 8회, '양'이 14회, '음양'은 1회에 걸쳐 나온다. 『시경』에서는 '음' '양'을 말한 것이 각각 3회이다."[37] 서복관은 "『시경』에서 대체로 8개의 '음'자가 나온다. 그 중의 네 개는 '음'자와 '우雨'자가 연용된 것이고, ……『시경』에는 또 대체로 18개의 '양'자가 나온다. 그 중의 11개는 산이나 강의 방위를 두고 말한 것이다."[38] 문재곤은 "『시경』 가운데 '음'자는 모두 9개 나오고, '양'자는 모두 19개 나오는데 그 중 '음양'이 연결되어 나오는 경우는 「대아大雅 · 공유公劉」에서 뿐이다."[39]라고 정리했다. 그러나 필자가 직접 확인한 바로는 『시경』에서 '음'이 단독으로 쓰인 사례는 총 10회이며, 구체적 용례는 다음과 같다.

---

37. 양계초, 풍우란외 지음, 김홍경 편역, 『음양오행설의 연구』, 신지서원, 1993, p.33 참조.
38. 앞의 책, p.59 참조.
39. 文載坤, 「陰陽五行論의 展開에 관한 硏究(I)」, 고려대학교 철학연구소, 『철학연구』Vol. No.14, 1989, p.24 참조.

①「패풍邶風」: 음산하게 흐리고 우르르 천둥 울린다(曀曀其陰, 虺虺其雷.)

②「패풍邶風」: 산들산들 동풍부니 흐리고 비가 온다(習習谷風, 以陰以雨.)

③「정풍鄭風」: 혼인의 도가 문란해져서 양이 부르는데도 음이 화답하지 않으니 남자가 가는데도 여자가 따르지 않는다(昏姻之道缺 陽倡而陰不和 男行而女不隨.)

④「진풍秦風」: 고리로 된 유환에 옆구리의 협구 앞막이 가죽끈 은걸쇠(游環脅驅, 陰靷鋈續.)

⑤「조풍曹風」: 무성한 기장 싹을 장맛비가 적셔주네(芃芃黍苗, 陰雨膏之.)

⑥「빈풍豳風」: 삼양의 날인 정월에는 얼음을 창고에 들여 놓는다.(三之日納于凌陰.)

⑦「빈풍豳風」: 하늘이 날씨가 장맛비가 내리지 않을 때에 미쳐서(迨天之未陰雨.)

⑧「소아小雅 · 기부지십祈父之什」: 기나긴 시름 끝나니 또 장마가 닥쳐오네.(終其永懷, 又窘陰雨.)

⑨「소아小雅 · 도인사지십都人士之什」: 무성한 기장 싹을 장맛비가 적셔주네.(芃芃黍苗, 陰雨膏之.) = ⑤번 조풍曹風편과 중복

⑩「대아大雅 · 탕지십蕩之什」: 내가 가서 그대를 감싸주는데 도리어 나에게 와서 성을 낸다.(既之陰女, 反予來赫.)

이와 같이 『시경』에서 단독으로 10회 등장하는 '음陰'의 의미는 다음과 같다. ① 흐리다(其陰), ② 흐리다(以陰), ③ 음이 화답하지 않는다(陰不和), ④ 음판 끈(陰靷), ⑤ 장마비(陰雨), ⑥ 얼음(凌陰), ⑦~⑨ 장

마비(陰雨), ⑩ 감싸준다(陰女)를 뜻한다. 『시경』에 나타난 '음陰'은 주로 장마비, 흐린 날씨, 어둡다의 의미로 쓰인다.

『시경』에서 '양'이 단독 사용된 경우는 21개이며 문장에서의 사용례는 다음과 같이 19회이다.

① 「소남召南 은기뢰殷其雷」: 우르릉 천둥소리 남산의 남쪽에서 울리네.(殷其雷, 在南山之陽.)

② 「왕풍王風」: 군자가 의기양양하여 왼손에 생황을 들고(君子陽陽, 左執簧.)

③ 「제풍齊風」: 당신은 씩씩하네, 나와 만난 곳은 노산 남쪽 기슭(子之昌兮, 遭我乎猺之陽兮.)

④ 「당풍唐風」: 감초를 캐네, 감초를 캐네, 수양산의 남쪽 꼭대기에서(采苓采苓, 首陽之顚.)

⑤ 「당풍唐風」: 쓴나물을 캐네, 쓴나물을 캐네, 수양산 아래에서(采苦采苦, 首陽之下.)

⑥ 「당풍唐風」: 순무를 캐네, 순무를 캐네, 수양산의 동쪽에서(采葑采葑, 首陽之東.)

⑦ 「진풍秦風」: 내가 외삼촌을 전송하려고 위양(위수의 북쪽)까지 나왔는데(我送舅氏, 曰至渭陽.)

⑧ 「빈풍豳風」: 봄날에 따뜻한 햇살 싣고서 꾀꼬리가 울고 있는데(春日載陽, 有鳴倉庚.)

⑨ 「빈풍豳風」: 우리는 붉고 밝은 천으로 공자의 바지를 만드네.(我朱孔

陽, 爲公子裳.)

⑩ 「소아小雅 · 녹명지십鹿鳴之什」: 돌아가세 돌아가세, 올해도 벌써 시월이 되었다네.(曰歸曰歸, 歲亦陽止.)

⑪ 「소아小雅 · 녹명지십鹿鳴之什」: 세월은 이미 시월달, 여인의 마음은 아파라.(日月陽止, 女心傷止.)

⑫ 「소아小雅 · 백화지십白華之什」: 흠뻑 맺힌 이슬이여, 햇볕 나지 않으면 마르지 않는다.(湛湛露斯, 匪陽不晞.)

⑬ 「소아小雅 · 동궁지십彤弓之什」: 호땅과 방땅에 침입하여, 경수의 북쪽에까지 이르렀네.(侵鎬及方, 至于涇陽.)

⑭ 「대아大雅 · 문왕지십文王之什」: 흡수의 북쪽, 위수의 곁에(在洽之陽, 在渭之涘)

⑮ 「대아大雅 · 문왕지십文王之什」: 기산 남쪽에 거하며, 위수 옆에 머무네.(居岐之陽, 在渭之將.)

⑯ 「대아大雅 · 생민지십生民之什」: 그 석양빛을 헤아려 보니 빈땅은 정말로 넓기만 하다.(度其夕陽, 豳居允荒.)

⑰ 「대아大雅 · 생명지십生民之什」: 오동나무 자라니, 저 아침 해가 뜨는 곳이로다.(梧桐生矣, 于彼朝陽.)

⑱ 「주송周頌 · 신공지십臣工之什」: 쌍룡기 선명히 날리고 수레와 깃대의 방울 딸랑거린다.(龍旂陽陽, 和鈴央央.)

⑲ 「노송魯頌」: 기산 남쪽에 거하며 상나라를 치기 시작하다.(居岐之陽, 實始翦商.)

위의 사용례 중에서 '양陽'자가 산수山水의 방위를 의미하는 경우는 다음과 같다. ① 남산 남쪽(在南山之陽), ③ 노산 남쪽 기슭(遭我乎猺之陽兮), ④ 수양산 남쪽 꼭대기(首陽之巓), ⑤ 수양산 아래(首陽之下), ⑥ 수양산 동쪽(首陽之東), ⑦ 위수의 북쪽(曰至渭陽), ⑬ 경수의 북쪽(至于涇陽), ⑭ 흡수의 북쪽(在洽之陽), ⑮ 기산 남쪽(居岐之陽), ⑲ 기산 남쪽(居岐之陽) 등 총 10회로 산수의 방위를 뜻한다.

> 『詩經』「大雅 · 公刘」: 산등성이에 올라가, 그 음양陰陽(陰地와 陽地)을 살펴본다.(旣景迺岡, 相其陰陽.)

『시경』에서 '음양'이 연결되어 사용된 경우는 앞에서 언급한 사례뿐이다.

정리하자면, 『시경』의 음 또는 음양은 기본적으로 천기天氣나 기후氣候 등 자연현상을 나타내는 데 사용되며, 우주 만물 생성변화의 내재적인 원인이나 기본 원소로 등장하지 않는다. 음양이 점차 추상적이고 실제적인 존재, 만물의 근원적 개념으로 자리잡기 시작하는 것은 춘추시대부터 나타나는 현상이다.

『좌전左傳』의 음양

『좌전』에서 음양에 대한 관념은 희공 15년과 16년, 소공 원년과 25년 등 여러 곳에서 찾아볼 수 있다. 대표적으로 희공 16년 기록에서

주나라 내사인 숙흥은 운석이 떨어지는 사건과 물수리가 자리를 옮겨 날아가는 자연현상을 '음양의 일'로 해석하였다. 또한 소공 원년에는 다음과 같은 기록이 있다.

> 진晋나라 임금이 진秦나라에게 의원을 구했는데, 진백이 의화로 하여금 그 병을 살피게 하였다. 의화가 말하길 "하늘에는 육기가 있는데, 육기가 내려와서 오미를 생성하고, 육기가 드러나면 오색이 되고, 음악으로는 오성이 된다. 음란한 것은 6가지 질병이 생긴다. 육기는 음, 양, 풍, 우, 회, 명이라 말하고, 육기가 나뉘어서 사시가 되고, 차례를 매겨서 오절이 되는데, 이 기운들이 지나치면 재앙이 된다. 음이면서 음란하면 한질이 되고, 양이면서 음란하면 열질이 되고, 풍이면서 음란하면 말질이 되고, 우이면서 음란하면 복질이 되고, 회이면서 음란하면 혹질이 되고, 명이면서 음란하면 심질이 된다."[40]

이는 진나라 어의 의화가 최초로 '음양'과 '육기六氣' 개념을 통해 질병의 원인을 해석한 것으로, 음양 이론이 의학에 도입된 출발점이 된다.[41] 음양오행 우주관의 '천도天道'는 이미 우주 만물 변화의 자연 법칙

---

40. 『左傳』「昭公元年」: 晉侯求醫於秦, 秦伯使醫和視之. 醫和說: "天有六氣, 降生五味, 發爲五色, 征爲五聲. 淫生六疾. 六氣曰陰､陽､風､雨､晦､明也, 分爲四時, 序爲五節, 過則爲菑:陰淫寒疾, 陽淫熱疾, 風淫末疾, 雨淫腹疾, 晦淫惑疾, 明淫心疾.
41. 陳德述, 「略論陰陽五行學說的起源與形成」, 四川省社會科學院哲學研究所 四川成都 610071, 西華大學學報(哲學社會科學版), 第33卷 第2期 Vol.33. No.2, 2014, p.2 참조.

을 뜻함과 동시에 인간 사회의 길흉과도 밀접하게 연관되어 있다. 춘추시대에는 이러한 관점이 천인관계의 우주관으로 정립되어 하나의 사회적 분위기를 형성했으며, 이는『좌전』곳곳에서 확인할 수 있다.[42]

『좌전』 소공 25년에는 "그 육기를 생성한다라고 하고, 또 백성들에게는 희로애락이 있는데, 이것이 육기를 생성한다"[43]라는 기록이 있다. 의학적 관점에서 육기를 중심으로 오미五味, 오색五色, 오성五聲, 질병과의 관계까지 논하고 있다. 질병 발생의 근본적 요인은, 결국 천후天候로 대표되는 육기에서의 절제와 균형에 있음을 보여준다.

『황제내경소문 · 육절장상론黃帝內經素問 · 六節臟象論』에서는 기백岐伯이 운기학적運氣學的 관점에서 병리病理를 논하며 "오일五日을 후候라 하고, 삼후三候는 기氣라 하며, 육기六氣를 시時라 하고, 사시四時를 세歲라 하여 각기 주치主治를 따른다."[44]라고 하면서『좌전』의 위 내용과 거의 같은 뜻을 담고 있다. 그런데 육기를 한의학 계통에서는 풍風, 한寒, 서暑, 습濕, 조燥, 화火로 주석하고 있어 문자상의 차이를 보이고는 있으나『좌전』육기의 내용을 좀더 계통적으로 심화 발전시킨 것에 불과하다.[45]

이로써 서주 말년에 이미 음양은 천기나 기후(天候)를 대표하는 것

42. 南偉, 「論陰陽五行之起源」, 青島大學 碩士學位請求論文, 2006, p.28 참조.

43.『左傳』「昭公二十五年」: 生其六氣, 又 民有好惡喜怒哀樂, 生于六氣.

44.『黃帝內經素問 · 六節臟象論』; 五日謂之候, 三候謂之氣, 六氣謂之時, 四時謂之歲, 而各從其主治焉.

45. 文載坤, 「漢代易學研究-卦氣易學의 展開를 中心으로」, 고려대학교대학원 박사학위청구논문, 1990, p.9 참조.

에서 한 걸음 더 나아가 천과 지로 간주되면서 나머지 사기四氣 위로 뚜렷이 돌출되고 있음을 볼 수 있다. 음양이 천문학적 용어로 발전된 것인데 실제『좌전』의 기록을 근거로 한다면 천문을 관장하는 사관史官들의 입에서 음양이 많이 거론되고 있음을 본다. 그들은 음양이기陰陽二氣로써 기후의 변화를 설명하고자 했었다.[46]

춘추시기에 음양을 통한 자연현상 해석은 매우 일반적이며, 그러나 아직 음양 자체가 고도로 철학적, 추상적 범위에는 이르지 않은 배경을 갖고 있다. 춘추시기 음양사상은 주로 의학 방면에서 나타났다. 의학 방면에서는『좌전』희공 15년, 경정이 진후에게 권하여 경계하면서 정나라 사람들이 바친 '네 마리 말이 끄는 수레'를 타고 정벌 전쟁을 나가는 것을 나가지 말라고 권한다. 이때의 음양은 혈기血氣 개념으로 사용된 것으로 의학적 측면에서 음양이 사용된 것이다.[47]

> 옛날에 전쟁 때에는 반드시 자기 나라에서 생산된 말을 타고, 자기 나라의 풍토에 의해서 말이 생겨났기 때문에 자기 나라 사람의 마음을 말이 알았으며, 말이 그 사람들의 훈련을 편안히 여기고 그 나라의 도로를 익숙히 안다. 그래서 말을 드려서 부릴 때, 말을 탄 사람의 뜻과 같

46. 文載坤,「漢代易學硏究-卦氣易學의 展開를 中心으로」, 고려대학교대학원 박사학위청구논문, 1990, p.10 참조.
47. 竇福志,「先秦文獻中的陰陽五行思想硏究」, 山東師範大學 碩士學位請求論文, 2010, p.22, 참조.

> 지 않음이 없다. 그런데 지금 다른 나라 산 말을 타고 전쟁에 종사하면, 말이 두려움에 미쳐 변하고 장차 말을 탄 사람을 바꾸려고 할 것이다. 그래서 말이 어지러운 기가 생겨 교활하고 화를 내며, 음혈이 말의 온몸을 돌아서 말의 맥이 팽창되고 말이 성냄이 일어나면, 아무리 밖에서 말을 억지로 통제하게 되면, 말이 진퇴가 모두 어렵고, 한바퀴 돌게 할 수도 없으니, 임금은 반드시 후회하게 될 것이다.[48]

경정은 말이 놀람을 받으면 기가 혼란스러워지고, 기가 어지러우면 다시 말이 성을 내며, 그 결과 음혈陰穴이 크게 성하여 병리病理적 상태로 발전한다고 보았다.[49]

> 말이 기가 어지러워져서 성나고 화가 나게 되면 음혈이 말의 온몸에 가득차 그 동작이 말의 맥박을 팽창시켜 움직임을 일으키게 되니, 밖에서는 비록 말이 아주 강한 형태이지만 말의 내면은 실재로 말의 힘이 다하게 된다.[50] 밖으로는 양이고 안은 음인데 혈이란 피부 안에 있다. 그러므로 음혈이라고 한다. 혈이 움직이면 맥이 반드시 팽창되고 일어난다. 그러므로 맥이 팽창한다고 말한 것이다. 기가 화를 내서 밖으로 드

---

48. 『左傳』「僖公十五年」: 古者大事, 必乘其產, 生其水土而知其人心, 安其教訓而服習其道; 唯所納之, 無不如志. 今乘異產以從戎事, 及懼而變, 將與人易. 亂氣狡憤, 陰血周作, 張脈僨興, 外強中幹. 進退不可, 周旋不能, 君必悔之.
49. 賓福志, 「先秦文獻中的陰陽五行思想研究」, 山東師範大學 碩士學位請求論文, 2010, p.22 참조.
50. 『左傳』「僖公十五年」: 亂氣狡憤,陰血周作,張脈僨興,外彊中乾

러나면 몸속은 반드시 말라서 건조해진다. 내부의 피(혈)가 힘이 되기 때문에 내부가 윤택하면 강하고 내부가 마르면 약해진다.[51]

이것은 기는 양이고 혈은 음이라는 의학적 이론을 이용해 말의 병리 현상을 해석하고, 음양 기혈이 반드시 상대적으로 균형을 이루어야 하며, 이 두 가지 음양이 조화를 잃어버리면 바로 질병을 일으키게 된다는 것이다.[52] 음과 양의 기와 혈은 반드시 상대적 균형을 유지해야 하며, 이 둘의 불균형은 질병을 일으킬 수 있다는 것이다.

진나라 의화는 이러한 사상을 바탕으로, "음이 지나치게 많아지면 육질六疾, 즉 여섯 가지 질병이 발생한다는 '음생육질陰生六疾'"[53]의 병인론을 설명했다.

이것은 의화가 진나라 평공을 진단하면서 여색에 탐닉하여 그 의술로 치료 할 수 없다는 것을 밝힌 병리학설이다. 의화가 여기서 사람의 몸은 마땅히 '육기'와 응하고 평형을 유지해야 함을 강조하였고, '온갖 일'은 모두 절도와 제제가 있어야 한다는 것이다. 만약 '육기'가 지나치게 왕성하면 질병을 만들어 내는데 이것이 음란하여 생기는 여섯가지 질병이 '음생육질'이다. 의화의 이 몇가지 이론은 이후에 중

51. 杜預注, 孔穎達正義, 『春秋左傳正義』, 北京大学出版社, 2000, p.430 참조.
52. 周立升 主篇, 王德敏 副主篇, 『春秋哲學』, 山東大學出版社, 1989, p.33 참조.
53. 『左傳』「昭公元年」: 六氣曰陰, 陽, 風, 雨, 晦, 明也, 分爲四時, 序爲五節, 過則爲菑: 陰淫寒疾, 陽淫熱疾, 風淫末疾, 雨淫腹疾, 晦淫惑疾, 明淫心疾.

의학의 발전에 중요한 이론적 근거를 제공했다고 할 수 있다.[54]

『좌전』 소공 7년에는 자산이 진나라에 도래하여, 중의학에서 말하는 양혼陽魂과 음백陰魄의 이론을 적용해 정나라의 요기와 관련된 사건을 해석했다.

> 자산이 진나라로 갔을 때, 조경자가 물어 말하길 "백께서는 귀신이 될까요?" 자산이 대답하길 "될 수 있다. 사람이 태어나서 처음 변화하는 것이 백이고, 이미 백이 생기면 양을 백이라고 한다. 사물을 쓸 때 정이 많으면 혼백이 강하고, 이러한 까닭에 그 사물은 또렷하고 분명하게 되니 신명에 이른다."[55]

이는 인간의 생리 현상뿐 아니라, 정신적 영역에서도 음양의 분화가 있음을 뜻한다. 요컨대 『좌전』에서는 음양과 육기 개념으로 병의 원인을 풀이하고 있어, 이것이 음양 이론을 의학에 최초로 도입한 사례라 볼 수 있다. 또한 『좌전』 희공 16년에서는 음양이라는 철학적 범주를 적용해 송나라에서 발생한 운석 낙하와 물수리 비행 등 두 가지 이례적 자연현상을 '음양의 일'로 해석한 사례도 등장한다.

---

54. 竇福志, 「先秦文献中的陰陽五行思想研究」, 山東師範大學 碩士學位請求論文, 2010, p.23 참조.

55. 『左傳』「昭公七年」: 及子產適晉, 趙景子問焉, 曰: 伯有猶能爲鬼乎? 子產日: 能. 人生始化曰魄, 既生魄, 陽曰魄. 用物精多, 則魂魄強, 是以有精爽, 至於神明.

3. 재해현상으로서의 음양

재해현상에 관련된 음양관념은 전국시대 『국어』에서 확인할 수 있다. 『국어』에 나타나는 음양 이론 역시 육기를 중심으로 하며, 『좌전』과 상호 부합되는 점이 많다.

예를 들어 『국어』「주어하」에서는 '천육지오天六地五'라는 문구가 나타나는데, 주석에서는 "하늘에는 육기가 있고, 또 말하길 그래서 육기구덕을 잘 길러야한다"[56]라고 해설한다.

『국어』「주어상」 백양보의 음양관념과 자연재해 해석

주나라 태사 백양보伯陽父는 역사상 가장 이른 시기에 기록된 음양관념을 운용한 인물로, 금목수화토의 오행을 결합해 자연현상을 해석하였다. 『국어』「주어상」에 다음과 같이 기록되어 있다. 백양보가 논한 음양재변은 비교적 초기에 천인감응론의 음양재이를 나타내는 문헌이다.[57]

> 유왕 2년, 서주에 세 강에 모두 지진이 일어났다. 백양보가 말하길 "주나라는 장차 망할 것이다! 천지의 기는 그 차례를 잃지 않는데, 만약 그

56. 『國語』「周語下」: 天六地五 注: 天有六氣 又 所以宣養六氣九德也.
57. 南偉, 「論陰陽五行之起源」, 青島大學 碩士學位請求論文, 2006, p.33 참조.

차례에 조금이라도 잘못되면 백성의 난리가 일어난다. 양은 엎드려 있어서 밖으로 나오지 못하고, 음은 압박하면서도 증발하지 못하니, 여기에 지진이 일어난 것이다. 지금 세 강에 모두 지진이 일어났는데, 이는 양이 자리를 잃어서 음을 누르고 있기 때문이다."라고 하였다.[58]

서주시대 말기에는 이미 음양이 천지의 기로 파악되며, 또 나머지 네 가지 기보다 부각되기 시작하였다는 것을 알 수 있다.[59] 서주 말년에 이러한 해석이 나올 수 있었다는 것은 음양학설로서 자연계의 변화를 해석하는 일종의 창의적인 견해이고, 이것은 음양오행가의 가장 중요한 기원이라고 할 수 있다.[60] 분명 백양보는 음과 양의 기에 정상적인 질서가 있다고 보았다.

'지금 양의 기가 그 자리를 잃어 아래 숨어 있고, 음의 기가 위로 올라가 압박해서 양기가 상승하지 못한다'는 식으로, 경하 · 위수 · 낙수 등 삼하三河에서 대지진이 발생한 원인을 설명했다. 이때 음양은 거대한 두 자연의 힘을 대표하며, 음은 가라앉고 양은 오르는 성질을 지닌다. 정상적인 상태에서는 "기가 가라앉는 음이 없으면 또한 흩어

58. 『國語』「周語上」: 幽王二年, 西周三川皆震. 伯陽父曰: 周將亡矣! 夫天地之氣, 不失 其序, 若過其序, 民亂之也, 陽伏而不能出, 陰迫而不能烝, 於是有地震, 今三川實震, 是陽失其所而鎮陰也.

59. 양계초, 풍우란외 지음, 김홍경 편역, 『음양오행설의 연구』, 신지서원, 1993, p.68 참조.

60. 南偉, 「論陰陽五行之起源」, 青島大學 碩士學位請求論文, 2006, p.8 참조.

지는 양도 없다."[61]라고 하며, 비정상적으로는 이 두 기가 역할을 바꿔 대립하면서 자연계에 재난과 이변이 나타난다고 본 것이다.

백양보는 지진 해석에 '양복陽伏'(양기가 엎드려 발현하지 못함), '음박陰迫'(음기가 강압하여 증발하지 못함)이라는 용어를 활용해, 음기가 아래에서 양기를 누르고, 양기가 위로 오르지 못해 지진이 발생한다는 논리를 전개했다. 그는 음양을 천지의 두 기로 파악했고, 추상적 철학 의미가 내포된 비교적 성숙한 음양 관념을 제시했다. 즉, 음과 양을 천지의 기로 이해하고 있음을 알 수 있다.

백양보가 말한 음양은 바로 우리가 이해하는 음양 두 기를 가리키는 것으로, 이 개념은 감각 경험의 범주를 넘어 형태와 시각적으로 파악되는 형이하에서 무형 · 비가시적 형이상의 기로 심화된다. 음양 두 기는 천지를 가득 메우고 질서 있게 흐르며, 인간의 회복, 국가의 흥망, 우주의 생성, 인간사의 성쇠 등 모든 동적인 변화를 주도하는 근원적 역량으로 자리잡았다.

『국어』「월어하」 범려의 음양관념과 천도변화 해석

또한 『국어』「월어하」 기록에 따르면, 춘추 말기 월나라 범려范蠡(기원전 536~448)는 "음양의 항상 된 것을 따라 하고, 천지의 항상 된 것

61. 『國語』「周語上」: 氣無滯陰, 亦無散陽.

을 좇는다."[62]는 원칙에 따라, "양이 극점에 도달하면 음이 되고, 음이 극점에 도달하면 양이 된다."[63]라는 관점으로 천도변화의 규칙성을 음양 개념으로 해석했다. 이는 곧 자연의 변화가 음양의 항상성과 순환 규칙성에 의해 설명될 수 있음을 보여준다.

> 다른 나라에 대해 적국을 제압하고 적국의 왕을 세우거나 폐위하거나 하는 일은 음양의 항상된 것을 따라서 하고 천지의 일정함을 따르되, 부드럽게 적국에 대해주되 비굴하지 않게 하며, 적국을 강하게 대하되 너무 강하지 않게 대하며, 덕을 베풀거나 벌을 하는 행위가 거기에 따라서 항상 일정함이 있어야 한다. 사람을 죽이고 살리고 하는 것은 하늘과 땅의 형벌에 따라야 하고, 하늘은 사람에 따르고 성인은 하늘에 따른다. 사람이 생겨나고 천지가 형태를 이루고 성인은 그러한 것에 따라 이루어진다. 신이 듣기로는 때에 맞게 하되 게으르지 말아야 하며, 때가 다시 오지 않기 때문이다. 하늘이 주는 거 이외에는 감히 취하지 말고 하늘이 주는 것 이외에 취하면 도리어 그것이 재앙이 된다. 하늘이 주는 것들을 가벼이 하거나 축소하거나 바꾸어내면 이후에 후회가 된다. 하늘의 절도는 본디 그러하기 때문에 그것을 옮기지 말아야 한다. ...... 신이 듣기로 옛날에 군대를 잘 부린 자는 군대를 축소하는 것에 일정한 법칙이 있는데, 사시를 기준으로 삼아서 하늘의 기준을 어김이 없으니 그

62. 『國語』「越語下」: 春秋末期越國範蠡(前536一前448年)運用 因陰陽之恒, 順天地之常.
63. 『國語』「越語下」: 陽至而陰, 陰至而陽.

수를 궁구하여 그 수에 맞게 그친다. 천도는 넓고 크며, 해와 달은 항상 되니, 밝고 드러난 것은 법으로 삼고, 미묘한 것은 곧 실제 작용이다. 양이 극지에 이르면 음이 되고 음이 극지에 이르면 양이 된다.[64]

범려는 음양을 '천지의 일정한 법칙(天地之常)'으로 인식하고, 음양이 부드러움과 강함으로 변화하여 사회이론적 범주인 '성인'의 도로 실천된다고 이해했다. "범려는 '음양의 항상됨이나 천지의 항상됨을 따를 때'만이 천, 지, 인의 세 측면이 이루어질 수 있다고 인식한다. '억지로 천지나 음양을 어겨서 군사 작전을 모색하는 자'는 '하늘이 준 것을 취하지 않은 자'가 되고 그렇게 되면 '도리어 재앙을 받게 되고', '도리어 재앙이 된다'는 것이다."[65]

범려는 이러한 원리에 따라, '양이 이르면 음이 되고, 음이 이르면 양이 되며 해가 지면 다시 뜨고 달이 차면 반달이 된다'라는 대립적 변화 법칙을 제시한다. 그는 음양 범주와 군사 용어의 '강유'를 결합해서 문제를 분석할 뿐만 아니라, 음양의 범주와 강유의 범주를 적절

64.『國語』「越語下」: 四封之外, 敵國之制, 立斷之事, 因陰陽之恒, 順天地之常, 柔而不屈, 強而不剛, 德虐之行, 因以爲常;死生因天地之刑, 天因人, 聖人因天; 人自生之, 天地形之, 聖人因而成之. 臣聞之, 得時無怠, 時不再來, 天予不取, 反爲之災. 贏縮轉化, 後將悔之. 天節固然, 唯謀不遷. …… 臣聞古之善用兵者, 贏縮以爲常, 四時以爲紀, 無過天極, 究數而止. 天道皇皇, 日月以爲常, 明者以爲法, 微者則是行. 陽至而陰, 陰至而陽.

65. 竇福志,「先秦文献中的陰陽五行思想研究」, 山東師範大學 碩士學位請求論文, 2010, p.26 참조

하고 조화롭게 군사일에 적용하였다.

그러나 이러한 '변화'의 범주는 범려에게서 처음으로 운용된 것이지만, 이에 대해 임계유는 "범려사상의 관점은 정치군사 방면의 문제이지, 자연철학 방면의 문제는 아니다. 이 때문에, 범려의 천도사상은 자연의 천 본래 면목에서 상당히 큰 추진 작용을 일으켰으나 천도사상을 진일보 발전시켜 내는 일종의 유물주의 자연철학 체계로 된 것은 전국시기의 도가에 와서야 비로소 완성된다."[66]라고 주장하였다.

『국어』「주어상」 괵문공의 음양 · 기론 및 『국어』의 음양관념

『국어』「주어상」에 따르면, 기원전 827년 주나라의 선왕이 즉위하였으나 즉위에 따른 자전自耕의 예를 행하지 않았다. 이에 괵문공이 선왕에게 간諫하며 다음과 같이 바른말을 올렸다는 기록이 있다.

> 옳지 않다. 백성들의 큰일은 농사에 있다. 상제의 제사를 위한 곡식이 농업에서 나오고, 백성들이 울타리로 무리지어 살아가는 것도 농사에서 나오고, 국가의 일에 필요한 경비도 농사에 있으며, 군신 간이 화합하고 백성 간이 화목한 것도 농사에서 흥한다. 국가 운영에 필요한 각종 물자와 경비도 모두 농업에서 비롯된다. 순박하고 융성하며 순수하

66. 任繼愈 主編, 『中國哲學發展史』(先秦卷), 北京: 人民出版社, 1983, p.131 참조.

> 고 단단해지는 나라도 농사에서 이루어지니 그러므로 농사일은 큰 관직이다. 옛날에 태사가 때에 맞춰 농토를 살펴보고, 양기가 퍼지며 땅이 마르고 쩍쩍 갈라지는 것은 토기가 움직여서 나타난 것이고, 농사가 잘되고 별자리가 바르고, 하늘에 있는 사당보다 해와 달이 낮아서 토속의 맥이 나온 것이다. 이러한 때 보다 9일 앞서서, 태사가 직에게 고하여 말하길, 지금부터 처음 길하는데 이르르니, 양기가 모두 증발하고 땅의 비옥함이 동하게 될 것이다. 땅이 진동하지 않거나 땅이 젖지 않으면, 맥이 가득차 이지러지고, 계곡에서는 번식하지 않는다. 직은 왕에게 고하여 말하길, 태사의 우두머리가 양궁에서 나에게 일을 맡겨서 명하기를, 지금부터 9일 이내에 땅이 모두 움직이니, 왕이 삼가 기도를 하고 제사를 지내고, 농사를 살피고 바꾸지 말아야 한다. …… 그러면서 말하길 음양이 두루 퍼지고 우레가 나오면서 막힌다. 땅이 모두 개간되지 않아서 그것을 개간하는 것을 사구가 맡는다.[67]

이 문장들은 주 선왕이 즉위한 뒤 전통적인 자전籍田의 예를 행하지 않은 사실을 묘사한다. "괵문공이 간언하여 말하길, '만약 자전의 예를 거행하지 않으면 장차 계절의 운행을 방해하게 되고, 그로 인해

67. 『國語』「周語上」: 不可. 夫民之大事在農, 上帝之粢盛於是乎出, 民之蕃庶於是乎生, 事之供給於是乎在, 和協輯睦於是乎興, 財用蕃殖於是乎始, 敦庬純固於是乎成, 是故稷爲大官. 古者, 太史順時覛土, 陽癉憤盈, 土氣震發, 農祥晨正, 日月底於天廟, 土乃脈發. 先時九日, 太史告稷曰: 自今至於初吉, 陽氣俱蒸, 土膏其動. 弗震弗渝, 脈其滿告, 穀乃不殖. 稷以告王曰: 史帥陽官, 以命我司事曰: 距今九日, 土其俱動, 王其祇(祓, 監農不易. …… 曰: 陰陽分布, 震雷出滯. 土不備墾, 辟在司寇.

백성들의 농업 생산에 큰 지장이 초래될 것'이라고 하였다."[68] 괵문공의 진술에는 음양과 관련된 새로운 이해를 찾아볼 수 있다. 두복지는 이를 세 가지로 정리한다.

첫째, 이 인용문은 선진시대 문헌 가운데서도 최초로 '양기'라는 개념이 등장한다. 이는 음양과 기의 결합이 처음으로 이루어진 것으로, '양기구증陽氣俱蒸'이라는 표현에서 '양기'가 언급된다. 여기서 음양의 속성이 기라는 개념 속에서 해석, 귀속되는 것으로 나타난다. 고대 철학사에서 기와 음양의 두 이론이 초보적으로 형성되었음을 알 수 있다.

둘째, 괵문공의 진술에는 '토기'라는 용어도 나타난다. '태양이 비추어 땅이 마르고 갈라짐은 토기가 진동하며 발생하는 것이다(陽癉憤盈, 土氣震發)', '양기가 모두 증발하면 땅의 비옥함이 움직이게 된다(陽氣俱蒸, 土膏其動)'라는 문장이다. 만약 여기서 '토'가 오행의 토를 가리킨다면, 오행과 기의 결합 역시 이미 이 시기에 모습을 드러낸 셈이다.

셋째, 괵문공은 "'양기'는 땅에서 생겨나는 것이며, 곧 땅이 양기라는 뜻이며, 그것은 후대의 '천天은 양陽이고 지地는 음陰'이라는 도식과는 다르다. 이는 곧 음중지양陰中之陽, 양중지음陽中之陰이 있음을 보여주는 것으로, 『관자』「이미」편에서는 이러한 사유가 완벽히 드러난다."[69]라고 보았다.

---

68. 竇福志, 「先秦文献中的陰陽五行思想研究」, 山東師範大學 碩士學位請求論文, 2010, p.19 참조.
69. 竇福志, 앞의 책, p.20 참조.

『국어』「주어상」에서 백양보가 논한 음양재변은 비교적 이른 시기에 천인감응론의 음양재이를 보여주는 문헌이다. 또한 같은 편에서 괵문공이 선왕에 간하여 '태양이 비춰서 땅이 마르고 쩍쩍 갈라지는 것은 토기가 움직여서 나타난 것이다'라는 설명으로 자연재해 현상을 해석한다. 그리고 『국어』「월어하」에는, 춘추 말기 월나라의 범려는 '양이 극점에 도달하면 음이 되고, 음이 극점에 도달하면 양이 된다' 라는 원리를 통해 천도 변화의 규칙성을 음양 원리로 해석하였다.

『국어』의 음양관념은 주로 육기에 근거하고 있다. 여기서 음과 양은 곧 천지 사이의 두 가지 근원적 기로 이해된다. 이때의 음양은 추상적인 철학적 의미가 내포되어 있다. 『국어』에서는 음양 관념을 비교적 성숙한 형태로 설명하며, 또한 천도의 변화, 즉 자연현상의 규칙성을 해석해 음양의 범주와 강유의 범주를 군사와 사회제도 등 실제 삶의 영역에 적절히 조화시켜 적용하는 모습을 보여준다.

02
대대對待와 상반상성相反相成으로서의 음양

앞에서 살펴보았듯이, 음양은 본래 햇빛의 향배와 자연현상을 설명하는 개념이었다. 『주역』의 『역전』과 『노자』에서는 음양이 두 종류의 상반되고 상성되는 기본 원소이자 동력으로 그 의미가 확장된다. 이는 음양이 구체적인 사물이나 현상을 설명하는 단계에서 추상성을 띤 원리로 그 의미가 전환되었다는 것을 의미한다.

『장자』「천하」편에서는 "역은 음양을 말한다"[70]라고 하지만, 『주역』의 『역경』에는 '음'과 '양'이라는 단어가 등장하지 않는다. 「중부中孚」구이九二 효사에 보이는 "우는 학이 그늘에 있는데, 그 새끼가 화답하도다(鳴鶴在陰, 其子和之)"라는 문장이 나타난다. 이 문장에서 '음陰'은 '그늘' 또는 '어두운 곳'이라는 의미의 '그림자 음蔭'으로 해석된다. 즉, 『주역』에서 음과 양은 『역경』이 아니라 『역전』을 통해 본격적으로 등장하며, 그 의미는 추상성을 띠게 된다.

『노자』에서는 음양이 '상반상성相反相成'의 관계를 이루는 것으로 나타난다. 이에 따라 음양은 철학적 범주로 자리 삼아, 천지만물의 성

70. 『莊子』「天下」: 易以道陰陽.

질을 포괄하는 원리로 이해된다. 이는 『노자』 42장의 '도생일道生一, 일생이一生二, 이생삼二生三, 삼생만물三生萬物'의 내용을 만물의 발생론으로 해석하고, 만물이 생성된 이후 '만물부음이포양萬物負陰而抱陽'의 과정을 음양의 관점에서 이해한다는 의미이다. 이때 음양의 관계를 상반성과 상관성을 지닌 것으로 설명하는 것이 '상반상성'이라는 용어이다.

1. 『주역』 음양 사유의 구조적 기초

『주역』은 주나라 사람들이 점을 치는 데 사용한 책으로, 경經(본래의 『역경易經』)과 전傳(『역전易傳』, 즉 십익十翼)이 포괄된다. 경은 『역경』을 가리키며, 64괘의 괘사와 386효의 효사로 구성된다. 괘사 효사는 오랜 기간 누적된 점서 자료이다. 전은 『역전』을 의미하며, '십익'이라 불리는 7종 10편(『단전』 상 · 하, 『상전』 상 · 하, 『문언』, 『계사』 상 · 하, 『설괘』, 『서괘』, 『잡괘』)을 가리킨다. 『역전』은 『주역』 경문을 체계적으로 해석하기 위해 만들어진 것이다. 『역경』의 편찬 시기에 대해서는 학설마다 상이하다.

『장자』 「천하」 편에서는 역易을 음양으로 요약하면서 '역은 음양을 말한 것이다'라고 하지만, 실제 '역'에서 음양을 찾으면 쉽게 찾을 수 없다. 여러 학자들도 『주역』의 경문에서는 음양의 관념이 뚜렷이 나타나지 않는다는 점을 지적했는데, 대표적인 인물이 서복관,[71] 사송령[72] 등이다.

팔괘는 음효와 양효 두 종류의 부호로 구성되어 있으며, 팔괘는 『역경』 체계의 기본적인 구성요소이다. 그러나 최초에는 지금과 같은 음효 양효 두 개의 부호로 표시되지 않았다. 『역』의 음효와 양효는 본래 숫자의·짝수와 홀수로부터 기원하여 이후에 비로소 오늘날 전해진 판본에서 볼 수 있는 음효와 양효 두 종류의 부호 체계로 고정되었다.[73]

전국 후기에 들어서면 사람들은 음양과 강유관념으로 『주역』을 해석하고, 『주역』을 점치는 성격을 갖는 책에서 철학적 이치를 갖는 책으로 격상시키는데 이것이 바로 후대 사람들이 말하는 『역전』이다. 그중 『계사전』은 『역경』의 음양사상을 가장 잘 보여주는 것 중의 하나이다.

주백곤은 '일음일양지위도一陰一陽之謂道' 한 문장의 가치를 높게 평가하였다. 그는 "'이 문장이야말로 『역전』의 변증사상의 핵심이며, 게다가 아주 분명하고 또렷하고 밝으며 중국의 천년 이상 흘러온 역사 속에서도 가장 빼어난 것이다.' 이 일음일양一陰一陽 명제는 두 가지 점에서 중국 고대철학을 대표한다. 역사적 의의로 볼 때,

71. 徐複觀, 『陰陽五行及其有關文獻的研究』, 中國人性論史(先秦篇), 上海三聯書店, 2002, pp.492~495 참조.
72. 양계초, 풍우란외 지음, 김홍경 편역, 『음양오행설의 연구』, 신지서원, 1993, p.522 참조.
73. 竇福志, 「先秦文献中的陰陽五行思想研究」, 山東師範大學 碩士學位請求論文, 2010, p.16 참조.

서주말년 이래의 음양설은 구체적 사물에 대한 논술에서, 추상적으로 사물의 대립성질을 표현하는 범주이면서, 또 대립되면서 서로 의존하고 바뀌는 것들을 표현했다. 따라서 '일음일양'이라고 포괄한 이 명제는 사물의 본성과 그 변화의 법칙으로 보는 것이며, 나아가 이 명제는 선진시대 이래로 변증법 사유의 발전이 총 결과지어진 것"[74]이라고 보았다. 음양설이 추상적 사물의 대립성질을 표현하는 범주이며 대립되면서 서로 의존하고 바뀌는 것들을 표현했다는 것이다.

주백곤은『역전』에서 도가와 음양가에서 중시되던 음양학설을 수용하여 음양변역관념으로『주역』을 해석했으며, 이후 역학가들은 모두 음양 범주를 밝히고 그 변역의 법칙을 추앙하게 됨으로써 역학의 기본 특징이 되었다[75]라고 하였다. 이후에 주백곤은『역전』의 음양사상을 다음과 같이 '음양이 대대하는 사유' 또는 '두 원소가 서로 보충하는 원칙'이라고 개괄하면서 음양을 중화 과학기술사상의 가장 큰 특징이라고 하였다.[76]

『역전』에서 '음양'을 도입하면서, 역은 음양의 관념에 따라 새롭게 해석된다. 이는 효를 음양으로 구분하고, 괘를 음양으로 분류하거나, 괘의 덕을 음양으로 구분하는 것이다.

'⚊', '⚋'를 부호로 사용하는 효는 본래 음양으로 구분되지 않았다.

---

74. 朱伯崑,『易學哲學史』(第一卷), 華夏出版社, 1995, pp.80~81 참조.
75. 朱伯崑 저, 김학권 번역,『주역산책』, 예문서원, 2003, p.153 참조.
76. 朱伯崑,『易學哲學史』(第一卷), 華夏出版社, 1995 참조.

'—', '--'는 괘사와 효사에서 강유剛柔로 불려왔다. 그러나 『역전』에서 '음양'을 도입하면서 강효와 유효는 각각 양효와 음효로 명칭이 변경되면서, 효에 음양을 적용하기 시작한다. 팔괘를 이루는 두 효, 즉 음효(--), 양효(—)는 음양을 그대로 상징한다.

2. 『역전』의 음양 대대對待와 변역 사상

『역전』에서는 괘와 효의 구조를 음양의 원리에 따라 재해석하여, "우러러 천문을 살피고, 굽어서 땅의 이치를 살피며",[77] "음양의 변화를 관찰하여 괘를 세웠다."[78] "우러러 하늘의 상을 살피고, 굽어서 땅의 법을 살피며, 날짐승과 들짐승의 무늬를 살피고, 땅의 마땅함을 살피며, 가까이는 자신으로부터 취하고, 멀리서는 만물로부터 취하여, 이로써 팔괘를 처음 그렸다."[79] "역에는 태극이 있으니, 이로써 양의가 생겨났다."[80]라고 기록하였다.

『역전』은 '음양'을 강조해서 말하는데, "건은, 양의 것이다. 곤은, 음의 것이다. 음양이 덕을 합하고 강유가 체가 있게 되니, 이로써 천지

---

77. 『周易』「繫辭上」: 仰以觀於天文, 俯以察於地理.
78. 『周易』「繫辭傳」: 觀變於陰陽, 而立卦.
79. 『周易』「繫辭下」: 仰則觀象於天, 俯則觀法於地, 觀鳥獸之文, 與地之宜, 近取諸身, 遠取諸物, 於是始作八卦.
80. 『周易』「繫辭上傳」: 易有太極, 是生兩儀

를 본받아 체계화 할 수 있었으며, 신명의 덕에 통할 수 있었다"[81]라고 하거나, "건에서 싸우니, 건은 서북방의 괘이다, 이는 음양이 서로 부딪히는 것을 말하는 것이다, 음양은 헤아릴 수 없으니 그것을 신이라고 한다."[82] 등의 말들로 음양을 여러 차례 강조했다.

이러한 『역전』의 내용에 따라, "양의란 바로 음양이다."[83]라고 진덕술은 양의와 음양의 관계를 정의하며, 이는 『역경』에도 이미 음양의 관념이 내재돼 있었음을 확정한다. 각 괘에도 음양이 있는데, 건, 진, 감, 간은 양괘가 되고, 곤, 손, 리, 태는 음괘가 된다. 『역전』에서는 "양괘는 음이 많고, 음괘는 양이 많다. 양괘는 홀수이고, 음괘는 짝수이다."[84]라고 설명한다.

『역전』은 음양을 기존의 전통적 학설의 기반에서 한층 더 발전시켰다. 여기에서는 음양이 단순한 기氣일 뿐만 아니라 모든 사물의 속성이 된다고 보았다. 각종 사물은 모두 음과 양의 속성을 지니고 있다. 예컨대, 하늘은 가장 큰 양이고 땅은 가장 큰 음이다. 그래서 하늘의 속성은 극도로 강건하고, 땅의 속성은 극도로 유순하다고 보며, 이

---

81. 『周易」: 陰陽, 說 乾, 陽物也. 坤, 陰物也. 陰陽合德, 而剛柔有體, 以體天地之撰, 以通神明之德.
82. 『周易」: 战乎乾, 乾西北之卦也, 言阴阳相薄也, 阴阳不测之谓神
83. 陳德述, 「略論陰陽五行學說的起源與形成」, 四川省社會科學院哲學研究所 四川成都 610071, 第33 卷第2期 Vol.33. No.2 西華大學學報(哲學社會科學版), 2014, p.3 참조.
84. 『周易』「繫辭下」: 陽卦多陰, 陰卦多陽. 陽卦奇, 陰卦耦.

는 "건乾은 강하고 곤坤은 부드럽다,"[85] "건은 강건하고 곤은 유순하다"[86]라는 표현에서 확인된다. 하늘과 땅, 우레와 바람, 물과 불, 산과 못 등 자연계의 사물들은 고립된 것이 아니라 각각의 음과 양 속성에 따라 쌍을 이루고 있다. 그러므로 음양은 자연계의 보편적 연관성을 보여주는 대표적 범주이다.

뿐만 아니라, 『역전』 저자들이 보기에 사회와 자연은 하나의 전체를 이루므로 음양의 범주는 인간사회에도 적용된다. 이를 종합적으로 말하면, "한 번 양이 되면 한 번 음이 되는 것을 도라고 한다."[87]라는 것이다. 『주역』에서 '역'이라는 말 자체는 변화의 뜻을 갖는다. "하늘과 땅의 도는 항구해서 멈추지 않는다."[88]라는 구절이 이를 표현한다.

그렇다면 사물이 변화하는 근원은 어디에 있을까? 『역전』에서는 사물 내부에 음과 양처럼 상반된 두 가지 속성이 존재한다고 본다. 이 두 속성의 대립과 상호작용이 사물이 변화하는 직접적인 원인이 된다. 이것이 바로 "하늘과 땅이 감응하여 만물이 변화하여 생겨난다."[89]라는 것이다. 이 문장은 『역전』 안에서는 음양설이 이미 자연철학의 중요한 방법론으로 인식되었다는 의미이다.

---

85. 『周易』「雜卦傳」: 乾剛坤柔.
86. 『周易』「說卦傳」: 乾, 健也, 坤, 順也.
87. 『周易』「繫辭」: 一陽一陰之謂道.
88. 『周易』「彖傳」, 恒卦 : 天地之道, 恒久不已者也.
89. 『周易』「彖傳」: 天地感而萬物化生.

진덕술은 『역전』 음양의 핵심을 '대대 관계, 머금음, 상호 전화'의 세 가지로 요약한다.

> 첫째, 서로 대대 관계이다. 음양은 우주 사물을 구성하는 두 종류의 서로 다른 물질의 실체, 즉 음기와 양기를 말한다. 음양이란 두 종류의 서로 대립되는 경향과 힘 혹은 두 종류의 상태라는 의미다. 둘째, 서로 머금고 포함한다. 양 속에 음이 있고, 음 속에 양이 있으며 음 혼자는 생성하지 못하고, 양 홀로는 자라지 못한다. 음양은 서로 존재의 전제가 된다. 셋째, 상호 바뀔 수 있다. 상호 소멸 · 성장하며, 양이 자라면 음은 소멸하고, 양이 소멸하면 음이 자라며, 음이 자라면 양이 소멸하고, 음이 소멸하면 양이 자라니, 만물이 극에 이르면 반드시 되돌아가서, 사물의 발전과 변화를 촉진한다. 서로 부딪치고 서로 어긋나는 것이다. 만물은 내부에 모두 음양이 대대 관계거나 대립 관계를 이루는 모순 운동을 간직하고 있다.[90]

『역경』에는 음양 개념이 없고, 후대에 나온 십익을 제외하면 단지 중부괘 구이효사에 그늘의 뜻으로 쓰인 음이란 글자가 한 번 나올 뿐이다. 『역경』에 음양의 개념이 나타나지 않지만 『역경』을 구성하는 괘사나 효사, 괘 · 효상에는 음양에 대한 관념이 자리하고 있다.

---

90. 陳德述, 「略論陰陽五行學說的起源與形成」, 四川省社會科學院哲學研究所 四川成都 610071, 西華大學學報(哲學社會科學版), 第33卷 第2期 Vol.33. No.2, 2014, p.3 참조.

이같이 『주역』을 이루는 가장 기본 단위가 되는 괘효卦爻의 구조와 내용에서 음양사상의 단초를 짐작해 볼 수는 있다.[91] 이승경은 『역경』에 음양 개념의 명확한 용례는 부재하지만, 구조와 내용 속에 관념적 단초가 내포되어 있다고 말한다.

『역전』에 '한번은 음이고 한번은 양인 것을 도라고 한다'라고 하였는데, 이 말은 음양이 교체하는 것을 우주의 근본 규칙으로 파악한 것이고 이후에 마왕퇴 백서 『황제사경』에는 공경이 백성의 시간을 내려준다는 '경수민시敬授民時' 문장과 음양에 맞게 형벌과 덕을 집행한다는 '음양형덕陰陽刑德'을 제출하였는데, 이 내용이 사시교령사상의 기본이 되었다.[92] 두복지는 『역전』이 음양의 교체를 우주의 근본 규칙으로 이해하고 있다고 평가한다.

원래 『주역』의 경經의 부분인 괘사와 효사에는 음양의 관념이 없었다. 역易의 골격인 '--' 과 '—'은 양의兩儀로서 사상四象과 팔괘를 형성하는 두 요소로 변용되기 시작된 것으로 보여진다. 『주역』(역의 전의 부분, 십익)의 성립이 그것이다. 『주역』「계사전」 상에서는 '일음일양지위도一陰一陽之謂道', '음양불측지위신陰陽不測之謂神'이라 하여 상반하는 음양 두 기로써 우주의 생성변화를 설명코자 하였다. 이때부터 우주 자연을 설명하는 방법은 크게 변모하게 되었다. 이와 같이 음

91. 李承慶, 『周易』의 陰陽思想에 관한 硏究」, 대구한의대학교대학원 석사학위청구논문, 2023, p.31 참조.

92. 竇福志, 「先秦文献中的陰陽五行思想硏究」, 山東師範大學 碩士學位請求論文, 2010, p.45 참조

양 관념으로 『주역』을 해석함으로써 『주역』은 복서에서 벗어나 철학적 구조를 갖춘 경서로 인정받게 되었다.[93] 송갑준은 '『주역』에는 음양 관념이 없지만, 『역전』의 음양은 우주 생성변화와 철학적 구조를 갖춘 사유'라고 정리한다.

『주역』의 본래 괘사 · 효사에는 오늘날 말하는 음양 개념이 거의 드러나지 않고, 그 '음'이라는 글자도 단 한 번, 그늘 의미로만 등장한다. 음양적 해석은 전국시대 이후, 특히 『역전』(십익)을 통해 본격적으로 도입되어, 점서였던 『주역』을 철학적 경서로 승격하는 역할을 하였다. 팔괘의 음효 · 양효 역시 처음에는 짝수 · 홀수 표기에서 후대에 부호 체계로 발전하였고, 『역전』은 『노자』 등 철학의 영향을 받아 음양을 우주 및 자연 · 사회 변화의 보편적 원리로 해석했다. 또한 '일음일양지위도'와 같이 음양의 교체를 만물 변화의 근저로 삼았다.

결국 『주역』에 음양사상이 처음부터 있었던 것은 아니고, 전국 이후 『역전』의 철학적 해석을 거쳐 음양이 고도의 철학 범주로 자리잡았다. 『역전』에서 파악된 음양은 방법론적 범주로서 우주 삼라만상이 고루 지닌 대립적 실체이자, 대립적 속성 · 경향 · 상태이다. 역전에서의 음양은 중국철학의 중요한 범주로 자리매김하였으며, '두 종류의 상호 대립적 기운이나 경향성'을 뜻하는 해석 도구로서의 음양학

93. 송갑준, 「음양오행설의 사유체계」, 『人文論叢』 제14집, 경남대학교인문과학연구소, 2001, p.115 참조.

설이 역전에서 기본적 형태로 완성되었고, 이것이 중국철학 방법론의 기초와 사유 구조로 발전한 것이다.

3. 『노자』의 음양 철학

음양이란 용어는 『시경詩經』이 쓰인 시대時代에는 양지陽地와 음지陰地를 뜻하는 음과 양에서부터 비롯되어, 전국시대의 천天의 육기 가운데 이기二氣로 사정되어 천이 발생하는 여섯 가지 기체氣體 중의 두 가지로서 이미 실질적 존재가 되었다. 이후 전국 중엽 이후로는 우주 간의 두 가지 상반상성相反相成하는 기본요소 또는 동력動力으로 취급되어 모든 생성변화의 내재적인 또는 근본 법칙으로 인식되기까지 전 시대에 걸쳐 출현하여 계속적인 발전을 거듭해 왔다.[94]

음양은 천지간에 있는 두 종류의 원동력이다. 『역경』에서 "한번은 음이고 한번은 양인 것을 도라고 한다"[95]라고 하였고, 노자는 "만물의 생성과 조화를 도와 음양의 상호작용 원리"[96]로 설명하였다. 이

---

94. 文載坤, 「漢代易學硏究-卦氣易學의 展開를 中心으로」, 고려대학교대학원 박사학위청구논문, 1990, p.5 참조.

95. 『周易』「繫辭上」: 一陰一陽之謂道.

96. 『老子』 42章 : 道生一 一生二 二生三 三生萬物 萬物負陰而抱陽 沖氣以爲和. [『노자』의 번역과 인용은 임헌규 지음, 『한자어원으로 읽는 노자도덕경』(파라북스, 2022)의 번역을 참조해 필자가 재해석하였다. 이하 『노자』의 번역과 인용도 동일하다.]

두 문장은 모두 '만물은 음양이 낳는다'는 것을 보여준다.

『회남자』「천문훈」에서는 노자의 말을 해석하여 "도는 1에서 시작하는데, 1은 단독으로 생성하지 못하므로 쪼개져서 음양이 되고, 음양이 합하여 만물을 생성한다."[97]라고 하였다.

동시대의 사람들은 '만물은 모두 두 가지를 생성한다'고 보았다. 모든 만물은 이 두 가지가 서로 상대적으로 대립함으로써 생겨나며, 이러한 이원적 대립 원칙은 지속적으로 관철되어 어떠한 사물이든 둘로 나뉘어 짝을 이룰 수 있다고 생각했다. 한쪽이 음이라면 다른 쪽은 양이 되어 서로 대립하고 또 변화하게 된다. 예를 들면, 하늘은 양에 속하고 땅은 음에 속하며, 해는 양, 달은 음, 위는 양, 아래는 음, 봄과 여름은 양, 가을과 겨울은 음, 동쪽과 남쪽은 양, 서쪽과 북쪽은 음, 왼쪽은 양, 오른쪽은 음, 홀수는 양, 짝수는 음, 짐승의 수컷은 양, 암컷은 음, 남자는 양, 여자는 음에 속한다.[98] 이처럼 만물은 음과 양이라는 쌍으로 이루어져 서로 대립하고 변하며, 모든 사물이 이에 따라 분류될 수 있다.

이처럼 비교적 일찍이 중국 고대인이 가지고 있는 이원 대립의 관점을 집중적으로 반영하는 것이 바로 『노자』이다. 『노자』에는 이원 대립 개념이 매우 풍부하게 나타난다. 노자는 음양가가 아니지만, 노자

---

97. 『淮南子』「天文训」: 道始于一, 一而不生, 故分而为阴阳, 阴阳合而万物生.[『회남자』의 번역과 인용은 유안 편찬, 이준영 해역, 『회남자 상하』(자유문고, 2020)의 번역을 참조해 필자가 재해석하였다. 이하 『회남자』의 번역과 인용도 동일하다.]
98. 南偉, 「論陰陽五行之起源」, 青島大學 碩士學位請求論文, 2006, p.24 참조.

사상은 음양가와 매우 깊은 관련이 있으며, 그 관계는 오래되었다고 할 수 있다.[99]

음과 양이 본격적으로 철학의 전당에 들어오게 된 것은 전국시대 초 도가학파의 공헌이 크다. 도가학파의 경전인『노자』에서는 만물의 발생 과정을 다음과 같이 묘사하고 있다.

> 도는 하나를 낳고 하나는 둘을 낳고 둘은 셋을 낳고 셋은 만물을 낳는다. 만물은 음을 등지고 양을 끌어안으니 충의 기가 이로써 화합하게 된다.[100]

노자가 보기에 '도道'는 우주 만물의 최고의 본원이다. 도가 낳은 '하나'는 음과 양으로 나뉘지 않은 혼돈의 세계이다. '둘'은 천지이고 곧 음양이다. '둘이 셋을 낳는다(二生三)'는 표현은 천지가 교류·합하고, 음과 양 두 기가 서로 혼합되어 충기沖氣(중화의 기)를 만들어내는 현상을 의미한다. '셋이 만물을 낳는다(三生萬物)'에서의 셋은 바로 중화된 기가 다양한 경로나 방법을 통해 만물로 펼쳐지는 것을 뜻한다. 결국 모든 만물에는 음과 양이 내재하여, 만물은 모두 음양의 조화에 의해 이뤄진다고 볼 수 있다. 음과 양은 추상적인 원동력으로서 만물을 물질화함과 동시에 만 가지로 나뉠 수 있는 궁극의

---

99. 南偉,「論陰陽五行之起源」, 青島大學 碩士學位請求論文, 2006, p.24 참조.
100.『老子』42章: 道生一 一生二 二生三 三生萬物 萬物負陰而抱陽 沖氣以爲和.

근원으로 작용한다.

주백곤은 노자의 음양관념을 철학범주로 평가하고 있다. 공자, 맹자, 심지어 자사까지 논어 · 맹자 · 중용에는 음양설이 나타나지 않으며, 음양학설은 전국 전기와 중기에 도가에 의해 일어났고, 전국시대 노자는 전국시대의 음양설을 발전시켜 음양으로 철학범주를 삼아 천지만물의 성질을 해석했다.[101]

문제곤은 노자의 우주 창생의 과정을 '유有'와 '무無', 그리고 '도道'의 관점에서 설명했다. "『노자』 42장의 '도생일道生一, 일생이一生二, 이생삼二生三, 삼생만물三生萬物'은 바로 그 점을 나타낸 것이다. 이미 만물이 생성된 이후 만물은 음陰을 등지며(背負) 양陽을 감싸고(懷抱) 있게 된다. 만일 음양이 만물을 화생化生하는 것이라면 그 층위상 마땅히 만물 위에 놓여야 될 것이다. 또한 '만물부음이포양萬物負陰而抱陽'이라고 한다면 만물과 음양은 다시 둘이 되고 만다. 그러므로 발생론적으로 볼 때 음양으로 말미암아 만물이 화생된다고 할 수가 없다. 문의 상으로 따져보면 만물이 이미 화생된 이후의 상황을 말하는 것이기에 위의 화생 과정과는 관계가 없다. 따라서 여기에서의 음양의 뜻은 그 원초적 의미인 햇빛이 비추는 곳과 비추지 않는 곳, 다시 말해 향배向背를 가리키는 명사로 보는 것이 타당하다. 음양 개념을 추상화시켜 그 이기二氣로 우주 창생의 과정을 설명하는 추세는 전국

101. 朱伯崑, 『易學哲學史』(第一卷), 華夏出版社, 1995, pp.35~36 참조.

중기 이후에 나타난다."[102] 이는 노자의 음양관념이 만물의 생성 원리를 햇빛의 유무와 같은 근원적이고 자연적인 대립으로 이해된다는 점을 보여준다. 다시 말해, 후대에 이르러 철학적으로 추상화되기 이전, 본래의 자연적 의미로 해석한다는 것이다.

노자에서 음양의 용례는 이 한군데 밖에는 없기 때문에 부음포양負陰抱陽을 예로 든 것은 부득이한 일이었을 것이다. 개념의 빈도수가 중요한 것은 아니지만, 노자의 부음포양을 전국시대에 커다란 영향을 미친 음양사상으로 간주하고 이를 우주발생론으로까지 해석하는 것은 지나친 확대 해석이라고 생각한다. 노자가 도를 본체로 삼아서 만물이 생산되었다는 우주발생론을 피력했다고 하는 것은 인정할 수 있지만, 음양 범주를 가지고 천지 만물의 생성과 변화를 설명했다고 보는 것은 무리라고 보기 때문이다.[103] 노자에서 음양개념의 직접적 언급은 드물며, 이를 만물의 생성 원리로 과도하게 해석하는 것은 지나친 확대라는 것이다.

'부음이포양負陰而抱陽'에 대해 왕필은 전혀 음양사상으로 해석하지 않았다. 왕필은 장자 제물론 구절을 인용해서 만물에서 도에로 복귀하는 '손損'의 시각에서 42장을 해석하고 있다. 왕필은 부음이포양에 대해서 직접 해석하지도 않았고 음양 개념을 언급하지도 않았으며,

---

102. 文載坤, 「陰陽五行論의 展開에 관한 研究(I)」, 고려대학교 철학연구소, 『철학연구』 Vol. No.14, 1989, p.29 참조.

103. 임채우, 「노자 陰陽論의 문제 – 易傳과의 비교를 중심으로」, 『동양철학』, 한국동양철학회, 2014, p.294 참조.

오히려 충기冲氣를 일자一者로서 강조해서 해석했다. 이렇게 보면 노자의 고주를 대표하는 한위漢魏 시대의 두 주석에서는 『역전』의 음양 사상과 관련없이 이 구절을 이해했음을 알 수 있다.[104] 남위와 주백곤은 노자 음양 관념에 철학적 의미를 부여한 반면, 문재곤과 임채우는 그에 반대되는 입장을 취한다.

또 『노자하상공주』 주석은 "도가 처음 낳는 것은 일이고, 일은 음과 양 두 기를 낳으며, 음양이 조화롭게(和), 맑고(清), 탁한(濁) 세 가지 기를 낳으니 이것이 천天 · 지地 · 인人으로 나뉜다."[105]라고 해석한다. 『노자』에서 '이二'가 무엇인지 명확히 언급하지는 않는다. 후대 학자들은 대부분 이를 음양이라고 해석했지만, 『노자』 42장의 '이'를 반드시 음양이라 단정하는 것은 논리적 비약이다. 그래도 42장 첫 구절의 문맥은 분명 우주 생성론 또는 도와 만물의 관계를 서술하는 것으로 이해된다.[106]

노자는 우주 생성의 과정을 "도가 일을 생성하고, …… 충기로써 조화를 삼는다."[107]라고 설명한다. 학계에서는 이 단락을 두고 노자가 '음양'에 고도의 추상적 · 철학적 의의를 부여했다고 받아들이며,

---

104. 임채우, 「노자 陰陽論의 문제 - 易傳과의 비교를 중심으로」, 『동양철학』, 한국동양철학회 , 2014, p.296 참조.

105. 『老子河上公注』: 道始所生者一也. 一生陰與陽也. 陰陽生和清濁三氣, 分為天地人也.

106. 윤석민, 「『易傳』과 諸子學의 陰陽 I : 戰國時期 諸子學派 陰陽의 同異」, 한국중국학회, 『중국학보』 Vol.65No-(2012), p.338 참조.

107. 『老子』 42장: 道生一, 一生二, 二生三, 三生萬物. 萬物负阴而抱阳, 冲氣以爲和.

음양을 만물이 포괄적으로 갖는 상반적 대립과 작용의 원리로 삼았다고 본다. 이것이 바로 '음양' 개념의 철학적 승화이며, 철학적 범주로 자리 잡게 된 결정적 계기로 볼 수 있다. 사실 노자가 음양 개념을 직접적으로 언급한 것은 단 한 구절에 불과하다. 하지만 노자의 음양 관념은 사물들이 서로 대립하며 변화하는 규칙 속에 깊게 체현되어 있다.

노자는 모든 현상이 상반 대립의 상태에서 성립된다고 보았다. 그는 "있음과 없음이 서로 생겨나고, 어려움과 쉬움이 서로 만들어지며, 길고 짧음이 서로 형태를 이뤄주고, 높음과 낮음이 서로 기대어 있으며, 음音과 성声이 서로 조화되고, 앞과 뒤가 서로 따른다"[108]라고 하였다. 인간의 존재 가치 역시 이러한 대립 속에서 형성된다고 보았다 "천하 사람들이 모두 아름다운 것이 아름다움이 되는 이유를 아는데, 그것은 추함 때문이다. 천하 사람들이 모두 선함이 되는 것을 아는데, 그것은 선하지 않음 때문이다."[109]라고 말한다.

노자 안에는 이원대립의 개념이 상당히 풍부하다, 예를 들면 숫컷과 암컷, 자웅, 천지, 유무, 장단, 고하, 중경, 직곡, 전후, 생사, 화복, 길흉, 난역, 총욕, 영허, 정조, 교졸, 변눌, 약강, 흡장, 폐흥, 탈여, 진퇴, 유강, 명매, 손익 등이 있다. 이러한 이원적 대립이 음양오행의 본질 개념이라고 볼 수 있는데, 노자가 바로 이러한 이원 대립

108.『老子』2장: 有無相生, 難易相成, 長短相較, 高下相傾, 音聲相和, 前後相隨.
109.『老子』2장: 天下皆知美之为美, 其恶已; 皆之善之为善, 斯不善已.

변증 관념을 집중적으로 논술한 첫 번째 사람이다.[110] 노자는 다양한 이원적 대립의 예를 통해 음양오행의 본질을 가장 먼저 체계적으로 논술한 철학자임을 보여준다.

노자의 음양은 단순히 햇빛의 유무와 같은 자연현상에서 점차 우주의 두 종류의 상반相反 · 상성相成하는 기본 원소나 동력으로 확대되었다. 음양이기의 운동은 인류 모든 활동의 근본이며, 이것이 자연계의 가장 근본적 운동 법칙이 된 것이다.

노자는 음양에 고도의 추상적 철학적 함의를 부여했다. 음양은 만물에 보편적으로 갖추어진 두 종류의 상반상성적 대립 성질 및 작용으로 파악되었고, 음양 개념이 처음으로 추상화되어 철학적 범주로 승화된 셈이다. 노자의 이러한 내용 속에서 음양은 도의 본체가 되었고, 도가 음양을 구성 · 조절하는 주재자가 되었으며 음양의 의미가 더욱 확장되었다.[111] 노자는 변화와 발전이 대립과 상생의 관계에서 이뤄진다고 보고, 다양한 이원적 대립의 예시를 제시하였다.

이상에서 알 수 있는 것은, 노자는 '일생이一生二'의 이二를 반드시 음양이라 명확히 밝히지는 않았으나, 후대에는 이를 음양으로 해석하기도 하였고, 어떠한 사물이든 모두 대립하는 면이 있고 바로 그 대립으로 인해 형성된다고 생각하며, '상반상성'이 사물 변화의 원리로 작용한다고 인식했다. 노자의 음양 관념은 원초적 의미로서 햇빛

110. 南偉, 「論陰陽五行之起源」, 青島大學 碩士學位請求論文, p.34 참조.
111. 竇福志, 「先秦文献中的陰陽五行思想研究」, 山東師範大學 碩士學位請求論文, 2010, p.33 참조.

이 비추는 곳과 비추지 않는 곳으로 이해되기도 하고, 고도의 추상적 철학적 범주로 해석되기도 한다.

03
『장자莊子』·『묵자墨子』의 음양 사상

1. 『장자』 음양의 철학적 확장과 우주 원리

전국시대 유가 · 도가 저술 중 음양 관념이 가장 뚜렷하게 발전한 것은 『역전』과 『장자』의 외 · 잡편이다. 유가의 대표자인 공자, 자사, 맹자 등은 『논어』, 『중용』, 『맹자』 등에서 산수山水의 남북방향이나 일광日光 등 자연현상을 가리키는 '음'과 '양'자는 언급하지만, 철학적 의미의 '음양'이란 단어는 등장하지 않는다. 도가의 경우 『노자』에는 '만물부음이포양萬物負陰而抱陽' 한 구절이 전부이고, 『장자』 내편에서는 '음양陰陽'이란 용어가 몇 차례 나오나 그 내용도 여전히 전국시대적 의의를 크게 벗어나지 않는다.[112] 『장자』에서는 음양을 만물을 생성하는 두 종류의 기氣로 설명하고, 『회남자』에서는 음양이 만물 생성 작용을 남녀 양성의 생식 능력에 비유하였다.[113]

---

112. 文載坤, 「漢代易學研究-卦氣易學의 展開를 中心으로」, 고려대학교대학원 박사학위청구논문, 1990, p.11 참조.

113. 송갑준, 「음양오행설의 사유체계」, 『人文論叢』 제14집, 경남대학교인문과학연

음양을 본격적으로 기氣와 연계시키고 연용하는 예는 『장자』이다. 예를 들어 「대종사」 편에서는 자여子輿가 병이 난 것을 "음양의 기운에 나쁜 것이 든 것"[114]으로 서술한다. 「천운」편에는 노자가 공자에게 득도得道의 여부를 묻는 일화가 실려 있는데, 공자는 "음양에서 그것을 찾았지만 12년이 지나도 얻지 못했다."[115]라고 고백하고 있다. 「추수」편에서는 북해약北海若이 "스스로 생각하건대 천지에 형체를 드러내고 음양에서 기를 받았으므로 내가 천지 사이에 있는 것은 마치 작은 돌이나 작은 나무가 큰 산에 있는 것과 같다."[116]라고 하였다.

이상에서 보면 음양의 추상화는 『장자』 및 그 후학들이 도道와 기氣 개념과 연계하면서 본격적으로 시작된 것으로 볼 수 있다. 『장자』에서 내편內篇은 장자 본인이 저술한 것이고, 외 · 잡편은 후학들이 쓴 것으로 추정되며, 시간적 경계도 크다. 외편과 잡편에서 언급되는 '음양'은 23회에 이르며 상당히 풍부한 내용을 포함한다.

『장자』「천하편」에는 "역이란 음양을 말하는 것이다."[117]라는 구절이

구소, 2001, p.115 참조.

114. 『莊子』「大宗師」: 陰陽之氣有沴, 其心閒而無事.[『장자』의 번역과 인용은 안동림 역주, 『장자』(현암사, 1992)의 번역을 참조해 필자가 재해석하였다. 이하 『장자』의 번역과 인용도 동일하다.]

115. 『莊子』「天運」: (孔子)曰, 吾求之於陰陽, 十有二年而未得.

116. 『莊子』「秋水」: 自以比形於天地而受氣於陰陽, 吾在天地之間, 猶小石小木之在大山也.

117. 『莊子』「天下篇」: 易以道阴阳.

있다. 여기에서 '역'은 전문적으로 음양을 가리키며, 곧 『역전』의 성격을 가리킨다. 또 「잡편 · 칙양」 편에서는 "천지는 형체가 큰 것이고, 음양은 기가 큰 것이다."[118]라고 하여 음양을 기氣로 해석한다. 즉, 음양은 우주를 구성하는 두 가지 가장 큰 물질적 형태의 기이며, 이는 노자가 음양을 해석한 방식에서 파생된 설명이다.

『장자』「외편 · 천운」에는 "사시가 차례대로 일어나서, 만물이 차례대로 생겨난다. 한번은 왕성하고, 한번은 쇠퇴하고, 한번은 아름답고, 한번은 굳세니 이것이 만물을 아우르는 법칙이다. 한번은 맑고 한번은 탁하여, 음양이 조화롭게 흘러가면서 소리와 빛을 낸다."[119]라는 구절이 있다. 이 문장은 장자가 음양을 활용해 사물의 운동 형태와 내면적 근원을 풀이한 예다.

『장자』「외편 · 지북유」에는 "음양사시가 운행하면서, 각각 그 차례를 얻고 어둑한 듯 없는 듯하지만 존재한다. 그윽하게 드러나지 않아서 신령스럽다. 만물이 자라게 되지만 굳이 왜 자라는지 그 이유를 알지 못하는데 이것을 일러 근본이라 한다."[120]라고 한다. 이 구절은 음양이 사시와 어우러져 만물이 성장하는 근본 원리임을 보여준다.

---

118. 『莊子』「雜篇 · 則陽」: 天地者, 形之大者也;阴阳者, 氣之大者也.
119. 『莊子』「外篇 · 天运」: 四時迭起, 萬物循生. 一盛一衰, 文武倫經. 一清一濁, 陰陽調和, 流光其聲.
120. 『莊子』「外篇 · 知北游」: 陰陽四時運行, 各得其序. 惛然若亡而存, 油然不形而神, 萬物畜而不知. 此之謂本根.

『장자』「잡편 · 외물」에서는 "음양이 그 운행이 어긋나게 되면, 천지가 크게 놀란다."[121]라고 되어 있다. 이는 천지의 질서가 음양의 균형에 의존함을 시적으로 드러내고 있다. 『장자』「잡편 · 설검」에서는 "음양으로부터 시작해서, 춘하를 거쳐 가고, 가을과 겨울에 행한다." [122]라고 되어 있다. 이 문장은 음양의 변화가 사계절의 순환과 직접 연결됨을 드러낸다.

『장자』「잡편 · 각의」에는 "음양이 조화롭고 고요하면, 귀신이 날뛰지 아니하고, 사시가 절도에 맞으면, 만물이 해를 입지 아니하고, 모든 생명이 요절하지 않는다."[123]라고 한다. 이 구절은 음양의 조화가 사회와 자연의 평화를 유지하는 힘임을 설명한다.

『장자』「외편 · 재유」에서는 "내가 또 음양을 관리하여, 모든 생명들을 음양에 순응하고자 하니, 어떻게 해야 하는가? 사람들이 크게 기뻐하면 양을 손상시키고, 크게 분노하면 음을 손상시킨다. 음양이 모두 손상되면 사시가 제때에 이르지 못하고, 추위와 더위가 조화롭지 않아 결국 사람 몸을 해치게 된다!"[124]라고 하여 인간의 감정과 음양의 균형, 그리고 건강의 연결을 쉽게 보여준다.

『장자』「외 · 잡편」에서는 음양이란 용어를 상용하고 있다시피 하며

---

121. 『莊子』「雜篇 · 外物」: 陰陽錯行, 則天地大駭.
122. 『莊子』「雜篇 · 说剑」: 開以陰陽, 持以春夏, 行以秋冬.
123. 『莊子』「雜篇 · 刻意」: 陰陽和靜, 鬼神不擾, 四時得節, 萬物不傷, 群生不天.
124. 『莊子』「外篇 · 在宥」: 吾又欲官(管理, 控制)陰陽, 以遂 (順應)群生, 爲之奈何?, 人大喜邪, 毗(傷害)於陽 大怒邪, 毗於陰. 陰陽並毗, 四時不至, 寒暑之和不成, 其反傷人之形乎!

그 함의나 적용 범위에 있어서도 매우 성숙되고 광범하다. 이러한 현상은『역전』에서도 뚜렷한데 그것들은 모두 음양을 모든 사물의 내재적인 또는 근본 원칙으로 보고 그로써 우주의 창생변화를 해석하고 있다.[125]

음양이 잘 운행되고 조화를 이루면 사계절 또한 질서 있게 흐른다. "음양관념이 이미 '기지대자氣之大者'로 인식되면서 만물의 창생화육蒼生化育에 절대적 영향을 끼치는 요인으로 등장하고 아울러 그 상호간의 작용에 의해 사시四時가 운행됨을 말하기도 한다."[126]라고 설명한다.

『장자』「내편 · 대종사」에는 "음양이 사람에 대한 것은, 부모의 관계를 뛰어 넘는다."[127]라고 하였다. 이 안에서의 음양은 자연을 가리키고, 음양이 인간에 대한 것으로 말하자면, 음양은 부모와 자식 관계의 작용을 넘어서는 것으로 본다.[128] 음양을 인간의 삶에 있어 부모-자식 관계를 뛰어넘는 자연의 근본적 원리라고 보는 것이다.

위의 사례를 보면,『장자』는 음양을 사회와 인간, 자연현상을 해석하는 데 적극적으로 활용하고 있다.『장자』에서는 음양이라는 용어가

---

125. 文載坤,「漢代易學硏究-卦氣易學의 展開를 中心으로」, 고려대학교대학원 박사학위청구논문, 1990, p.11 참조.
126. 文載坤, 앞의 책, p.12 참조.
127.『莊子』「內篇 · 大宗师」: 陰陽於人, 不翅於父母.
128. 陳德述,「略論陰陽五行學說的起源與形成」, 四川省社會科學院哲學硏究所 四川成都 610071, 西華大學學報(哲學社會科學版), 第33卷 第2期 Vol.33. No.2, 2014, p.3 참조.

매우 자주 쓰이며, 그 뜻과 적용 범위도 매우 넓고 성숙하게 발전했다. 음양이 추상적으로 발전한 것은 장자와 그의 후학들이 도와 기의 개념과 연결하기 시작하면서였다. 이후 노자와 장자에 나타난 음양 개념은 도교 경전에도 이어지며, 도교 경전에서는 음양 원리가 수련, 약물, 다양한 자연현상을 설명하는 중요한 기준이 된다.

2. 『묵자』의 음양사상과 사계절 해석

『묵자』는 전국시대 중기에서 후기에 이르기까지 묵가 집단에 의해 편찬된 책이다. 이 저작은 묵자 자신의 생각뿐만 아니라, 여러 학자들이 추가한 글도 포함하고 있다. 원래는 71편으로 구성되어 있었지만, 현재는 53편만이 전해진다. 전체『묵자』에서 음양이 함께 쓰인 경우는 세 번, 음이 단독으로 쓰인 것은 네 번, 양이 단독으로 쓰인 것은 스물한 번 발견된다. 음양이 세 번 함께 쓰이는데,「사과」편 마지막 부분에만 두 번 나타난다.

> 무릇 천지 사이에 활동하는 것과 사해 안에 있는 모든 사물에는 천지의 실정과 음양의 조화가 있지 않은 것이 없으며 지극한 성인이라도 이것을 바꿀 수 없다. 무엇으로써 그것을 아는가? 성인이 전하는 바에 따르면, 천지는 곧 상하로 말하고, 사시는 곧 음양으로 말하며, 인정은 곧 남녀로 말하고, 금수는 곧 암수라고 말한다. 참된 천지의 실정은 비록

선왕이라고 바꿀 수 없다.[129]

여기서 음양은 사계절이 바뀌는 변화를 상징하며, 천지는 위아래, 인간관계는 남녀, 동물은 암수로, 천하의 모든 만물을 나누는 두 가지 기준이 된다. 『묵자』 속에서 발견할 수 있는 자연적 의미의 천에 관한 서술은 보통명사의 용법에 속하는 것들이 대부분을 차지하고 있다.[130]

두루 하늘과 땅 사이나 널리 이 세상 안에는 하늘과 땅의 뜻과 음양의 조화가 작용하지 않는 곳이란 없다. 비록 지극한 성인이라 하더라도 그것을 변경시킬 수는 없는 것이다. 어떻게 이것이 그러함을 아는가? 성인께서 하늘과 땅에 관하여 가르쳐 주셨다.[131]

음양의 조화는 하늘과 땅 모든 현상에 작용하며, 성인은 하늘과 땅에 관한 교훈에서 음양을 언급한다. 음양이 함께 쓰인 마지막 예는

---

129. 『墨子』「辭過」: 凡回於天地之間. 包於四海之內. 天壤之情. 陰陽之和. 莫不有也. 雖至聖不能更也. 何以知其然. 聖人有傳. 天地也. 則日上下. 四時也. 則曰陰陽. 人情也. 則曰男女. 禽獸也. 則曰牡牝雄雌也. 眞天壤之情. 雖有先王. 不能更也.[『묵자』의 번역과 인용은 신동준 역, 『묵자』(을재, 2018)의 번역을 참조해 필자가 재해석하였다. 이하 『묵자』의 번역과 인용도 동일하다.]

130. 조원일, 「墨子의 天관념 연구」, 『중국학논총』 한국중국문화학회, 2019, p.67 참조.

131. 『墨子』「辭過」: 凡回於天地之間, 包於四海之內, 天壤之情, 陰陽之和, 莫不有也, 雖至聖不能更也. 何以知其然? 聖人有傳,天地也.

『묵자』「천지중」편에 다음과 같이 기록되어 있다.

> 옛 성왕은 상제와 구신이 복을 주는 것을 분명히 알고, 상제와 구신이 싫어하는 바를 피함으로써 천하의 이로움을 일으키고 천하의 해로움을 없애고자 하였다. 그래서 하늘의 추위와 더위가 절도에 맞고, 사시가 조화롭고 음양과 우로가 때에 맞아서 오곡이 있고 육축이 번성하며 질병이나 재난, 흉년이 이르지 않았다.[132]

「천지중」편에서도 음양은 사계절과 연결되어 있고, 추위와 더위를 상징한다.

이상을 종합하면, 『묵자』「사과」편에서는 "사시에는 곧 음양이 있다."[133]라고 했고, 『천지』편에서는 "음양과 비가 때에 맞춰 내리면 오곡이 무르익고 가축이 잘 자라며, 질병이나 재난, 흉년이 오지 않는다."[134]라고 하였다. 『묵자』에서 음양은 주로 사계절의 변화, 추위와 더위 같은 계절 현상을 설명하는 개념으로 쓰였다.

『묵자』는 음양의 조화가 천지와 만물에 모두 영향을 주어 곡식이 잘 영글고 가축도 건강하게 자라며, 재난이나 흉년을 막는다고 본다. 결

---

132. 『墨子』「天志中」: 古者聖王. 明知天鬼之所福. 而闢天鬼之所憎. 以求興天下之利. 而除天下之害. 是以天之爲寒熱也. 節四時調陰陽雨露也. 時五穀孰. 六畜遂. 疾災. 戾疫凶飢則不至.
133. 『墨子』「辭過」: 四時也, 則曰陰陽
134. 『墨子』「天志」: 調陰陽兩露也 ; 時五穀孰, 六畜遂, 疾災, 戾疫, 凶飢則不至.

국『묵자』의 음양사상은 전국시대와 마찬가지로 사계절 변화와 기후, 계절 현상을 설명하는 의미로 사용됨을 알 수 있다.

지금까지 제2장에서 우리는 음양의 문자적 · 자형적 기원부터 방위와 자연현상, 그리고 천지 기氣의 대대적 관계로 확장되어온 추상화 과정을 살펴보았다. 음양은 갑골문과 금문시기에는 햇빛의 유무 및 자연현상으로 인식되었으나, 춘추 · 전국시대를 거치며 상반되는 두 기운의 대립적 · 상호보완적 원리이자 만물 변화의 근본 원리로 자리잡게 되었음을 확인할 수 있다. 이러한 음양 개념의 추상화와 법칙화는 이후 우주론이나 정치, 의학, 사회 제도 등 다양한 영역으로 확대 · 심화되어 중국 사상의 기초를 이루게 되었다.

3장

오행의 연원과 개념화 과정

01
사방 관념에서 오행 사상으로

오행사상에 관한 학계의 연구 동향

중국 학자들의 오행 연구 경향을 살펴보면, 고힐강이 주편한 『고사변』 제5책 하편은 음양오행을 주제로 한 논문 모음집이다. 여기에 양계초의 「음양오행설지래원陰陽五行說之來曆」, 고힐강의 「오덕종시설하적정치화역사五德終始說下的政治和曆史」 등 초기 연구자들의 글이 실려 있다. 이들은 전국시대에 추연이 대표하는 음양가 학파에서 음양오행 사상이 시작됐으며, 추연 이후 동중서나 유향 등 학자가 더 정리 · 종합해서 결국 완성된 체계가 만들어졌다고 주장한다. 『고사변』에 실린 논문의 대다수는 오행사상에 집중하고, 음양사상의 기원 문제는 따로 다루지 않았다.

고대의 오행(오방)관념과 사상적 발전

심건화沈建華는 "상나라 사람이 별에 제사 지내고 하늘에 제사 지내는 활동 속에 자연방위가 가장 중요한 구체적 특수 의미를 갖는 상징이 되었다고 생각했다. '오제五帝'사상은, 동서남북 가운데의 개념과 결합하여 생긴 것이다. 복사卜辞에서 '범구凡丘'라는 제사를 볼 수 있는데 그것으로부터 '남쪽 교외에 구조를 설치'하고 하늘에 제사 지내는 예를 했다는 것이 마땅히 동일한 범주에 속한다는 것을 알 수 있다. '상대商代 복사卜辞로부터 우리들은 대략적으로 오행 관념의 최초 형태를 볼 수 있으며, 이 형태가 이후의 오행설과 대체로 같다는 것을 알 수 있다.'"[1]라고 하여 상나라의 제사와 자연 방위가 결합해 오제 · 사방 개념이 만들어졌고, 이로써 오행 관념의 초기 형태가 나타났음을 밝혔다.

상정광常正光은 갑골문에 새겨진 말들 가운데 포함되어 있는 '출일出日(해가 뜨고)', '입일入日(해가 지고)' 구절을 통해, 은대인의 사방관념과 사시관념을 분석했다. "그는 은나라 사람들이 해가 뜨고 해가 지는 것을 측량하여 사방을 얻었는데 이 사방은 규표의 중심에서의 사방이다. 이는 동서선과 남북선이 서로 교차하는 중심점이 사방의 기준이고, 이러한 두 선이 상호 만나서 구성된 '십'자형이라고 인식했다. 이것은 바로 사방과 중심점의 결합으로부터 비로소 실제상의 사방이 되는 하나의 특성이 되고, 사람들은 이러한 하나의 결정을 하는 작용의 중심이 되는 점에 '방'의 칭호를 덧붙이고, 사방에서 오방위로 만들어 내는데, '이렇게 구성된 것이 음양오행설에 대해 후대 사람이

1. 沈建華, 『從殷代祭星郊禮論五行起源』. 江蘇古籍出版社, 1998, p.303 참조.

인식하는 기초가 된다.'"[2]라고 하였다. 상정광은 갑골문에 나타난 해의 출일 관념이 실제 사방과 오방 개념의 형성, 그리고 후대 음양오행 사상 기초가 되었다고 보았다.

풍학馮鶴에 의하면 갑골甲骨 복사卜辭에서도 오행의 흔적을 찾을 수 있고, 은대殷代에 확실히 오방五方관념이 있었으며, 이것이 후세 오행설의 요람이 되었다고 한다.[3] 또한 선진 문헌 가운데 '오행'이라는 용어는 『상서』에 처음 보이는데, 현행본 「감서」편에는 "유호씨有扈氏가 오행五行을 업신여기고 삼정三正을 태만히 하여 하늘이 그 명을 끊었다."[4]라고 한다.

더불어 중국의 고대 문헌에서는 오행설의 기원을 삼황오제 전설시대까지 소급한다. 예를 들면, 후한後漢 시기 『백호통의白虎通義』에서는 "복희가 우러러 하늘에서 상象을 보고, 굽어서 땅에서 법法을 살펴 부부夫婦를 맺게 하고, 오행五行을 바로잡아 처음으로 인도人道를 바로잡으며 팔괘八卦를 그려 아래를 다스렸다."[5]라고 기록되어 있다.

---

2. 常正光,「陰陽五行學說與殷代方術」,『中國古代思維模式與陰陽五行說探源』, 江蘇古籍出版社, 1998, pp.245~259 참조.
3. 馮鶴,「陰陽五行學說與秦漢大一統政體的形成」, 中國社會科學院 석사학위청구논문, 2007, pp.8~9 참조.
4. 『尙書』「甘誓」: 有扈氏威侮五行, 怠棄三正, 天用剿絶其命.[『서경』의 번역과 인용은 성백효 역주, 『서경집전』(전통문화연구회, 1996)의 번역을 참조해 필자가 재해석하였다. 이하 『서경』의 번역과 인용도 동일하다.]
5. 『白虎通義』「號」: 伏羲仰觀象於天, 俯察法於地, 因夫婦, 正五行, 始定人道, 畫八卦以治下.[『백호통의』의 번역과 인용은 신정근 역주, 반고 저, 『백호통의』(소명출판사, 2005)의 번역을 참조해 필자가 재해석하였다. 이하 『백호통의』의 번역과

오행의 기원과 관련해서 많은 학자들은 오행의 기원하는 처음은 '오방', '구복문화', '오성五星', '제성교례', '성점학', '식법'이라든지 점치는 방법의 수치화 등의 관념과 관련이 있다고 생각했다.[6]

전국시대에는 다섯 가지 재료를 의미하는 오재五材설이 등장했고, 이 오재설이 오행설과 연결되어 사용되기 시작한다. 전국시대 말기에는 오행설이 상생상승相生相勝 이론과 결합되어, 오행에 근거한 왕조 교체설까지 등장하고, 오행 이론은 더욱 완성된 체계를 갖추게 된다. 이러한 흐름을 여러 전적에서 확인하면서 정리해 보자.

1930년대 갑골문 연구에서 학자들은 갑골 중에서 사방신 이름과 사방풍 이름이 새겨진 점복문을 발견하였다.

> 신해일에 점을 쳤다, 안으로, 점치는 사람이 한 달 내에 비가 내리도록 하였다, 4일 갑일 저녁에 비가 내렸다. 신해일에 점을 치면서, 안으로, 점치는 사람이 한 달 안에 비가 내리지 않게 하였다. 신해일에 점을 쳤다, 안으로, 점치는 사람이 북방의 신 복에게, 바람에게 역에게 상제의 말을 전하여 풍년을 구했다. 신해일에 점을 쳤다, 안으로, 점치는 사람이 상제의 말을 빗대어 남방의 신 올에게 말하고, 바람에게 말하여 풍

인용도 동일하다.]

6. 南偉, 「論陰陽五行之起源」, 青島大學 碩士學位請求論文, 2006, p.8 참조.

> 년을 구하였다. 점치는 사람이 상제의 명에 따라 동방의 신인 석에게 말하고 바람에게 말하면서 풍년을 구하였다. 점치는 사람이 상제의 말을 서방의 신인 이에게 고하고, 서방의 바람인 위에게 고하고 풍년을 구하였다.[7]

신해일에 점을 치며 방위의 신 · 바람 · 상제에게 풍년과 강우를 기원하는 갑골문에 대해서 "호후선은 '사방'과 '사방풍'에 관한 기록을 처음으로 밝혀냈고, 이를 『상서 · 요전』, 『산해경』, 『하소정』, 『국어』 등 여러 고대 문헌과 교차 대조하여, 갑골문 안에 『상서 · 요전』 및 『산해경』과 대체로 같은 명칭이 기재되어 있음을 실증하였다. 이를 통해 상나라 시기에 이미 사방 관념이 존재했음을 지적하였다."[8]

학자들의 분석을 종합하면, 은대殷代 중후기 상나라 사람들은 아직 '오행'이라는 명확한 개념을 갖고 있지는 않았지만, 갑골문과 고대 문헌 기록 속에는 '사방'과 '사방풍'에 관한 기록이 남아 있다. 이로 미루어 볼 때, 상나라 시대부터 이미 오방五方의 관념과 오행적 사고가 존재하고 있었음을 알 수 있다. 상나라 시기에 사방의 개념이 존재하면서, 이후 오행 사상의 씨앗도 함께 잉태되고 있었음이 확인된다. 오행은 이후 오재, 오방, 오시 등의 다양한 사상으로 확장되어, 왕조 교

---

7. 賓福志, 「先秦文献中的陰陽五行思想研究」, 山東師範大學 碩士學位請求論文, 2010, p.4 참조.
8. 胡厚宣, 「甲骨文四方風名考」, 『甲骨學商史論叢』 初集第2冊, 齊魯大學國學研究所, 1944.

체설이나 정치철학까지 중국 사상과 문화 전반에 폭넓은 영향을 끼치게 되었다. 이러한 실용적 오재 중심의 인식은 이후 오행 개념의 본격적인 발전과 사상화로 이어진다.

02
실용 재료에서 오행 사상으로

오행이란 명사는 음양에 비해 그 출현 빈도나 시기에 있어 매우 적고 뒤늦다. 전국시대에 사회생활의 필수적인 다섯 가지 실용자재實用資材를 뜻하던 것이 그대로 전국 초기까지 고정되어 큰 변화를 겪지 않다가 전국 말기에 와서 상생상승相生相勝의 관념이 보태어지면서 하나의 사상조류로 형성되었다.[9] 오행은 원래 다섯 가지 실용 재료 의미에서 출발해, 전국 말기에야 독자적 사상으로 발전했다는 것이다.

전국시대에 이르러 각종 문헌에서 비록 해당 용어가 명시적으로 대비되고 있지 않지만, 내용상 음양과 오행을 천天·지地 관계에 대비시키고 있다. 예컨대『좌전』에서는 "하늘에 삼진(日, 月, 星)이 있고, 땅에 오행이 있으며 몸에 좌우가 있고 각각 짝이 있다."[10]라고 기록되어 있다. 전국시대의 오행은『좌전』이나『국어』에 모두 실용적인 다섯 가지 생활 재료로 인식되고 있음을 알 수 있다.

---

9. 文載坤,「陰陽五行論의 展開에 관한 研究(I)」, 고려대학교 철학연구소,『철학연구』Vol. No.14, 1989, p.21 참조.
10.『左傳』昭公 32년 : 故天有三辰, 地有五行, 體有左右, 各有妃偶.

오행 속에서 토土와 금金 · 목木 · 수水 · 화火의 상호 연계성을 처음 언급한 것은 서주 말기 주 왕실의 태사 사백이 정 환공에게 한 말에서 찾을 수 있다. 그에 의하면, "선왕이 토土의 금목수화를 섞어서 만물을 만들어 오미五味로 입맛을 조화롭게 하였다"[11]는 것이다. 또한 "노나라 동문 밖에 해조海鳥가 날아와 사흘간 머물자, 장문중이 새에게 제사를 지내도록 명했을 때, 전금(柳下惠)이 반대하면서"[12] "선왕이 땅의 오행을 추가한 것은 백성의 생식生殖을 위해서였다."[13]라고 밝히고 있다. 여기에서 토와 금목수화 오행 간의 구체적 상호관계를 밝힌 것은 아니지만 이후에 오행설의 기초가 된 것으로 평가할 수 있다. 춘추시기에 들어서면서 본격적인 오행의 상호관계에 대한 논의가 나타나기 시작했다. 이처럼 오행 사상은 실용적 재료에서 출발해 서서히 그 사상적 토대를 갖추게 되었으며, 이러한 변화의 흔적은 고대 문헌 속 구체적인 오행 관련 기록에서 확인할 수 있다. 그 대표적 사례가 바로 『상서』에 나타난 오행의 개념과 전개이다.

11. 『國語』「鄭語」: 先王以土與金木水火雜, 以成百物. 是以和五味以調口.
12. 『國語』「魯語」: 海鳥曰「爰居」, 止於魯東門之外三日〔一〕, 臧文仲使國人祭之.
13. 『國語』「魯語」: 及地之五行, 所以生殖也.

1. 『상서』에 나타난 오행의 의미와 전개

『서경書經』, 곧 『상서尙書』는 중국에서 가장 오래된 중요 고전 중 하나이다. 『상서』 중 「감서」와 「홍범」 두 편을 제외하면 『시경』, 『역경』, 『노자』, 『논어』, 『맹자』 등 고대 문헌들에는 '오행'이라는 단어가 등장하지 않는다.[14] 따라서 「감서」와 「홍범」은 '오행' 용어가 가장 먼저 확인되는 역사적 자료로, 두 편의 오행 관련 의미와 성립 연대에 연구자들은 각별한 관심을 가져왔다.

오늘날 오행은 사물을 이루는 다섯 가지 기본요소라는 의미로 쓰이나, 초기에는 목, 화, 토, 금, 수라는 인간의 실생활에 필수 불가결한 다섯 가지 물질을 의미할 뿐이었다. 오행에 관한 초기의 기록은 『상서』의 「감서」와 「홍범」, 『춘추좌씨전』 「소공」 25년, 『국어』의 「노어」(상) 등에 보이는데 여기에서 언급된 오행은 실생활에 유용한 다섯 가지 물질, 혹은 땅이 생산해 내는 다섯 가지 실용적인 생활자료를 의미한다.[15] 오행은 본래 다섯 가지 실생활 재료(오재)에서 출발했으나 점차 다양한 철학적 의미와 음양과의 연계로 확장된 것이다.

고힐강은 「감서」와 「홍범」은 동주시기의 작품이라고 인식하고, 유절은 이 두 편을 전국 말에서 진나라 통일 시기 사이의 작품이라고 하고, 곽말약은 자사의 작품으로 생각하여 이 두 편은 마땅히 『묵자』 뒤

---

14. 李基東, 정용선 역, 『동양 삼국의 주자학』, 성균관대출판부, 1995. p.174 참조.
15. 송갑준, 「음양오행설의 사유체계」, 『人文論叢』 제14집, 경남대학교인문과학연구소, 2001, p.115 참조.

『여씨춘추』 전에 만들어진 편이라고 하고, 동서업은 전국시기 초기 작품으로 생각한다. 진몽가는 이 책의 성립 시대는 아무리 빨라도 전국시대를 넘어설 수 없다고[16] 한다. 「감서」와 「홍범」의 성립 시기는 학자마다 견해가 달라, 동주~전국~진 초기까지 여러 설이 존재한다는 것이다.

「홍범」의 전승에 따르면, 이는 은의 유민 기자가 주 무왕에게 진술한 내용을 기록한 것이다. 설화적 요소는 고려하더라도, 「홍범」은 『금문상서』 29편 중 하나로 오행 사상이 매우 오래된 것임을 보여준다. 이 편에서의 오행은 다섯 가지 요소를 단순히 열거할 뿐, 그 상호 변화나 운행 원리는 언급되어 있지 않다.

『상서』「홍범」편에서는 다음과 같이 말한다.

> 오행은 첫 번째를 수라 하고, 두 번째를 화라 하며, 세 번째를 목이라 하고, 네 번째를 금이라 하며, 다섯 번째를 토라 한다. 수는 아래로 향하고 촉촉하게 적셔주며, 화는 위로 향하고 타오르며, 목은 구부러지고 곧음을 이루며, 금은 갈아서 새롭게 하며, 토는 심고 거두는 것이다. 윤하는 짠맛, 염상은 쓴맛, 곡직은 신맛, 종혁은 매운맛, 가색은 단맛을 만든다.[17]

---

16. 南偉, 「論陰陽五行之起源」, 青島大學 碩士學位請求論文, 2006, p.9 참조.
17. 『尙書』「洪范」: 五行, 一曰水, 二曰火, 三曰木, 四曰金, 五曰土. 水曰潤下, 火曰炎上, 木曰曲直, 金曰從革, 土爰稼穡. 潤下作鹹, 炎上作苦, 曲直作酸, 從革作辛, 稼穡作甘.

오행의 종류와 순서, 특성, 맛이 처음으로 구체적으로 나와 있다는 점에서 주목할 만하다. 오행의 배열 순서는「우서 · 대우모」편의 수화금목토水火金木土 순서와는 다르게 수화목금토水火木金土의 순서로 배열되어 있는데, 이는 오행의 생성순서에 의한 것으로 보인다.[18] 여기서 말하는 오행은 오늘날 우리가 생각하는 오행의 성질과는 달리, 다섯 가지 실제 재료를 나타내는 의미가 더 강하다. 예를 들어 물(수)은 아래로 스며드는(윤하) 성질과 짠맛, 불(화)은 위로 타오르는(염상) 성질과 쓴맛, 나무(목)는 휘거나 곧은(곡직) 성질과 신맛, 금속(금)은 변형되는(종혁) 성질과 매운맛, 흙(토)은 곡식을 길러내는(가색) 성질과 단맛으로 각각 설명된다. 고대 사람들은 이러한 다섯 가지 물질 재료를 오행이라고 보고, 이것이 그들에게 가장 직접적이고 소박하며 원시적인 의미의 오행이었음을 알 수 있다.

한편『상서』「하서 · 감보」편에는 "유호씨가 오행을 업신여기고, 삼정을 태만히 했다."[19]라는 기록이 보이지만, 여기서의 오행은 다섯 가지 원소(수 · 화 · 목 · 금 · 토)가 아니라, 통치자가 반드시 지켜야 할 다섯 가지 의무를 의미하는 것으로 해석된다. 양계초도 이 구절을 "다섯 가지 마땅히 해야할 도리를 업신여기고, 세 가지 정의를 태만히 했다."[20]는 뜻으로 보는 것이 타당하다고 주장했다. 또한 오행 사

---

18. 李明載,『管子』의 陰陽五行論」,『동양학』 제69집(2017년10월) 檀國大學校 東洋學硏究院, p.151 참조.
19. 『尙書』「夏書 · 甘誓」: 有扈氏威侮五行, 怠棄三正.
20. 양계초, 풍우란 외 지음, 김홍경 편역,『음양오행설의 연구』, 신지서원, 1993,

상은 백성들이 실생활에서 가장 많이 쓰는 다섯 가지 재료(오재)에서 시작한 개념이며, 실제로 오재에 관한 기록이 오행이라는 말보다 더 이른 시기에 등장한다. 아울러 은대 갑골문을 통해 당시와 그 이전의 문화를 어느 정도 알 수 있는데, 『상서』에는 이런 내용과 관련된 중요한 기록들이 집중되어 전한다. 특히 오행의 기원이 하 왕조까지 거슬러 올라간다는 근거는 『상서』「대우모」 편에서 찾을 수 있다.

> 우가 말하였다. "아! 제(순)이시여 유념하소서. 덕은 다만 선정에 있으며 정치는 양민에 있으니 수 · 화 · 금 · 목 · 토 · 곡을 정돈하고, 정억, 이용, 후생을 조화롭게 하여 구공이 펴져서 구서를 노래하거든 칭찬으로 경계하고 위엄으로 독려하며 구거로써 권면하되 무너지지 않도록 하소서." 제순이 말하였다. "알았노라. 땅이 평화로우면 하늘이 만물을 이루어 주어 육부와 삼사가 진실로 다스려져 만세가 영원히 힘입을 것이니 너의 공이다."[21]

『사기』에 따르면, 우임금의 아들 계가 유호씨의 반란을 평정하기 위해 감에서 큰 전투를 치렀고, 그 싸움에 앞서 「감서」를 지었다고 전한다.[22]

---

p.38 참조.

21. 『尙書』「大禹謨」: 禹日, 於, 帝念哉. 德惟善政, 政在養民, 水火金木土穀惟修, 正德利用厚生惟和. 九功惟敍, 九敍惟歌. 戒之用休, 董之用威, 勸之以九歌, 俾勿壞." 帝曰, "兪. 地平天成, 六府三事允治, 萬世永賴, 時乃功.
22. 『史記』「夏本紀」: 夏后帝啓, 禹之子, 其母塗山氏之女也. 有扈氏不服, 啓伐之, 大戰於甘. 將戰, 作甘誓.

「대우모」에서는 "덕은 좋은 정치에 있고, 정치는 백성을 기름에 있다. 수, 화, 금, 목, 토, 곡식은 반드시 잘 다스려야 한다. 바른 덕과 이익, 두터운 삶은 조화로움에 달려 있다. …… 육부와 삼사가 제대로 다스려지면, 만세에 영원히 의지할 수 있다. 이때가 바로 공을 이루는 때이다."[23]라고 하여 '수 · 화 · 금 · 목 · 토 · 곡'을 '육부'라 칭한다.

「홍범」의 오행은 단지 사회생활에 필수적인 실용적인 생활자료일 뿐이며, 조그마한 신비적 형이상학적 의미도 있지 않다. 다른 한 부분은 전국시대 말기에서부터 양한시대에 이르기까지 점차 형성된 음양오행설을 한곳에 섞어 놓은 엉터리 학설이다.[24] 서복관은 오행설이 본래 형이상학적 이론이 아니라고 주장한다.

이상의 내용을 정리하면, 「홍범」이 말하는 오행은 다섯 개 물질 요소를 단순히 나열한 것에 가까우며, 이들 간의 순환이나 변화 원리를 설명하지는 않는다. 또한 '유호씨가 오행을 업신여겼다.'라는 대목의 오행 역시, 다섯 가지 자연 물질이 아닌 위정자의 다섯 가지 의무를 의미한다. 「홍범」에 나오는 오사, 오기, 오정, 오복 등은 오행과 결합되어 나타나는 것이 아니다. 오행이라는 명칭의 기원은 '오재五材', 즉 다섯 가지 기본 재료에서 찾을 수 있다. 요약하자면, 「홍범」의 오행은

---

23. 『尙書』「大禹謨」: 德惟善政, 政在養民, 水火金木土穀惟修, 正德利用厚生惟和. …… 六府三事允治, 萬世永賴, 時乃功.
24. 양계초, 풍우란 외 지음, 김홍경 편역, 『음양오행설의 연구』, 신지서원, 1993, p.116 참조.

철학적 개념이 아니라 실생활에 꼭 필요한 다섯 가지 물질, 또는 땅이 생산하는 실제 생활 자료를 뜻하는 용어였다.

2. 오행(오재) 인식의 전개와 실용적 의미

『좌전』: 실용적 오행에서 상생 · 상극 구조로의 발전

전국시대 사람들은 다섯 가지 재료에 대한 고찰을 천天과 지地라는 대립적 범주에 적용하여, 음양 사상의 발전 가능성을 열어 놓았다. 『상서』「홍범」에 나타난 오행은 오늘날과 다르게 다섯 가지 실제 재료로서의 성격이 두드러지며, 전국시대의 『좌전』과 『국어』에서도 오행은 실생활에 필요한 다섯 가지 재료라는 인식에 머물러 있었다.

그러나 이 시기부터 오행 사이의 연관, 즉 상생과 상극이라는 관념이 싹트기 시작한다. 예를 들어, 『좌전』에서는 "수 · 화 · 목 · 금 · 토 · 곡을 육부六府라 하고,"[25] 이 중 수 · 화 · 목 · 금 · 토의 배열이 상극相剋의 순서와 맞물린다. 또한 진나라의 사묵이 점복에서 오행의 상극 개념을 활용한 사례가 등장하는데, "화가 금을 이기므로 상극이 아니다."[26] "수는 화를 이기므로 강을 징벌하는 것이 옳다."[27] 등의 기

25. 『左傳』 文公 7年 : 水火木金土谷, 謂之六府.
26. 『左傳』 昭公 31年 : 火勝金, 故弗克.
27. 『左傳』 哀公 9年 : 水勝火, 伐姜則可.

록이 있다. 이 밖에도 전국시대 사람들의 이름과 성씨에는 오행의 상생 의미가 깃든 경우가 자주 나타난다. "진나라 백병白丙은 자가 을乙이고, 정나라 석계石癸는 자가 갑부甲父이며, 초나라 공자 임부壬夫는 자가 자신子辛이고, 위나라 하무夏戊는 자가 정丁이다."[28] 왕인지王引之는『춘추명자해고』에서 네 명의 인명과 자字는 각 국가(진, 정, 초, 위)의 이름과 자가 오행의 원리와 상생 순서에 따라 지어진 대표적 사례이다.

『좌전』에는 '오행'이라는 명사가 모두 세 번 등장한다. 예컨대 '생기육기生基六氣', '용기오행用基五行'(소공 25년), '고유오행지관故有五行之官', '시위오관是謂五官'(소공 29년), '고천유삼진故天有三辰, 지유오행地有五行'(소공 32년) 등이다. 모두 백성의 생활에 필요한 기본적 자재를 지칭한다. 또한 오행은 '오재'로도 표현되는데, '천생오재天生五材, 민병용지民竝用之'(양공 27년), '차비지여천且譬之如天, 기유오재其有五材'(소공 11년) 등이며, 여기의 '천天'은 천지天地 전체를 의미한다.[29] 『좌전』의 오행과 오재는 모두 백성의 생활에 필요한 다섯 가지 실용 재료이며, 천지의 원리와 연결된 현실적 개념인 것이다.

이처럼『좌전』에는 오행과 오재가 반복적으로 등장하며, 두 개념이 혼용된 사례가 확인된다. 예를 들면,『좌전』소공 25년(기원전 517)에서 조간자가 예禮에 관해 질문하였을 때 자태숙子太叔이 답한 기록

---

28. 王引之『春秋名字解詁』: 秦白丙字乙, 鄭石癸字甲父, 楚公子壬夫字子辛.
29. 文載坤,「陰陽五行論의 展開에 관한 硏究(I)」, 고려대학교 철학연구소,『철학연구』Vol. No.14, 1989, p.20 참조.

은 '오재' 대신 '오행'이라는 용어가 처음으로 사용된 문헌 사례라 할 수 있다.

> 나는 선대부 자산에게서 "무릇 예는 하늘의 일정한 도이고 땅의 의로움이어서 백성들이 실로 행해야 하는 것이다. 하늘과 땅의 일정한 도이니, 백성들이 실로 본받아 따라야 한다. 하늘의 밝음을 본받고 땅의 성품을 따라서 육기가 생기고, 오행을 이행하게 되는 것이다. 하늘의 밝음을 본받고 땅의 성품을 따라서 육기를 낳고 오행을 사용한다. 기는 오미가 되는데, 색으로 발하여서는 오색이 되며, 소리로 나타나서는 오성이 된다. 그것이 지나치면 혼란스럽게 되어 백성들이 그 본성을 잃게 된다는 말을 들었다."[30]

『좌전』 양공 27년에는 "하늘이 다섯 가지 재료를 내니, 백성이 그것을 아울러 사용하되, 하나라도 버릴 수 없다."[31]라고 하였다. 또 『주례』「고공기」에는 "세밀하게 그 모양과 기세를 살펴, 오재를 꾸며서, 백성의 도구를 구별하였다."[32]라고 기록되어 있다.

『좌전』 문공 7년에 극결은 다음과 같이 육부(수 · 화 · 금 · 목 · 토 · 곡)

---

30. 『左傳』 昭公二十五年 : 吉也聞諸先大夫子產日, 夫禮, 天之經也. 地之義也, 民之行也. 天地之經, 而民實則之, 則天之明, 因地之性, 生其六氣, 用其五行. 氣爲五味, 發爲五色, 章爲五聲, 淫則昏亂, 民失其性.
31. 『左傳』 襄公二十七年 : 天生五材, 民並用之, 廢一不可.
32. 『周禮』「考工記」: 審曲面勢, 以飭五材, 以辯民器.

와 삼사, 그리고 아홉 가지 노래(구공)를 통해 덕과 백성의 삶을 조화롭게 다스려야 함을 강조한다.

> 진나라 극결이 조나라 선자에게 말하길 "지난날 진나라와 조나라가 친하게 지내지 않아서 그래서 우리가 조나라의 땅을 취했다. 그런데 지금 진나라와 조나라가 이미 화목하니 돌려주는 게 어떨까 한다. 배반하면 토벌하지 않고서 어떻게 위험을 보일 것이며 복종하면서 부드럽지 않으면 어떻게 회유할 수 있겠는가? …… 하서에서 말하길 '경계하되 아름다운 말을 쓰고 독려하되 권위 있는 말을 쓴다. 권면하면서 아홉 가지 노래를 불러준다, 그르치지 말라는 뜻이다.' 아홉 개의 공이 있는 덕은 모두 노래로 불려진다. 이를 일러 아홉 개의 노래라 한다. 육부 삼사를 구공이라고 한다. 수, 화, 금, 목, 토, 곡을 육부라고 말한다. 덕을 바로하고 백성의 삶을 이롭게 하며 백성의 생활을 두텁게 하는 것을 삼사라 한다. 의롭게 그것을 행하는 것을 덕예라고 한다."[33]

이 문장에는 「홍범」에서 말하는 수 · 화 · 목 · 금 · 토 외에 '곡'이 추가로 등장하며, 오행의 배열도 「홍범」과 일치하지 않는다. 이는 아직 오행의 상생 혹은 상극 관계가 고정되어 있지 않았음을 보여준다.

---

33. 『左傳』 文公 七年 晉郤缺言於趙宣子曰: 日衛不睦, 故取其地. 今已睦矣, 可以歸之. 叛而不討, 何以示威? 服而不柔, 何以示懷? …… 夏書曰: '戒之用休, 董之用威. 勸之以九歌, 勿使壞.' 九功之德皆可歌也, 謂之九歌. 六府三事, 謂之九功. 水, 火, 金, 木, 土, 穀, 謂之六府. 正德, 利用, 厚生, 謂之三事. 義而行之, 謂之德禮.

『좌전』 양공 27년에서는 송나라 대부 자한이 “하늘이 다섯 가지 재료를 내는데, 백성이 모두 그것을 사용하니, 하나도 버릴 수 없다.”[34] 라고 말한다. 또한 『좌전』 소공 11년에서 진나라 대부 숙향은 한선자에 대해 “비유하자면 하늘과 같은데, 하늘에는 오재가 있고, 그것을 장차 쓴다.”[35]라고 하였다.

이 내용에 대해 두예杜預는 주석에서 ‘오재五材’는 ‘금, 목, 수, 화, 토’라고 해석하였다. 정현은 ‘이 다섯 가지 재료란 금, 목, 가죽, 옥, 토이다’라고 주석하였다. 서주 말기 사상가 사백은 바로 이 다섯 가지 재료로 ‘화실생물’을 해석했는데, 이는 ‘오재’를 방법론적으로 철학적 사유의 출발점으로 삼았다는 뜻이다.[36]

『좌전』 소공 25년 자대숙이 조간자를 만나 이렇게 말하였다. “제가 선대부 자산에게 듣기를, ‘예란 하늘의 법칙이고 땅의 마땅함이며 사람이 행하는 것이다’라고 하였으니, 하늘과 땅의 법칙을 사람들이 실제로 본받는 것이다. 하늘의 밝음에 근거하고 땅의 본성에 따라서 육기를 생하고 오행을 쓰게 된다. 기는 오미가 되고, 오색으로 드러나며, 오성으로 나타나니 이를 지나치면 혼란스러워 백성이 그 본성을 잃게 된다. 따라서 예를 만들어 보완한 것이다.”[37] 『좌전』에서는 오행

34. 『左傳』 襄公 二十七年 宋國大夫子罕講 : 天生五材, 民並用之, 廢一不可.
35. 『左傳』 昭公 十一年 : 晉大夫叔向對韓宣子講 : 譬之如天, 其有五材, 而將用之.
36. 陳德述, 「略論陰陽五行學說的起源與形成」, 四川省社會科學院哲學研究所 四川成都 610071, 西華大學學報(哲學社會科學版), 第33卷 第2期 Vol.33. No.2, 2014, p.4 참조.
37. 『左傳』, 昭公 25年 : 吉也聞諸先大夫子産曰, 夫禮, 天之經也, 地之義也, 民之行

의 연원을 육기로 규정하고 오미 · 오색 · 오성에 배속하고 있다.

또한 『좌전』 소공 29년에서는 진나라 대부 채묵이 '고유오행지관故有五行之官, 시위오관是謂五官'이라 하여, 오행과 오관의 개념을 언급하고 있다.

> 사물이 있다. 사물에는 그에 맞는 관직이 있고 그의 방위를 닦아야 하며, 아침 저녁으로 그것을 생각해야 한다. 하루라도 그 직분을 잃게 되면, 죽음에 이르게 된다. 관을 잃어버리면 먹지 못하게 된다. 관은 그 일을 익숙하게 해야 하고, 해야만 그 물에 이른다. 만약 혼란해서 그것을 버리면, 물도 어그러져 엎드리게 되고, 모두 어둡고 아득해서 자라지 않게 된다. 그러므로 오행의 관이 있으니, 이를 오관이라고 한다. 실지로 씨와 성을 받아서 나열하고, 그것을 봉하여 상공으로 삼고, 존귀한 신을 제사 지내고, 사직으로서 다섯 가지 제사를 지내는 것을, 존귀하다고 하고 받든다고 한다. 목정을 구망, 화정을 축융, 금정을 욕수, 수정을 현명, 토정을 후토라고 한다.[38]

이 문장은 '육부' 관념이 출연하고 나서 변화해 '오재' 관념이 되고,

也 天地之 而民實則之 則天之明, 因地之性, 生其六氣, 用其五行. 氣爲五味 發爲五色, 章爲五聲. 淫則昏亂, 民失其性. 是故爲禮以奉之.

38. 『左傳』昭公 29年 : 夫物, 物有其官, 修其方, 朝夕思之. 一日失职, 则死及之. 失官不食. 官宿其业, 其物乃至. 若泯弃之, 物乃坻伏, 郁湮不育. 故有五行之官, 是谓五官. 实列受氏姓, 封为上公, 祀为贵神. 社稷五祀, 是尊是奉. 木正曰句芒, 火正曰祝融, 金正曰蓐收, 水正曰玄冥, 土正日后土.

'오재'라는 것은 오행이라고 불렸고, 또 오행의 관직이라는 신앙으로 출현한 것이다. 오행의 관직과 제사는 각 사물을 담당해 질서를 유지하며 다섯 신에게 제사를 지내는 것이 사회와 생명의 근본임을 강조한다.

『좌전』 소공 31년, 십이월 초일에 일식이 있었다. 조간자가 꿈에 한 아이가 빛에 둘러싸인 채 노래를 부르고 춤을 추는 것을 보았었다. 이를 사묵에게 점복케 하자 사묵이 말하길, "6년 뒤 이달에 오나라가 영에 쳐들어갈 것이나 결과는 오히려 승리치 못한다. 영에 들어가도 가는 날은 반드시 경진일이어야 하며 일월이 창룡의 진미辰尾에 있게 된다. 경오일은 태양이 재災가 있기 시작한다. 화가 금을 이기기 때문에(火勝金), 오나라는 승리하지 못한다"[39]라고 하였다. 이는 오행을 간지에 배속하여 화극금의 생극 관계를 설명한 것이다.

『좌전』의 '화승금火勝金'이란 말은 단순한 경험계의 현상에 입각한 관찰에서 비롯된 것이지 오행의 상호관계를 원리적으로 파악해 그 상승相勝의 구조를 밝힌 것은 결코 아니다. 화와 금은 오吳나라와 초楚나라의 조상과 연계시켜 해석해야만 할 것이다. 초나라의 선조는 화정火正 축융祝融이었고, 오나라의 선조는 금정金正 욕수蓐收였던 것으로 당시의 점성가들은 생각했었기 때문이다.[40] 이와 같은 해석은 오행의 성질이 단순히 간지와 현상에만 국한된 것이 아니라, 각 나라의

---

39. 『左傳』 昭公 31年 : 六年及此月也, 吳其入郢乎. 入郢必以庚辰, 日月在辰尾. 庚午之日, 日始有謫, 火勝金, 故弗克.
40. 文載坤, 「陰陽五行論의 展開에 관한 硏究(I)」, 고려대학교 철학연구소, 『철학연구』 Vol. No.14, 1989, p.42 참조.

선조와 신격, 그리고 계보와도 밀접하게 연관되어 있음을 보여준다.

『좌전』 애공 9년에는 다음과 같은 기록이 있다.

> 진나라의 조앙이 정나라를 구하는 것에 대하여 점을 쳤는데 '수가 화로 갔다'는 상을 얻었다. 그 점을 사조, 사묵, 사구에게 물었다. 사구 왈 "이는 양이 가라앉는 것이니 군대를 일으킬 수 있다. 강씨 성을 가진 나라를 정벌하는 것은 이롭고, 자씨 상나라를 정벌하는 것은 이롭지 않다. 제나라를 정벌하는 것은 가하지만, 송나라를 대적하는 것은 길하지 않다"라고 하였다. 사묵이 말하길 "영盈은 수의 이름이다. 자子는 수의 방위이다. 이름과 방위가 적으로 짝을 하고 있으니 침범할 수 없다. 염제는 화의 군대이고 강씨 성이 그 후예이다. 물이 불을 이기니 강씨 성의 나라를 정벌하는 것은 가능하다."라고 하였다. 사조가 말하길 "이는 시냇물이 가득한 것과 같으니 건너갈 수 없다. 정나라가 죄가 있으니, 정나라를 구할 수 없다. 정나라를 구하면 길하지 않다. 그 나머지는 알지 못한다."라고 대답하였다.[41]

이는 오행의 원리와 이름 · 방위의 대응을 통해, 진나라가 강씨 성(수-화 상극)의 나라를 치는 것은 이로우나, 정나라를 구하는 점괘는

41. 『左傳』 哀公 九年 (公元前 486年): 晉趙鞅蔔救鄭, 遇水適火, 占諸史趙, 史墨, 史龜. 史龜曰: 是謂沈陽, 可以興兵. 利以伐薑, 不利子商. 伐齊則可, 敵宋不吉. 史墨曰: 盈, 水名也; 子, 水位也. 名位敵, 不可幹也. 炎帝爲火師, 薑姓其後也. 水勝 火, 伐薑則可. 史趙曰: 是謂如川之滿, 不可遊也. 鄭方有罪, 不可救也. 救鄭則不吉, 不知其他.

길하지 않다고 판정한 내용이다.

이상의 분석을 통해 알 수 있는 것은 주나라 시기의 사관들은 오행을 적극적으로 운용하는 경향이 강해지면서 사회 각 방면에 '오재를 숭상하는' 관념이 스며들고 있었다는 점이다. 그러나 전국 이후의 오행설과 주나라 시기의 오행설을 비교해 보면, 음양과 오행은 여전히 결합하지 못하였으며, 왕조의 교체와 관련된 '덕의 운용'에도 오행이 본격적으로 활용되지는 않았다.

이와 같은 시대적 배경 속에서 『좌전』에서는 오행이 실생활의 다섯 가지 재료로 출발하여 점차 상생 · 상극의 구조로 발전하였다. 오행의 용어와 배치는 문헌별로 다르게 나타나며, 오행과 오재, 육부, 관직 · 제사 등이 서로 연결된다. 점복이나 이름 · 성씨 · 관직에서도 오행의 상생 · 상극 원리가 사회 질서와 신앙에 활용된다. 오행은 천지 · 간지 · 방위와 대응하여 각 나라, 관직, 신격 등과 구체적으로 연관된다. 이러한 오행의 실용적 의미와 관계 구조는 점차 사회 전체와 철학 사유로 확장되는 흐름을 보여준다.

『국어』의 오재와 육기 상호관계

『국어』「주어하」에서 '천육지오天六地五, 수지상야數之常也'라 하였는데, 위주韋注에서는 '천은 육기를 가지고 있으니 음양풍우회명陰陽風雨晦冥이고, 지는 오행을 가지는데 금목수화토이다'라고 하였다. 이는 『좌전』「소공25년조」의 자태숙의 '생기육기生其六氣, 용기오행用其五行'

과 완전히 일치한다.

전국시대의 『좌전』과 『국어』를 통해 오행이란 용어를 살펴보면, 모두 민생에 가장 필요한 근본적인 다섯 가지 실용 재료를 가리키고 있으며 이후에 말해지는 오행의 뜻을 담고 있지 않음을 알 수 있다.

『국어』에는 다음과 같은 기록이 있다.

> 제사는 나라의 큰 명절이다. 이것은 이전에 명철하고 훌륭한 덕을 갖춘 사람들에게 명석한 자질이 되었다. 이것은 하늘의 삼신에게는 백성들이 우러러보게 하는 것이다. 땅의 오행을 제사하는 것은 만물이 생성하고 번식하도록 하는 것이다. 이것이 구주의 명산, 하천, 연못에게는 재물을 활용하게 하는 것이다.[42]

여기에서는 하늘의 삼신에 땅의 오행을 배속하였다. 당시 오행은 다섯 가지 재료로 인식되어 자연스럽게 땅에 속하며, 형체 없는 어떤 존재에 귀속되는 것으로 파악되었다. 그렇다면 하늘이나 형체가 없는 존재에 대해서는 별도의 설명이 필요하였다. 따라서 삼신에 오행을 배속한 것은 오재설五材說을 가장 간단하게 보충한 것이다.

이러한 오재와 육기, 음양오행의 기본 개념은 『국어』에서 명확히 드러나지만, 비슷한 시기 문헌인 『좌전』에서도 같은 구조와 해석이 이

42. 『國語』「魯語上」: 夫祀, 國之大節也 及前哲令德之人, 所以爲明質也. 及天之三辰, 民所以瞻仰也, 及地之五行, 所以生殖也, 及九州名山川澤, 所以出財用也.

어져 더욱 구체적인 사회 · 자연적 적용 사례로 확장되고 있음을 확인할 수 있다. 『좌전』에서는 다음과 같이 육기와 오행, 그리고 기 · 음양 · 계절에 관한 자세한 서술이 이어진다.

> 예절은 하늘의 법이고, 땅의 뜻이며, 사람의 행위이다. 하늘과 땅의 법이 있어서 백성들이 실제로 이를 본받게 된다. 하늘의 밝음을 본받고, 땅의 본성으로 말미암아 그 여섯 가지 기를 낳으며, 그 오행을 활용하는 것이다.[43]

하늘에는 여섯 가지 기가 있는데, 내려와 다섯 가지 맛을 낳고 다섯 가지 색으로 나타나며, 다섯 가지 소리로 나타나고, 여섯 가지 질병으로 어지럽게 된다. 이 여섯 가지 기란 음, 양, 바람, 비, 어두움, 밝음을 말하는데, 사계절로 나뉘고 다섯 가지 절기로 순서가 정해진다.[44]

여기에서는 '기'와 연관된다. 하늘의 여섯 가지 기(음, 양, 풍, 우, 회, 명)는 생성되고 파생되어, 땅의 다섯 가지 원소와 그 다양한 속성들을 일으킨다. 또한 이 여섯 가지 기는 흘러 다니며 사계절과 다섯 절기를 이룬다. 초기의 음과 양 개념은 이 여섯 가지 기 중에서 첫 번

43. 『左傳』 昭公 25年 : 夫禮, 天之經也, 地之義也, 民之行也, 天地之經, 而民實則之, 則天之明, 因地之性, 生其六氣, 用其五行.

44. 『左傳』 昭公 元年 : 天有六氣, 降生五味, 發爲五色, 徵爲五聲, 淫生六疾, 六氣曰, 陰陽風雨晦明也, 分為四時, 序爲五節.

째가 되는 두 가지 기에 해당한다.

춘추시기에는 천도 관념이 유행하였으며, 이미 음양오행 우주관의 실질이 갖추어졌고, 이로써 음양오행의 사회사상을 구성하는 배경이 이루어졌다. 음양오행 관념은 점차 이러한 시대적 분위기 속에서 운용되기 시작하였고, 그 내부적 의미도 점점 더 풍부해졌다.

『좌전』과 『국어』에서는 '육부' 관념이 점차 변화 · 연역되어 '오재'와 '오행' 관념으로 발전하였고, 춘추 후기에는 사람들이 물질세계의 기본 구성요소로 이를 공동으로 인식하게 되었다.

『국어』「정어」 가운데 유왕 때의 사관인 백이 정환공에 답하여 말하길 "조화롭게 만물을 생성하는 것에서는 같은 것들은 끊어지지 않는다. 다른 것으로 다른 것을 조화롭게 하는 것을 일러 화라고 하니, 그것은 능히 만물을 풍부하게 자라게 할 수 있고 만물이 거기에 귀속하게 할 수 있다. 만약 같은 것으로서 같은 것을 낮추게 하면, 모두가 버려지게 된다. 그러므로 선왕은 토와 금목수화를 섞어서 온갖 만물을 이루었다."[45]라고 하였다. 여기서 '육부' 가운데 '곡'을 제외하면서, 이른바 '오재'가 성립된 것이다.

『국어』에는 음양학설의 발전 도식 외에도 오행사상의 발전 과정과 그 괘적이 적지 않게 나타난다. 같은 것끼리 계속 증가하면 모두 소모되어 버려지므로 뒤섞어야 한다. 그래서 선왕은 이 다섯 가지를 섞

45. 『國語』「鄭語」 中幽王時史伯答鄭桓公曰 : 夫和實生物, 同則不繼. 以他平他謂之和, 故能豐長而物歸之; 若以同裨同, 盡乃棄矣. 故先王以土與金木水火雜, 以成百物.

어서 온갖 사물을 이루었다고 하였다. 선조들은 실제 생활에서 절박하게 필요한 다섯 종류의 물질 재료로 '오행'을 파악하였으니, 이는 가장 직접적이고 소박하며 원시적인 의미의 '오행' 관념에 해당한다.

『국어』 전편에서 오행이 사용된 예는 "하늘의 삼신에 제사 지내는 것은 백성들이 우러러보기 때문이고, 땅의 오행에 제사 지내는 것은 만물의 생식 때문이며, 구주의 명산과 천택에 제사 지내는 것은 재용財用이 나오기 때문이다."[46]라는 문장이 유일하다.

전국시대 『좌전』과 『국어』에 나타나는 '오행'은 오늘날의 철학적 의미와는 다르며, 금 · 목 · 수 · 화 · 토 등 실생활에 필요한 다섯 가지 '오재'로 이해되었다. 이 시기에는 오행의 상생 · 상극 개념이 아직 체계화되지 않았으며, 오행은 육기(음 · 양 · 풍 · 우 · 회 · 명)와 연결되어 오미 · 오색 · 오성 등에 배속되었다. 또한 오행은 제사와 관직, 점복 등 사회와 종교 전반에서 실용적으로 운용되었다.

음양오행학설은 이 시기에 이미 다양한 영역에서 응용되었으며, 완전히 물질적 상징성을 벗어나지는 못했지만, 점차 술수화 방향으로 발전해 나갔다. 이러한 실용적인 오재 인식은 점차 물질세계의 기본 구성요소로 자리매김하며, 후대 음양오행 우주관의 형성에 토대를 제공하게 되었다. 이러한 오행의 실용적 인식은 전국시대와 진한시대에 이르러 점차 상생 · 상극의 원리와 왕조 교체 이론으로 심화된다.

---

46. 『國語』「魯語上」: 及天之三辰, 民所以瞻仰也 及地之五行, 所以生殖也. 及九州名山川澤, 所以出財用也.

03
추연의 왕조 교체와 오행

전국시대는 오행의 상생설相生說과 상극설相剋說이 나타나, 우주와 인간계의 현상을 오행의 상생 · 상극 원리로 이해하고 예측하는 사고법이 발생하였다. 이것이 일반적인 오행사상五行思想이다. 오행의 '상생相生'이란 목은 화를 생하고, 화는 토를, 토는 금을, 금은 수를, 수는 목을 생한다고 보는 순환 변전의 이치이다. '상극相剋'이란 수는 화를 이기고, 화는 금을, 금은 목을, 목은 토를, 토는 수를 이긴다는 것이다. 즉 전국시대에는 오행의 상생 · 상극 원리가 우주와 인간계를 설명하는 주요 사고법으로 자리잡게 된 것이다.

진 · 한 왕조가 교체되던 시기, 역사는 오덕종시라는 관념에 의해 규정되었다. 통치자들은 이 관점을 바탕으로 정치 제도를 마련하였으며, 진시황의 진나라는 수덕(水德)을 바탕으로 제도를 정비하였다.

추연의 '오덕종시' 이론에 따르면, 오덕은 토덕, 목덕, 금덕, 화덕, 수덕으로 구분된다. 각 왕조는 모두 자기들이 대응하고 부합하는 하나의 덕을 상징으로 삼았다. 상천上天은 그에 맞는 시기에 상서로운 징조를 나타내어, 결국 이것이 조대朝代의 운명을 결정하게 된다는 것이다. 오덕은 그 처음과 끝이 순환하여 운행하며, 그 운행의 원칙이 바로 오행상승 관계이다. 이 때문에 왕조가 교체되는 것도 정해진 수순에 따른다고 보았다. 특히, 오덕종시와 오행상승의 이론을 정치 · 우주론적으로 심화시킨 인물로는 음양오행학파의 창시자인 추연을 들 수 있으며, 다음은 추연과 그의 오행사상에 관한 내용이다.

일반적으로 음양가의 대표로서 추연을 꼽는다. 『사기』에 따르면, 추연은 "제나라 사람으로 '담천연'이라 불렀다."[47] 그는 맹자와 같은 시대 사람이지만 활동연대는 다소 늦다. 추연은 천문지리에 심취하였고, 천인감응의 이론을 심도 있게 논하였다. 제나라 직하 선생이었던 추연은 유가사상을 기초로 여러 학파의 사상을 융합하여 직하학궁에서 음양오행학파를 창건하였고, 음양오행 사상을 집대성한 최초의 인물로 평가된다. 추연의 음양오행 사상은 후세 정치와 사회 구조에 깊은 영향을 끼쳤다.

추연의 생몰 연대에 대해서는 세 가지 학설이 있다. 첫째, "호적의 고찰에 따르면 추연은 제나라 위왕 7년에 대략 태어나고, 제나라 양왕 4년에 사망했다(기원전 350~280). 둘째, 채덕귀의 고찰에 근거하면 추연은 대략 제나라 위왕 17년에 태어나고, 제나라 왕건 5년에 사망했다(기원전 340~260). 셋째, 전목의 고찰에 근거하면 추연은 대략 제나라 선왕 15년에 태어났고, 제나라 왕건 27년에 사망한(기원전 305~240) 것으로 추정된다."[48]

---

47. 『史記』「孟子荀卿列傳」: 齊人頌曰, 談天衍.
48. 胡適「中國中古思想史長編」: 劉蔚華, 趙宗正主編「山東古代思想家」蔡德貴編 "騶衍"部分, 山東人民出版社: 錢穆「先秦諸子系年」. 轉引自林麗娥「先秦齊學考」

추연은 나라를 다스리는 사람들이 점점 더 음란하고 사치스러워져서 덕을 숭상할 수 없게 되자 『시경』「대아」 편에서처럼 자신을 먼저 깨끗이 한다면 일반 백성들을 감화시킬 수 있다고 보았다. 그래서 음양의 소식을 깊이 관찰하여 괴이하고 기이한 변화들을 저술했고, 『종시』와 『대성』등 십여 만 언言의 저작을 저술하였다.[49]

또, 『한서』「예문지」에는 추연의 저서 「추자鄒子」 49편이 수록되어 있다고 하며, 또 「추자종시鄒子終始」 56편이 있다고 한다.[50] 그 주된 내용은 크게 세 가지 부분으로 요약할 수 있다. 첫째는 '오행상승' 순서에 입각하여, 추연이 '오덕종시'설을 창조했다는 것이다. 이 '오행상생'의 순서는, '월령'과 '십이기'의 문을 열었다. 그가 말한 '오덕종시설'이란 오행의 덕을 가리키는 것으로, 이 오행의 덕이 한 바퀴 돌면 끝이 나고 다시 시작하면서, 순환 운행하며, 이것으로 역사의 변화와 왕조의 흥망성쇠를 해석한 것이다. 둘째는 천하를 81개로 나누고, 중국을 대구주의 하나로 보는 '대구주설'이다. 세째는 천론天論으로, 추연은 "천지가 나뉘어진 이래로, 오덕이 차례로 바뀌었고, 다스림도 각각 그에 맞는 방식이 있었으니, 이 모든 일은 서로 부합하며 그러

194頁, 台灣商務印書館, 1992. 참조.

49. 『史記』「孟子荀卿列傳」: 〈騶衍〉睹有國者益淫侈, 不能尚德, 若《大雅》整之於身, 施及黎庶矣. 乃深觀陰陽消息而作怪迂之變, 《終始》·《大聖》之篇十餘萬言.

50. 『漢書卷三十 藝文志第十』: 鄒子四十九篇. 名衍, 齊人, 爲燕昭王師, 居稷下, 號談天衍. 鄒子終始五十六篇.

한 징조를 나타냈다."[51]라고 하여 천지 생성 이전까지 거슬러 올라가 우주의 생성론을 논술하였다.

호외려도 『중국철학사』에서 추연의 학설을 크게 세 가지로 분류한다. 첫째는 천론이다. 추연은 천지개벽 이래의 자연사뿐 아니라, 천지가 생기기 이전의 것도 소급하여 설명한다. 이 천론은 당대에 매우 유명하여 사람들이 그를 '담천연'이라고 부르기도 하였다. 둘째는 지리학설이다. 추연은 유가에서 말하는 '중국'이 실제로 천하의 80분의 1에 불과하다고 지적하였다. 중국을 '적현신주赤縣神州'라 부르며, 이 밖에도 여덟 개의 새가 있는데, 각각 작은 바다가 둘러싸서 하나의 단위를 이루고 있으며, 천하는 이러한 단위가 아홉 개 있고, 바깥에 또 큰 바다가 둘러싸고 있다고 하였다. 셋째는 역사학이다. 추연은 역사란 오행의 원리에 따라 순환하며, 시대마다 오행 중의 일행一行의 지배를 받는다고 하였다. 한 시대의 제왕이 흥기하려면 하늘이 반드시 먼저 징조를 보이고, 이 징조는 그 시대를 지배하는 어떤 일행一行의 '덕德'에 부합한다고 하였다. 이것이 이른바 '오덕종시'의 학설이다.[52] 천론은 우주 생성과 기원, 지리학설은 세계의 구조와 중국의 위치, 역사학은 오행의 덕이 시대와 왕조 교체를 결정한다는 이론을 담고 있다고 설명한다.

『사기』의 「맹자순경열전」에서는 "추연은 음과 양이 줄어들고 커지며

---

51. 『史記』「孟子荀卿列傳」第十四 : 稱引天地剖判以來, 五德轉移, 治各有宜, 而符應若茲.
52. 侯外廬 主編, 양재혁 옮김, 『중국철학사』상, 일월서각, 1988, p.145 참조.

괴상하고 이상한 변함을 일으키는 현상을 관찰하고 찾아냈다. 『종시』라는 성인의 책은 10만여 자에 이르렀다."[53]라고 기록하고 있다. 『사기』「봉선서」에 따르면, 추연의 무리는 종시오덕의 『주운』을 저술하고,[54] 추연은 음양의 『주운』을 통해 제후들에게 공경을 받았다.

『사기집해』에는 다음과 같은 인용 구절이 있다. "오늘날 그 책에 『오덕종시』가 있는데, 오덕은 각각 이긴 것을 행으로 삼는 것이다."[55] 또한 오늘날 그 책에 『주운』이 있다. 오행이 서로 차례대로 전환되어 운용되며, 각 방면에 따라 역할을 한다.[56]

추연의 오덕종시 이론은 『여씨춘추』「응동편」에 비교적 상세하게 기록되어 있다.

> 대개 제왕이 장차 흥할 때, 하늘이 반드시 먼저 아래 백성들에게 상스러움을 나타내 보인다. 황제 때에는, 하늘이 먼저 큰 지렁이를 나타내 보였다. 황제가 말하길 "토기가 왕성하다, 토기가 왕성하니 그러므로 황색을 숭상하고 그 일은 토를 기준으로 한다."고 하였다. 우임금 때에는, 하늘이 먼저 초목을 나타내 보였다. 가을과 겨울에는 초목이 쇠하지 않고 푸르렀다. 우임금이 말하길 "목기가 왕성하다. 목이 왕성

53. 『史記』「孟子荀卿列傳」: 都衍乃探觀陰陽消息, 而作怪迂之變,終始大聖之篇十餘萬字.
54. 『史記』「封神書」: 鄒子之徒, 論著終始五德之運.
55. 『史記』「封禪書」: 氯桁以陰陽主運顯於諸侯.
56. 『史記集解』: 今其書, 有主運. 五行相次轉用事, 隨方面爲服.

하기 때문에 그 색은 푸른색을 숭상하였고, 그 일은 목을 기준으로 한다."[57]

황제는 토의 덕을 상징하였으며, 이를 나타내는 상서로운 징조로 하늘이 큰 지렁이를 보내었다. 하늘은 각 시대의 제왕이 흥기할 때마다 그 왕조의 덕에 부합하는 기운과 색, 상징물을 먼저 드러내어 상서로움을 보여주는 것이다.

탕임금 때에는 하늘이 먼저 쇠와 날카로운 것이 물에서 생겨나는 것을 나타내 보였다. 탕임금이 말하기를 "금 기운이 성하다. 금 기운이 성하니, 그 색은 흰색을 숭상하고, 그 일은 금을 기준으로 하였다."[58]

문왕의 때에 이르러, 하늘이 먼저 불을 나타내 보였다. 붉은 새가 주나라 사단에 붉은 책을 물고 왔다. 문왕이 말하였다. "화기가 성하다, 화기가 성하기 때문에, 고로 그 색은 붉은색을 숭상하고, 그 일은 화를 기준으로 하였다. 불을 대신하는 것은 반드시 장차 수이니 하늘이 먼저 수기가 왕성한 것을 나타낸다. 수기가 왕성하기 때문에, 그 색은 검은

57. 『呂氏春秋』「應同篇」: 凡帝王者之將興也, 天必先見祥乎下民. 黃帝之時, 天先見大螾大螻, 黃帝曰 土氣勝, 土氣勝, 故其色尚黃, 其事則土. 及禹之時, 天先見草木秋冬不殺, 禹曰 木氣勝, 木氣勝, 故其色尚青, 其事則木.

58. 『呂氏春秋』「應同篇」: 及湯之時, 天先見金刃生於水, 湯曰 金氣勝, 金氣勝 故其色尚白, 其事則金."

색을 숭상하고, 그 일은 수를 기준으로 한다. 수기가 이르면 알지 못하고, 알지 못하는 사이에 수가 갖추어지니 장차 토로 옮겨가게 된다."[59]

위 두 문장에서 하늘은 탕임금 시대에는 금의 기운과 흰색, 문왕 시대에는 화의 기운과 붉은색, 그리고 수의 기운과 검은색을 상서로운 징조로 보여주며 각 왕조의 덕과 자연현상, 색채가 연결되어 나타나고 있다.

추연의 '오덕종시' 이론에서는 오덕이 토덕, 목덕, 금덕, 화덕, 수덕으로 나뉘며 매 왕조는 모두 자신들이 대응하고 부합하는 하나의 덕이 있다. 상천上天이 적합한 때에 상서로운 징조를 나타내어 그것이 왕조의 운명을 결정하게 된다. 오덕은 처음과 끝이 순환하며 그 운행의 원칙이 바로 오행의 상승이다. 이로써 왕조의 교체는 정해진 순서에 따라 이루어진다고 보았다.

음양과 오행이 결합되는 추이도 바로 전국 말기에 와서 상생상승相生相勝의 관념이 보태어지면서 조성되게 된다. 즉 오덕의 전이轉移가 음양의 소식변화와 연계를 맺으면서 월령체계와 조대체선朝代遞嬗의 내재 법칙으로 발전된 것이다. 좀더 내면적으로 살핀다면 오행이 천기天氣 사시四時와 배합되는 과정에서 음양 관념에 결합되어 큰 발전을 본 것이라 하겠다. 전국 말기와 한초에 있어서 음양과 오행이 융

59. 『呂氏春秋』「應同篇」: 及文王之時, 天先見火, 赤烏銜丹書集於周社, 文王曰 火氣勝, 火氣勝, 故其色尙赤, 其事則火. 代火者必將水, 天且先見水氣勝, 水氣勝, 故其色尙黑, 其事則水. 水氣至而不知,數備, 將徙於土.

합된 형태로 등장하긴 하였으되 아직 서로 간의 예속 관계는 없고 두 가지 평행적인 기로 취급됐었다.[60]

음양과 오행은 서로 아무런 관련이 없이 독자적으로 사용되다가 시간이 흐르면서 차츰 그 의미가 추상적으로 확대되었고, 이러한 별개의 두 개념을 결합시킨 사람이 추연이다. 추연은 음양과 오행 개념을 오덕종시설의 체계 속에 결합하기 시작하였다.[61] 추연과 관련된 현존 문헌에서만 보자면 오덕종시설에는 음양 관념이 없다. 그러므로 추연이 설사 음양과 오행에 대해서 언급하였다고 하더라도 양자를 융합시켰다고 볼 수 없다. 이와 같이 추연의 음양오행론 및 오덕종시설의 성격을 둘러싼 다양한 논의가 존재한다.[62]

추연의 음양오행론은 음양과 오행이 융합된 형태로 나타났으나, 두 개념 사이에 예속 관계 없이 평행적인 기氣로 다루어진다는 해석이나, 추연이 음양과 오행 개념을 결합했다는 견해, 혹은 추연의 오덕종시설에 음양 관념이 없다는 주장 등이 존재한다. 그러나 설령 추연이 음양과 오행을 완전히 융합시키지 않았더라도, 그가 오행설을 통해 사시교령사상을 만들어 내고 전국 말기에 이 사시교령사상이 『예기』, 『관자』 등에 영향을 미쳐 오행과 사시의 결합을 이끌어냈다는 점에서,

---

60. 文載坤, 「陰陽五行論의 展開에 관한 硏究(I)」, 고려대학교 철학연구소, 『철학연구』 Vol. No.14, 1989, p.21 참조.
61. 주현희, 「직하학파(稷下學派)의 음양오행설(陰陽五行說) 연구–관중(管仲)과 추연(鄒衍)을 중심으로–」, 영남대학교대학원 석사학위청구논문, 2019, p.56 참조.
62. 양계초, 풍우란외 지음, 김홍경 편역, 『음양오행설의 연구』, 신지서원, 1993, p.505 참조.

오덕종시설에 음양 관념이 없다는 주장은 지나치다고 할 수 있다.

추연은 또한 오행설을 바탕으로 '사시교령四時敎令' 사상을 제시하였다. 이는 사계절에 따라 왕이 행정적 · 정치적 명령을 내리고, 백성들이 그에 맞춰 일상을 영위하는 체계로, 『예기』와 『관자』 등 후대 문헌에까지 영향을 미쳤다.

전국시대 후기에 들어 오행설은 급격히 확장되기 시작하였다. 먼저 오행의 분류가 광범위하게 응용되었고 점차 음양사상과 융합되었다. 전국 말기에 이르러 음양학파의 창시자인 추연에게 오행은 더 이상 단순한 다섯 가지 구체적인 근본 요소만이 아니라, 다섯 가지 분류, 다섯 가지 기, 다섯 가지 원소, 다섯 가지 상호 관계의 범주로도 여겨졌다. 이로써 오행의 관념은 정식으로 철학의 전당에 진입하게 되었다.

04
『묵자』의 오행무상승五行無常勝 관념

『묵자』에서 '오행'이란 용어는 「명귀하明鬼下」편에서 앞서 제시된 『상서』의 인용문을 제외하면 「경하經下」에 등장하는 '오행무상승五行無常勝' 한 차례뿐이다. 그러나 오행과 관련된 논의는 여러 편에 분산되어 나타난다.

「귀의」편에서는 묵자가 북쪽으로 제나라에 가던 중 일자日者를 만나 대화하는 내용이 있다. 고전에서 '일자'라는 용어는 묵자에서 처음 등장하며, 보통 복서卜筮 등의 수단으로 택일擇日, 길흉吉凶, 금기禁忌되는 일을 점치는 것을 통칭한다.[63] 이 장면에서 "일자가 말하길, '상제가 오늘은 북쪽에서 흑룡을 죽이는 날인데, 선생의 살결이 검으니 북쪽으로 가시면 안 됩니다'라고 하였다. 그러나 묵자는 그의 말을 듣지 않고 북쪽으로 치수에까지 이르렀다가 건너지 못하고 되돌아오게 되었다."[64] 이후 일자가 묵자에게 자기의 말을 따르지 않은 것을 힐난하자, 묵자는 다음과 같이 반박하였다.

---

63. 『墨子』「貴義」: 史記日者傳, 集解云, 古人占候卜筮, 通謂之日者.
64. 『墨子』「貴義」: 日者曰. '帝以今日殺黑龍于北方. 而先生之色黑. 不可以北.' 子墨子不聽. 遂北. 至淄水不遂. 而反焉.

> 남쪽 사람은 북으로 가지 못하고, 북쪽 사람은 남으로 오지 못하였는데, 그들의 살결은 검은 사람도 있고 흰 사람도 있습니다. 무슨 까닭에 모두 건너지 못하였을까요? 더욱이 상제는 갑을 날에는 동쪽에서 청룡을 죽이고, 병정 날에는 남쪽에서 적룡을 죽이고, 경신 날에는 서쪽에서 백룡을 죽이고, 임계 날에는 북쪽에서 흑룡을 죽입니다. 만약 그대의 말을 따른다면 이는 천하의 모든 여행자를 금하는 것이 됩니다.[65]

상제의 점괘를 따라 여행을 금지한다면 누구도 자유롭게 길을 갈 수 없다는 점을 지적한 말이다. 위의 묵자의 말에서는 동쪽, 남쪽, 서쪽, 북쪽 사방과 관련된 색깔과 용龍은 언급되지만, 중앙 토土는 보이지 않는다. 「영적사」는 후기 묵가의 군사학 자료집이며, 본격적으로 묵자의 오행설을 살필 수 있는 자료이다.

> 적이 동쪽으로 오면 동쪽의 단에서 제사를 올리는데, 제단의 높이는 8척이고 사당의 깊이도 8척이다. 나이 80세인 8명이 제주가 되어 푸른 깃발을 세우고 제사를 올린다. 푸른 깃발의 길이는 8척이고 총 8개인데, 8개의 쇠뇌로 각각 8발씩 쏘고 멈춘다. 장수는 반드시 청색 옷을 입으며 그 희생물은 닭이다. 적이 남쪽으로 오면 남쪽의 제단에서 제사를 올리는데, 제단의 높이는 7척이고 사당의 깊이도 7척이다. 나이 70

---

65. 『墨子』「貴義」: 南之人不得北, 北之人不得南, 其色有黑者, 有白者. 何故皆不遂也. 且帝以甲乙殺青龍於東方, 以丙丁殺赤龍於南方, 以庚辛殺白龍於西方, 以壬癸殺黑龍於北方. 若用子之言, 則是禁天下之行者也.

> 세인 7명이 제주가 되어 붉은 깃발을 세우고 제사를 올린다. 붉은 신(깃발)의 길이는 7척이고 모두 7개인데, 7개의 쇠뇌로 각각 7발씩 쏘고 멈춘다 장수는 반드시 붉은색 옷을 입으며 그 희생물은 개다. 적이 서쪽으로 오면 서쪽의 제단에서 제사를 올리는데, 제단의 높이는 9척이고 사당의 깊이도 9척이다. 나이가 90세인 9명이 제주가 되어 흰 깃발을 세우고 제사를 올린다. 흰 신(깃발)의 길이는 9척이고 모두 9개인데, 9개의 쇠뇌로 각각 9발씩 쏜 뒤 멈춘다. 장수는 반드시 흰색 옷을 입으며 그 희생물은 양이다.[66]

동쪽에서 적이 오면, 동쪽 단에서 청색과 숫자 8을 상징하며 닭을 희생 제물로 바친다. 남쪽에서 적이 오면, 남쪽 단에서 붉은색과 숫자 7을 상징하며 개를 희생 제물로 삼는다. 서쪽에서 적이 오면, 서쪽 단에서 흰색과 숫자 9를 상징하며 양을 바쳐 제사의식을 행한다. 오행의 방위와 색, 숫자, 희생 제물이 결합된 의례는 각 방향별로 구분되어 체계적으로 집행되었다.

또한 북쪽에서 적이 오면 검은색과 숫자 6을 상징하는 의식과 함께 돼지를 희생 제물로 바친다.[67] 적이 침범해 오는 방향에 따라 제단의

66. 『墨子』「迎敵祠」: 敵以東方來, 迎之東壇, 壇高八尺, 堂密八. 年八十者八人, 主祭青旗. 青神長八尺者八弩八, 八發而止. 將服必青, 其牲以雞. 敵以南方來, 迎之南壇, 壇高七尺, 堂密七. 年七十者七人, 主祭赤旗. 赤神長七尺者七, 弩七, 七發而止, 將服必赤 ,其牲以狗. 敵以西方來, 迎之西壇, 壇高九尺, 堂密九, 年九十者九人, 主祭白放. 素神長九尺者九, 弩九, 九發而止. 將服必白, 其牲以羊.

67. 『墨子』「迎敵祠」: 敵以北方來, 迎之北壇, 壇高六尺, 堂密六, 年六十者六人, 主

높이, 제사에 사용하는 깃발, 착용하는 복장과 희생물이 각각 달라진다. 이러한 방법은 '오행상극설'을 군사 전략에 적용한 병가의 설과는 분명히 다르다. 이는 전통적인 의미에서 오행과 방위, 신령, 복식 등이 서로 배합되는 학설이 한층 더 완성된 형태라 할 수 있다.

위 「영적사」와 「귀의」편에 나타난 오행 분류 내용을 종합하여 〈표 1〉로 정리할 수 있다. 「영적사」와 「귀의」편 모두 중앙 토와 관련된 오행은 나타나지 않는다. 「영적사」에는 「귀의」편에 보이는 오행 가운데 천

〈표 1〉 「영적사」와 「귀의」편 오행 분류

	구분	東	南	西	北
숫자	단의 높이	8	7	9	6
	사당의 깊이	8	7	9	6
祭主	나이	80	70	90	60
	참여 인원	8	7	9	6
깃발	색상	青色	赤色	白色	黑色
	신의 길이	8	7	9	6
	개수	8	7	9	6
쇠뇌	개수	8	7	9	6
	쏘는 수	8	7	9	6
	服色	青色	赤色	白色	黑色
	犧牲	닭	개	양	돼지
	五行	木	火	金	水
	天干	甲乙	丙丁	庚申	壬癸

祭黑旗, 黑神長六尺者六, 弩六, 大發而止, 將服必黑, 其牲以彘, 從外宅諸名大祠, 靈巫或禱焉, 給禱牲.

간天干이 빠져 있고, 오행과 관련된 숫자, 복장의 색깔, 희생 제물의 종류가 명시되어 있다는 점이 다르다. 이 두 기록을 보면, 기존 오행과 관련된 상징들이 드러나 있음을 알 수 있다. 결국 묵가에서는 오행론을 적극적으로 주장하거나 옹호한 것이 아니라, 전쟁 과정에서 신호를 전달하기 위해 당시 일반적으로 쓰이던 오행 상징을 활용했다는 점이 특징이다.

묵가 학파의 저작인 『묵자』의 일부분으로 알려진 『묵경』의 「경하」제43조의 원문은 다음과 같이 해석된다.

> 오행에서 항상 이기는 것은 없다. 근거는 개연성에 있다. 금목수화토는 분리되어 있다. 화가 금을 녹이는 것은 화가 많기 때문이다. 금이 탄炭을 멸할 수 있는 것은 금이 많기 때문이다. 화와 금이 합쳐져 수가 되고, 화가 나무에 붙어 불길이 세지는 것은 사슴이 산에 있고 물고기가 물에 있는 이치와 마찬가지로 조건이 유리하기 때문이다.[68]

오행의 힘은 각각의 조건과 상황에 따라 결정되며, 언제나 어느 하나만이 이기는 것은 아니다. 금목수화토는 각각 분리되어 있으며, 상대적으로 우세한 기운과 환경에서만 힘을 발휘한다는 것이다.

묵가에서 제기한 '오행무상승五行無相勝'의 근거는 조건과 상황에

68. 조주은, 「陰陽五行의 結合過程 硏究-天人關係論과의 相關性을 中心으로」, 동방문화대학원대학교 박사학위청구논문, 2014, p.59 해석 참조.

따라 달라지는 개연 판단이며, 「경설」에 의거하면, 화가 금을 이기는 것은 화가 많기 때문이며, 반대의 경우에는 오히려 금이 화를 이길 수 있다는 것이어서 묵가는 오행상생설도 부정하는 것처럼 보인다고 하였다. 이는 금과 수의 관계나, 목과 화의 상생 관계 또한 조건이 유리할 때의 경우이며 일률적으로 볼 수 없기 때문에 결국 묵가는 당시에 유행하던 오행상생설과 상극설 모두를 부정한 것으로 보고 있다.[69] 묵가는 오행의 승패가 조건에 따라 달라진다고 보아, 오행상생설과 상극설 모두를 부정했다는 것이다.

방박 또한 "묵가는 다섯 가지 재료가 무조건적으로 서로 이긴다는 설법에 반대했는데, 그래서 묵자는 '오행무상승五行無相勝'을 말한 것이 아니라 '오행무상승五行無常勝'을 말한 것이다. 이러한 정확성에 도달하기 위해서 '판단의 구체적 요구'가 견지되어야만 한다."[70]라고 묵가를 평가하였다.

전국 말 법가를 집대성한 한비는 당시 성행하던 오행론을 인정하면서도 음양오행설을 비롯한 추연의 학설이 현실적으로 유용성이 없는 것으로 보았다. 요컨대 묵가를 비롯한 제가의 오행론의 관점은 전국말 통일을 앞둔 시기의 상황에서 제가의 관점을 대변한 것[71]이라고 볼 수 있다.

---

69. 조주은, 앞의 논문, pp.60~61 참조.

70. 龐朴, 『沉思集』, 上海人民出版社, 1982, p.222, p.266 참조.

71. 조주은, 「陰陽五行의 結合過程 硏究-天人關係論과의 相關性을 中心으로」, 동방문화대학원대학교 박사학위청구논문, 2014, p.62 참조.

「귀의」편에서 묵자는 동쪽, 남쪽, 서쪽, 북쪽의 사방에 대응하는 색깔과 용만 언급할 뿐, 중앙 토에 대해서는 언급하지 않는다. 묵가는 오행을 전쟁과 제사 등 실용적 상징 체계로 활용하였으나, 중앙 토는 제외하고 방위, 색, 숫자, 희생물 등과 결합하여 운용하였다. 묵가의 군사학 자료집인 「영적사」는 묵자의 오행설을 본격적으로 살필 수 있는 자료로, 전쟁 과정에서 신호를 전달하기 위해 일반화된 오행 상징을 활용한 것이다.

『묵경』의 「경하」 제43조의 원문은 오행상생설과 상극설을 모두 부정한 것으로 해석된다. 묵가는 상황과 조건에 따라 승패가 달라진다고 보아, 다섯 가지 재료가 반드시 서로 이긴다는 설에 반대하며 '오행무상승五行無常勝'을 주장하였다. 이는 오행을 철학적 원리라기보다 경험적 · 실용적 지식으로 받아들인 것이다.

고대의 오행 사상은 사방 관념과 실용적 재료에서 출발하여, 점차 사회 구조와 철학적 의미로 확장되어 갔다. 그러나 이러한 오행의 인식은 개별적이고 분산된 실천이 중심이었으며, 음양과 오행, 더 나아가 태일太一 및 태극太極 개념이 하나의 통합적 우주론으로 체계화된 것은 한대에 이르러서였다. 한나라 시기에는 기존의 음양 · 오행 · 태일 개념이 기론적 사유와 결합되며, 보다 포괄적이고 추상적인 우주 체계로 발전하게 되었다. 이런 통합적 변화를 통해 중국 사상은 새로운 단계로 나아가게 되었으며, 이어지는 장에서는 오행과 음양, 태일 · 태극의 결합이 어떻게 이루어졌는지, 그리고 이 체계가 한대 사상에 어떠한 의미를 가졌는지 구체적으로 살펴본다.

4장

태일(태극) 음양오행 체계 결합

01
원기元氣, 태일太一, 태극太極의 관계 [1]

한대의 기화론과 태일 · 태극 · 음양 · 오행 체계

음양과 오행은 처음에는 음양은 음양대로 오행은 오행대로, 각각 독립적으로 발전해 왔다. 음양과 오행이 결합해 체계를 이루고, 음양의 뒷받침이 되는 일기一氣에 대한 논의가 시작되면서 태일(태극)-음양-오행의 체계가 형성되었다. 이 시기는 한나라 시기로 여러 저서에서도 음양과 오행의 결합이 나타난다.

이 장에서는 태일-음양-오행의 체계가 형성되기 위한 일기, 원기에 대한 논의, 그리고 태일과 태극의 관계를 확인한다. 이후 음양과 오행이 결합하는 이론들을 한나라 시대의 전적에서 찾아 정리하고자 한다.

한대漢代사상의 특징은 기론氣論을 체계화한 것이다. 우주의 형성과 만물의 화생化生이 모두 원기元氣의 변화와 그 결과라는 기화론氣

---

1. 신미경, 「한대 기화론(氣化論)에서 원기(元氣), 태일(太一), 태극(太極)의 관계 연구 -『노자』 42장과 「계사전」 11장을 중심으로」, 『道教文化研究』 제61집(2024.11) pp.39~68 참조.

化論이 한대에 탄생하였고, 기화론이 발전하여 송대宋代에는 기일원론氣一元論의 우주생성론이 되었다.[2] 한대 기론 체계에 대해 거자오광(葛兆光)은 진나라와 한나라 사상은 과거 시기 우주와 역사, 인간에 대한 파편적이고 치우친 지식을 체계화하고 통일하여 중국 사상의 토대를 형성하였다고 평가한다.[3] 리쩌허우(李澤厚)는 한대의 우주론 철학이 중국의 문화와 심리 구조를 형성하였으며, 한대 사상은 중국철학 발전에 있어 가장 중요한 새로운 단계라고 본다.[4]

이와 같이 파편화된 지식이 체계화되어 우주론 철학으로 발전하는 것은 '태일(태극)－음양－오행 체계'의 성립을 의미한다. 이에 대해 호외려胡外廬는 "음양오행설은 한나라에 와서야 비로소 체계를 갖춘다. 이 체계를 이해하지 못하면 한나라 이후의 중국 사상을 이해할 수 없다. 특히 유가 사상을 이해할 수 없다."[5]라고 하였다. 방박龐朴은 "음양오행설을 제외하면 중국 문화체계를 설명할 방법이 없다"[6]라고 말할 정도이다.

기론적 체계에 대한 이러한 평가는 한나라 시기에 이르러서야 분절된 지식이 하나의 원리에 수렴되고, 본격적으로 체계화되기 시작했

2. 胡孚琛 主編, 『中華道教辭典』, 中國社會科學院出版社, 1995, 元氣 항목, p.445 참조.
3. 거자오광 지음, 이동연 외 옮김, 『중국사상사』, 일빛출판사, 2013, pp.543~554 참조.
4. 리쩌허우 지음, 정병석 옮김, 『중국고대사상사론』, 한길사, 2005, pp.27~35 참조.
5. 胡外廬 등 著, 『中國思想通史』 권1, 人民出版社, 1992, p.646 참조.
6. 龐朴, 『陰陽五行探原』, 『中國社會科學』, 1984, p.17 참조.

다는 점을 지적한 것이다. 분산되어 있던 지식이 체계화되는 과정에서 중심이 되는 개념이 태을太乙, 태일太一,[7] 태극太極, 음양, 오행 등이다. 이 개념들이 체계화되는 과정 자체가 한대 사상의 주요한 흐름을 이룬다. 이러한 흐름 속에서 원기元氣를 중심으로 한 기화론氣化論이 형성되었다.

한나라 시기에 기론적 체계가 형성된 이유에 대해 이봉호는 통일왕조인 한나라가 건국되면서 전국시대에서 진나라까지 각 제후국과 진나라에서 다양하게 신앙되던 종교들 사이에 통일된 체계의 성립이 요구된다고 분석한다. 이러한 종교적 통일 체계는 한무제 시기 대일통大一統 사상이라는 정치적 이념과 결합되어 기론 체계의 형성으로 이어졌다. 한무제는 권력을 집중하고 자신을 최고 신격으로 설정하기 위해 '태일-음양-오행의 신학 체계'를 구축할 필요가 있었다. 그는 태일신을 최고 신격으로 세우고, 음양을 천일신天一神과 곤일신坤一神으로, 오행을 오제신五帝神으로 해석해 신들의 위계 체계를 형성하는 판테온(Pantheon)을 만들었다. 이것이 대일통사상이 형성되는 근거가 된다. 한무제는 자신을 신격화함으로써 모든 신의 최고 지위인 태일신의 신격으로 두었으며, 당시 유행하던 추연의 오덕종시설에 따라 오행을 신격화하여 오제신으로 삼는 판테온을 구축한 것

---

7. 태일(太一)은 태일(泰一)로 쓰기도 하는데, 태을(太乙)과 같은 말이다. 성수신앙에서 북극성을 태을(太乙)신을 섬겼는데, 이를 한무제 시기에 태일(太一)이라고 부르면서 최고의 신격을 부여했다. 이와 관련해서, 胡孚琛 主編, 『中華道教辭典』, 중국사회과학원출판사, 1995, p.784 태을(太乙) 항목 참조.

이다. 이러한 판테온의 영향은 태일을 근원으로 하는 태일–음양–오행의 체계가 도교의 연단 이론에까지 이어진다. 『주역참동계』[8]에서는 연단 이론을 설명하는 이론으로 역학을 활용하고, 역학 내 음양과 오행 체계를 결합하여 연단의 약물과 화후를 설명하는 한편, 연단 성취의 증거로 태일신으로부터 신선의 자격을 얻는 과정을 이 체계로 완성한다고 본다.[9]

'태일신太一神–천일신天一神 · 곤일신坤一神–오제신五帝神의 체계'와 도교의 연단 이론에서 '태일–음양–오행 체계'는 구조적으로 동일한 것으로 판단할 수 있다. '태일신–음양신–오행신의 체계' 혹은 '태일–음양–오행의 체계'에서 태일은 북극성의 신격이며, 이 신격을 원기元氣나 일기一氣로 이해하면 두 체계의 구조는 동일하게 볼 수 있다. 신神과 기氣 개념은 상호 호환되어 온 역사를 반영해, 신을 기로 파악하거나 기의 응축이 신이라는 사유가 여러 문헌에서 나타난다.[10]

---

8. 『주역참동계』는 동한 환제(146~167)때의 인물인 위백양(魏伯陽)의 저술로 알려져 있으며, 역학, 황노사상 연금술, 내단수련, 의학, 천문학적인 주제가 종합된 책이다. 『주역참동계』의 내용이 다양한 만큼 이를 연구한 주석서도 다양하고, 여타 도가 서적에 미친 영향도 컸다. 심지어는 유가의 역학 이론에도 영향을 미쳐 유불선(儒佛仙)을 함께 닦는 삼도회통(三道回通)의 연구사조 또한 유행하게 되었다.
9. 이봉호, 「『참동계』와 태극(태일)–음양–오행 체계」, 『대순사상논총』, 제37집, 2021 참조.
10. 『주역』「계사상」 5장에서 '음양이 헤아릴 수 없는 것을 신(陰陽不測之謂神)이라 한다"고 설명하듯, 음양의 기의 변화와 신의 개념은 서로 밀접하게 연관되어 있

태극을 원기나 일기로 해석하면 '태극－음양－사시－오행의 체계'도 성립한다. 이 체계는 동중서의 사유에서 나타난다. 동중서는 『춘추번로』에서 '일기－음양－사시－오행의 체계'를 언급하는데, 이 체계에서 '태극'을 곧 '일기'로 이해할 수 있다면, '태극－음양－사시－오행의 체계'가 이미 형성되었음을 주장할 수 있다. 동중서는 "천지의 기는 합해지면 하나가 되고, 나뉘면 음양이 되며, 쪼개지면 사시가 되고, 나열되면 오행이 된다."[11]라고 명시한다. 이 문장에서 '천지의 기는 합해지면 하나가 되고, 나뉘면 음양이 된다'라는 설명에서, 음양으로 나뉘기 이전의 상태가 일기一氣임이 전제되어 있음을 알 수 있다.

동중서의 체계에서 '사시四時'가 포함되어 있다는 점은 앞서 언급한 신학적 체계나 연단의 체계와 차이를 보인다. 이 체계에서 '사시'가 포함되어 있다는 점은 동중서의 사유가 역학易學의 사유에 기반하고 있음을 드러낸다. 이는 「계사전」 상 11장의 '역유태극易有太極, 시생

다. 『黃帝內經/素問/天元紀大論』에서는 이를 보다 구체적으로 밝힌다. "만물이 생겨나는 것을 화라고 하고, 만물이 극에 이른 것을 변화라 하며, 음양을 헤아릴 수 없는 것을 신이라 하며, 신령스러워 방향이 없는 것을 성인이라고 한다(物生謂之化, 物極謂之變, 陰陽不測謂之神, 神用无方謂之聖)" 이와 같이 기와 신 그리고 성인의 관계는 서로 연결되어 해석되며, 음양의 변화·운동이 곧 신의 작용이고, 이는 궁극적으로 성인의 경지와 통하게 되는 것으로 고전에서 설명된다.

11. 『春秋繁露』: 天地之氣, 合而爲一, 分爲陰陽, 判爲四時, 列爲五行.[『춘추번로』의 번역과 인용은 소여 지음, 허호구 윤재환 정동화 옮김, 『춘추번로의증』(소명출판사, 2016)의 번역을 참조해 필자가 재해석하였다. 이하 『춘추번로』의 번역과 인용도 동일하다.]

양의是生兩儀, 양의생사상兩儀生四象, 사상생팔괘四象生八卦.'에서 '태극－양의－사상' 가운데 '사상四象'을 '사시四時'로 해석하고, 여기에 '오행'을 추가한 것으로 이해할 수 있기 때문이다. 동중서가 말한 '일기－음양－사시－오행'이 「계사전」 상 11장의 경문에 대한 재해석이라면, 동중서의 사유에서는 태극을 일기로 이해한 것으로 볼 수 있다.

한대 기화론에서 앞서 언급한 세 체계, 즉 '태일－음양－오행의 신학 체계', '태일－음양－오행의 연단 이론 체계', 그리고 '태극－음양－사시－오행의 체계'는 '음양－사시－오행'의 체계를 공유한다. 여기서 음양은 기의 두 양태, 사시는 기의 흐름에 따라 나타나는 네 계절의 변화, 오행은 그 사계절로부터 파생된 기의 다섯 흐름을 의미한다. 세 체계에서 음양의 배후이자 상위 개념인 태극과 태일을 원기 혹은 일기로 정립한다면, 이들은 '기'라는 공통 성질에 의해 일관된 체계를 이룬 것으로 이해할 수 있다. 이것이 바로 한대의 기화론이다.

'태일과 태극을 원기나 일기로 해석한 내용이 한나라 시기에 실제로 있는가?'라는 질문은 결국, '태일과 태극을 원기나 일기로 해석하게 한 이론이 무엇인가'를 묻는 것과 같다. 구체적으로는, 태일－음양－오행의 체계이든 태극－음양－오행의 체계이든, 그 성립을 위해 태극과 태일을 원기나 일기로 해석하게 만든 이론이 무엇인가를 찾아야 한다는 것이다.

원기, 일기, 혼돈 개념의 발생론적 관계

원기元氣 혹은 일기一氣 개념을 찾아 두 개념의 관계를 정리하면, 원기 혹은 일기 개념은 선진시기 도가 계열의 문헌에 나타난다. 도가 계열의 책들에서 원기와 일기는 크게 두 가지 의미로 사용되었다. 첫째는 생성론에서 원기를 시작점으로 삼아 천지와 만물이 생성된다는 학설이다. 둘째는 천지를 가득 채운 기, 즉 만물에 공통으로 깃든 기의 의미로 원기 개념이 활용된다.

첫째의 예로는 전국시기 은일자인 할관자의 저술인 『할관자鶡冠子』가 있다. 『할관자』「태록」편에서는 "천지가 원기로부터 이루어지고, 만물은 천지로부터 이루어진다."[12]라는 언급이 보인다. 이는 천지가 나뉘기 이전의 원기 상태에서 천지로 분화하고, 천지로부터 만물이 이어진다는 생성론을 설명한 것이다. 『할관자』「태록」편에는 음양이라는 개념은 나타나지 않지만, 원기를 생성론의 시초로 삼은 사유가 최초로 드러난다.

둘째의 예로는 『장자』이다. 『장자』「대종사」편과 「지북유」편에서는 천지의 근원으로 일기가 언급되고, 「지북유」편에서는 천하를 관통하는 것으로 일기가 제시된다. 「대종사」편에서 자상호, 맹자반, 자금장이라는 인물을 평가하면서 공자가, "저들은 이제 조물자와 함

---

12. 『冠子』「泰錄」: 天地成於元氣, 萬物成於天地.

께하는 사람이니, 천지의 근원인 일기에서 노니네."[13]라고 한다. 이 문장에서 천지는 곧 일기로부터 산출됨을 의미한다. 「지북유」편에서는 "천하를 통하는 것은 일기뿐이다."[14]라고 한다. 『장자』「대종사」편과 「지북유」편에서는 일기가 천지의 근원 또는 천하를 통하는 본질로 제시되었다.

『할관자』에서 원기라는 개념은 천지가 나뉘기 이전의 혼돈 상태의 기를 의미한다. 이 혼돈 상태란 천지가 아직 나뉘지 않은, 하나로 존재하는 상태를 뜻한다. 즉, 천지가 미분화된 상태의 기를 원기로 본 것이다. 혼돈이라는 용어는 『장자』「응제왕」편에서도 "천지가 분화되지 않은 상태의 모습으로 제시된다."[15] 『장자』「응제왕」편에서 혼돈에 대한 주석은 "혼돈을 합하여 조화로운 모습"[16]이라고 주석하는데, 이는 천지가 나뉘기 이전에 천지가 조화를 이루며 합하여 있는 상태를 가리킨다. 결국 이는 천지로 나뉘기 전의 일기 상태를 혼돈으로 이해한 것이다. 이와 같이 도가 계열의 사유에서는 혼돈과 일기가 동일한 의미로 사용되었음을 확인할 수 있다.

이러한 상태의 원기를 일기一氣라고 표현한 것이 『장자』에서 인용된 문장들의 의미이다. 『장자』에서 천지의 근원을 일기라 하는 것은,

---

13. 『莊子』「大宗師」: 彼方且與造物者爲人, 而遊乎天地之一氣.
14. 『莊子』「知北遊」: 通天下一氣耳.
15. 『莊子』「應帝王」: 南海之帝爲儵, 北海之帝爲忽, 中央之帝爲渾沌. 儵與忽時相與遇於渾沌之地, 渾沌待之甚善. 儵與忽謀報渾沌之德, 曰 人皆有七竅以視聽食息此獨無有, 嘗試鑿之. 日鑿一竅, 七日而渾沌死.
16. 『莊子集解』: 渾沌, 以合和爲貌.

천지의 근원이란 천지가 나뉘기 전의 상태를 의미하며, 그것은 천지가 하나로 존재하는 상태이므로 일기라고 한 것이다. 천지가 하나로 섞여 있는 상태가 하나의 기氣라는 뜻이다. 따라서 원기와 일기는 그 의미가 동일하다.

생성론에서 일기와 음양 개념이 함께 등장한 예는 『노자하상공장구老子河上公章句』이다. 『노자하상공장구』에서는 "만물이 모두 원기를 갖추고 있다"[17]라고 하여, 원기와 일기 개념을 동일하게 보았다. 『노자』 42장의 '도생일道生一, 일생이一生二, 이생삼二生三, 삼생만물三生萬物'에 대해 "도가 처음으로 낳은 것은 일이고, 일이 음과 양을 낳으며, 음양이 조화로운 기, 맑은 기, 탁한 기의 세 기를 낳으니, 하늘과 땅과 사람이 함께 만물을 낳는다."라고 주석한다.[18]

『노자하상공장구』에는 원기라는 용어도 등장한다. 『노자』 2장의 '생이불유生而不有'라는 문장에 대해, "원기가 만물을 낳되 소유하지 않는다."[19]라고 주석한다. 이 내용을 42장 주석과 비교하면, 만물을 낳는 근거인 천지인, 천지인의 근거인 세 기, 세 기의 근거인 음양, 음양의 근거인 일, 일의 근거인 도로 거슬러 올라간다는 점을 알 수 있다.

『노자하상공장구』의 사유에서는 만물 속에 도道가 보편적으로 작용

---

17. 『道德經』 42장 : 冲氣以爲和에 대한 주석, 萬物之中皆有元氣.
18. 『道德眞經注』: 道始所生者一也, 一生陰與陽也. 陰陽生和清濁三氣, 分爲天地人也. 天地人共生萬物夜.
19. 『道德眞經注』: 元氣生萬物而不有.

하고, 그 작용에서 일기가 나타나므로, 일기에서 원기라는 개념이 시작된다. 이러한 사유는 당나라 시기 이영李榮이 『도덕진경주道德眞經注』에서 "'일一'을 원기와 연결하여, 원기란 아직 둘로 나뉘지 않은 상태"[20]라로 정의하고, 특히 42장 주석에서 "텅 빈 가운데 원기가 움직이니 '도생道生'이라 한다. 원기가 나뉘기 전이므로 일이라 한다"[21]라고 하였다. 그는 "'일一'을 '도道'가 변화하여 생겨난 혼돈의 기"[22]로 여겼다.

『노자하상공장구』에서는 일기와 원기가 동시에 나타나지만, 당대 이영의 주석처럼 원기가 나뉘기 이전의 상태가 곧 일기임을 알 수 있다. 특히 이영은 도를 '일기'인 '혼돈지기混沌之氣'로 파악하여, 원기와 일기를 동일한 것으로 이해했다.

『노자』 42장에서 '일一'을 원기로 해석한 것에 대해 무기타니 구니오(麥谷邦夫)는 후한시대에는 '도'에서 혼원混元한 일기一氣인 '원기元氣'가 생기고, '원기'가 '음양'의 두 기로 분출되어 음양 이기가 섞여 충화의 기와 세 기를 이룬다고 설명한다. 이에 따라 천 · 지 · 인이 생기고, 다시 만물이 생긴다고 하는 생성론이 형성되고 일반에까지 받아들여지게 되었다고[23] 말한다. 혼원한 일기는 곧 원기 개념에 해당하

---

20. 『道德經』 39장 : 昔之得一者, 天得一以清, 地得一以寧, 神得一以靈, 谷得一以盈, 萬物得一以生, 侯王得一以爲天下貞.에 대한 이영의 『道德眞經注』 주석 一, 元氣也. 未分無二, 故言一也.
21. 『道德眞經注』: 虛中動元氣. 故曰道生. 元氣未分, 故言一也.
22. 『道德眞經注』: 元氣未分, 故言一也.
23. 사카데 요시노부 주편, 이봉호 등 번역, 『도교백과』, 파라북스, 2018, p.108 참조.

므로, 원기와 일기는 동일한 의미임을 확인할 수 있다. 도가 계열의 문헌에서는 혼원한 일기를 원기로 표현하며, 이를 천지가 나뉘기 전의 일기로 파악한다. 이러한 관점에서, 일기로부터 음양이기가 나뉘고, 천 · 지 · 인 삼재가 생성되며, 삼재에서 만물로 이어지는 발생론이 성립된다. 이 발생론에서 일기와 음양이기의 관계는 곧 기론으로 체계화된다.

태일 · 태극의 신격화와 우주적 구조, 한대와 도교의 판테온

태일이 처음 등장하는 것은 전국시대 굴원의 작품인 『초사楚辭』이다. 『초사』에 실려 있는 아홉 편의 노래 가운데 「동황태일東皇太一」이라는 제목에 '태일太一'이 등장한다. 그 내용은 "동쪽 황제이신 태일, 길하고 좋은 날에 공손하고 즐겁게 상황上皇에게 제사를 올린다."[24] 라는 것이다. '동황태일'에서 '동황'은 초나라의 태일신 사당이 동쪽에 있음을 의미하고, 제목의 '황'과 본문의 '상황'은 가장 존귀한 신에게 붙이는 명칭으로[25] 해석된다.

한나라 초기에 새로운 판테온을 정립할 필요가 있었을 때 방사方士인 유기誘忌가 한무제에게 최고의 신격으로 태일신을 제시했고, 한무

24. 『楚辭 · 九歌』「東皇太一」: 東皇太一, 吉日兮辰良, 穆將愉兮上皇.

25. 『漢書』: 郊祀志曰, 天神貴者太一. 皇是最尊貴的神的通稱, 太一在楚人中是東方最尊貴的天帝之神.(湯漳平 著, 『出土文獻與楚辭 · 九歌』, 北京: 中國社會科學出版社, 2004, p.14.) 참조.

제는 이를 받아들여 제사를 올리는 사례가 『사기』에 기록되어 있다. 이와 관련하여 한나라 초기의 조신운동造神運動과 한나라 통일 과정에서 제후국마다 각기 달랐던 종교 신앙의 통일 필요성, 정치적으로 한무제의 대일통사상 확립을 위해 그 근거로 태일신이 수용되어 태일신太一神–천일신天一神·곤일신坤一神–오제신五帝神 체계의 판테온이 성립된 것이다.[26]

비록 한무제에 의해 태일이 최고의 신격으로 정립되지만, 『여씨춘추』에서는 태일이 기氣로 해석되기도 한다. 『여씨춘추』「중하기仲夏記」「대악大樂」에서 태일은 음악의 유래를 설명하기 위해 등장한다. 이때의 태일은 기氣로 이해되는데, 이러한 해석의 근거는 『노자』 42장의 발생론에 있다.

『여씨춘추』「중하기」「대악」에서 태일을 언급한 문장은 "태일이 양의를 낳고, 양의가 음양을 낳는다. 음양이 변화하여 한 번은 위로, 한 번은 아래로 움직이고, 이것이 합하여 악곡의 마디를 이루게 된다"[27]라는 것이다. 태일과 양의, 양의와 음양의 관계를 음악의 근원으로 풀이함으로써, "모든 음악은 천지의 화합이고 음양의 조화"[28]라는 사유를 보여준다.

---

26. 이봉호, 「『참동계』와 태극(태일)–음양–오행 체계」, 『대순사상논총』, 제37집, 2021, p.275 참조.
27. 『呂氏春秋』「大樂」: 音樂之所由來者遠矣. 生於度量, 本於太一. 太一出兩儀, 兩儀出陰陽, 陰陽變化, 一上下一, 合而成章.
28. 『呂氏春秋』: 凡樂, 天地之和, 陰陽之調也.

『여씨춘추』「중하기」「대악」에서 태일은 『노자』의 문장을 인용하여 설명하는 내용이 많다. 태일을 설명하는 또 다른 문장에는 "도란 보아도 볼 수 없고, 들어도 들을 수 없으며, 형상으로 만들 수도 없다. 억지로 그것을 태일이라 부른다."[29]라고 되어 있다. "이 문장의 전반부는 『노자』 14장의 문장을 인용한 것이고, 후반부는 『노자』 25장의 '강위지명왈대强爲之名曰大'를 변용한 것이다. 이러한 점 때문에 『여씨춘추』「중하기」「대악」의 '태일－양의－음양'은 『노자』 42장의 도생일道生一, 일생이一生二, 이생삼二生三, 삼생만물三生萬物"[30]의 문장으로 해석하기도 한다. 『여씨춘추』「중하기」「대악」에서 태일을 『노자』의 관점에서 보면, 태일은 『노자』가 말하는 '도생일道生一'의 '일一'이고, 이 '일一'이 '태일'로 해석된 것이다. 즉, 태일이 북극성의 신격이 아니라 일기로 해석되어, 태일에서 음양으로 전개되는 과정으로 이해할 수 있다.

한나라 시기의 저작인 『회남자』「천문훈」, 「본경훈」과 『예기』「예운」에서는 태일 개념이 기의 흐름과 밀접하게 연결되어 나타난다. 『회남자』에서는 태일이 북극성의 신격을 유지하면서, 1년 동안 기의 흐름을 주관하는 존재로 그려진다. 즉, 북극성인 태일이 북두칠성의 자루를 움직여 한 해 동안 기의 흐름을 주관하는 것이다. 『예기』에서는 태

29. 『呂氏春秋』: 道也者, 視之不見, 聽之不聞, 不可爲狀. 道也者, 至精也, 不可爲形, 不可爲名, 彊爲之謂之太一.
30. 이봉호, 「『참동계』와 태극(태일)－음양－오행 체계」, 『대순사상논총』, 제37집, 2021, p.274 참조.

일로부터 음양-사시-오행으로 이어지는 기의 흐름을 예와 연관지어 설명하였다. 태일로부터 오행에 이르는 기의 흐름과 그에 따라 예가 제정되는 과정을 설명하는 내용이지만, 기의 흐름을 태일이 주관하는 것으로 나타난다. 이렇게 보면, 한나라 시기의 저작인 『회남자』와 『예기』에서는 태일이 신격으로 이해됨과 동시에, 1년 동안의 기를 주관하는 존재로 나타난다.

『회남자』「천문훈」에서는 태일이 북극성의 신격으로 이해된다. 하늘에서는 북극성이 북두칠성의 자루를 동지와 하지를 기준으로 하루에 1도씩 움직여 365와 4분의 1도에 이르러 한 해를 이루는 것으로 설명된다. 땅에서는 정월부터 그믐달에 이르는 과정에서 동지와 하지를 기준으로 음기와 양기의 변화가 서술되고 있다.

구체적인 내용을 살펴보면, "태미성은 태일의 궁정이고, 자궁성은 태일이 거처하는 곳으로 설명된다. 자궁성(즉, 태일)에서 북두성을 잡고 좌선하며, 하루에 1도씩 움직여 하늘을 한 바퀴 환주한다. 동지에는 태양이 준랑산에 있고, 하지에는 우수산에 있게 된다. 이렇게 365와 4분의 1도를 움직이면 한 해가 되는 것이다."[31]

이 설명은 천체의 운행을 태일이 주관하여 1년 동안 주천周天하는 내용이다. 태양을 중심으로 일어나는 12달의 변화와 동지와 하지를 중심으로 음기와 양기의 운동과 변화를 설명하고 있다. "태양이 동지

31. 『淮南子』「天文訓」: 太微者, 太一之庭也. 紫宮者, 太一之居也. …… 太微者主朱雀, 紫宮執鬥而左旋, 日行一度, 以周於天. 日冬至峻狼之山, 日移一度, 凡行百八十二度八分度之五, 而夏至牛首之山. 反覆三百六十五度四分度之一而成一歲.

점에 이르면 음기가 극성하고 양기가 싹을 틔우고, 태양이 하지점에 이르면 양기가 극성하고 음기가 싹을 틔운다"[32]라고 한다. 이러한 내용은 태일신을 중심으로 한 천체의 운행과 태양의 운동에서 일어나는 기의 변화를 음양의 변화로 해석한 것이다.

『회남자』「본경훈」에서는 태일이 천체의 운행을 주관하는 것과 같이, 제帝는 태일을 본받아 천지와 음양, 사계절과 육률六律을 통괄하는 존재로 그려진다. 왕王은 음양을 본받아 천지에 참여하며, 해와 달과 함께 나란히 천하의 풍속을 바로잡는 존재로 묘사된다. 패覇는 사계절을 본받아 사계절에 따라 만물이 육성되는 것처럼 어리석은 자와 불초한 자도 용납하는 존재로 제시된다. 군君은 육율을 사용하는 자로서 난을 징벌하고 포악함을 금지하며, 어진 이를 등용하고 불초한 이를 물리쳐 올바르게 다스리는 존재로 그려진다.[33]

이 내용은 태일로부터 음양, 음양으로부터 사시, 사시로부터 육률로 이어지는 흐름을 황제에서 왕, 왕에서 패, 패에서 군의 직분에 각각 배당한 것이다. 여기서 육률을 『여씨춘추』「대악」의 관점으로 보면, 도량형과 12율에 해당한다. 음악에서 육률은 12율을 의미하며,

32. 『淮南子』: 日冬至則斗北中繩, 陰氣極, 陽氣萌, 故曰冬至爲德. 日夏至則斗南中繩, 陽氣極, 陰氣萌, 故曰夏至爲刑. 陰氣極, 則北至北極, 下至黃泉, 故不可以鑿地.

33. 『淮南子』「本經訓」: 帝者體太一, 王者法陰陽, 覇者則四時, 君者用六律, 秉太一者, 牢籠天地, 彈壓山川, 含吐陰陽, 伸曳四時, 紀綱八極, 經緯六合, 覆露照導, 普汎無私, 蠉飛蠕動, 莫不仰德而生. 陰陽者, 承天地之和, 形萬殊之體, 含氣化物, 以成埒類, 贏縮卷舒, 淪於不測, 終始虛滿轉於無原. 四時者, 春生夏長, 秋收冬藏, 取予有節, 出入有時, 開闔張歙, 不失其敍, 喜怒剛柔, 不離其理.

12율은 양률과 음률로 구분된다. 12율의 양률과 음률이 음양의 조화로 악곡의 마디를 이루게 된다. 군이 육율을 사용한다는 것은 음악의 음양적 조화에 따라 나라를 다스린다는 의미로 볼 수 있다. 이런 해석이 가능하다면, '태일-음양-사시-육률'의 흐름은 기의 흐름으로 이해할 수 있다.

『예기』「예운」에서 말하는 태일의 성격을 살펴보면, 「예운」편은 기, 음양, 오행, 사시의 변화 등을 바탕으로 예를 설명하는 내용이 중심이다. 「예운」편에서는 천지의 운행을 설명할 때 음양 개념을 사용하고, 사계절과 열두 달의 변화를 오행의 운행으로 풀이한다.[34] 천지와 그 천지 사이에서 일어나는 사계절과 열두 달의 변화를 기의 흐름으로 파악하고, 이 기를 다시 음양과 오행으로 이해하는 것은 『예기』가 한나라 시기의 기론에 영향을 받았음을 보여준다. 『예기』는 서한 말기에 편집되기 시작하여 동한 말기 마융에 의해 현재의 체제와 모습으로 정리되었다. 특히 「예운」편은 한나라 시기의 기론이 어떻게 체계화되었는지를 생생하게 반영한다.

「예운」편에서 인간을 정의하는 내용을 보면, "인간은 천지의 덕과

34. 『禮記』「禮運」: 故聖人作則, 必以天地爲本, 以陰陽爲端, 以四時爲柄, 以日星爲紀, 月以爲量, 鬼神以爲徒, 五行以爲質, 禮義以爲器, 人情以爲田, 四靈以爲畜. 以天地爲本, 故物可擧也. 以陰陽爲端, 故情可睹也. 以四時爲柄, 故事可勸也. 以日星爲紀, 故事可列也. 月以爲量, 故功有藝也. 鬼神以爲徒, 故事有守也. 五行以爲質, 故事可復也.[『예기』의 번역과 인용은 성백효 역주, 『예기』(전통문화연구회, 2021)의 번역을 참조해 필자가 재해석하였다. 이하 『예기』의 번역과 인용도 동일하다.]

음양의 결합, 귀신의 모임, 오행의 빼어난 기로 이루어진다."[35]라고 설명한다. 인간에 대해 천지의 덕, 음양, 오행의 기가 차례로 나열되고, 음양과 오행 가운데 빼어난 기를 갖춘 존재가 곧 인간이라고 정의한다. 인간을 정의해 나가는 과정에서 음양-오행의 위계가 드러나며, 이 음양-오행의 위계는 예의 근본을 설명하는 내용에서는 태일-천지-음양-사시의 순서로 설명된다.

> 이러한 까닭에 예는 반드시 태일에 근본을 둔다. (태일이) 나뉘면 천지가 되고, (천지가) 운행하면 음양이 되며, (음양이) 변화하면 사시가 된다.[36]

이 문장에서 '태일-천지-음양-사시'라는 구조가 드러난다. 「예운」편의 다른 문장에서는 "오행과 사시, 열두 달이 서로 돌아가며 근본이 되고, 오성, 육률, 12관이 서로 돌아가며 궁을 이룬다."[37]라고 서술되어 있다. 이는 『여씨춘추』에서 태일과 음악의 육률 관계를 태일-음양-사시-육률의 흐름으로 설명한 것과 밀접한 관련을 보인다. 「예운」편에서도 오행, 사시, 열두 달, 오성, 육율, 12관이 궁이 된다고 함으로써, 1년 동안의 기 흐름과 음악의 육율을 결합하고 있음을 알 수 있다. 이러한 내용은 『여씨춘추』의 관점이 한나라 시기에 기

---

35. 『禮記』「禮運」: 故人者, 其天地之德, 陰陽之交, 鬼神之會, 五行之秀氣也.
36. 『禮記』「禮運」: 是故夫禮必本於太一, 分而爲天地, 轉而爲陰陽, 變而爲四時, 列而爲鬼神. 其降曰命, 其官於天也.
37. 『禮記』「禮運」: 五行四時十二月, 還相爲本也. 五聲六律十二管還相爲宮也.

론과 결합하여 천지의 기 흐름과 오성, 육률을 통합적으로 해석하게 된 것으로 볼 수 있다.

결국 태일－천지－음양－사시－오행의 체계는 태일이 주관하는 기의 흐름에서 형성된 것임을 의미한다. 이는 기의 운동과 변화를 태일로부터 오행으로 이어지는 체계로 포착한 것으로 볼 수 있다.

한나라 시기에는 태극이 기화론의 영향으로 원기나 일기로 해석되기 시작한다. 한나라 이전엔 태극이 개념어가 아닌 술어로 사용되었다. 한나라에 들어서면서 태극이 개념으로 사용되고, 기로 해석된 근거는 「계사전」상 11장 때문이다. 한나라 이전에 '태극'이라는 단어가 나온 책은 『장자』「대종사」편 뿐이며, 이때의 '태극'은 도를 형용하는 술어였다. 예를 들어, "도가 '한없이 높지만(太極)', 도는 높은 척하지 않는다."[38]라는 문장에서 태극이 술어로서 등장한다.

태극이 개념어로 정립된 것은 「계사전」상 11장의 '역유태극易有太極, 태극생양의太極生兩儀, 양의생사상兩儀生四象, 사상생팔괘四象生八卦.'라는 문장 때문이다. 「계사전」의 성립 시기에 대해 대부분의 학자는 전국 말기에 쓰이기 시작하여, 전한시대에 완성된 것으로 본다.[39] 일반적으로 「계사전」상 11장의 문장은 시초점을 치는 과정 혹은 단계를 뜻하는 것으로 해석된다. 이는 「계사전」상 9장에 나오는 시초점 치

38. 『莊子』「大宗師」: 夫道, 有情有信, 無爲無形. 可傳而不可受, 可得而不可見. 自本自根, 未有天地, 自古以固存. 神鬼神帝, 生天生地. 在太極之先而不爲高, 在六極之下而不爲深, 先天地生而不爲久, 長於上古而不爲老.

39. 이봉호 지음, 『주역의 탄생』, 파라아카데미, 2021, p.172 참조.

는 과정에 수목數目과 연계하여 이해되기 때문이다. 이러한 해석은 「계사전」의 두 문장에 대한 일반적인 이해이다. 그리고 「계사전」상 9장과 11장의 문장을 결합하면 시초점을 치는 과정에서 특정한 단계를 태극－양의－사상으로 파악할 수 있다.

태극 · 일기에 대한 역학적, 수목적 해석과 그 발전

「계사전」의 내용은 태극, 음양, 사상, 팔괘 등 우주 생성의 각 단계를 상징적으로 설명하는 점법적 구조와도 깊이 연관된다. 실제로 주역의 시초점을 치는 법에서는 각 단계가 구체적 수數와 절차를 통해 구현되어 있으며, 그 과정 자체가 태극 · 음양 · 사상 · 팔괘의 구조와 직결된다.

> ㉠ 대연의 수는 50개이지만, 그 중 실제로 사용하는 것은 49개이다. ㉡ 이를 둘로 나누어 하늘과 땅, 양의를 상징한다. 한 손에서 한 개를 떼내어 따로 두어 하늘 · 땅 · 인간의 삼재를 상징한다. ㉢ 나머지 시초를 네 개씩 덜어내니 사계절을 상징한다. 네 개씩 덜어낸 나머지 시초를 손가락 사이에 끼운 다음, 두 손의 나머지 시초를 내려놓아 윤달을 상징한다. …… ㉣ 네 번 점을 쳐서 역을 이루고, 18번 변화를 거쳐 괘를 이루니, 팔괘로 작게 괘를 만든다.[40]

40. 『周易』「繫辭傳」 제9장 : 大衍之數五十, 其用四十有九. 分而爲二, 以象兩. 掛一

㉠ 문장에서 시초 50개 중 1개를 사용하지 않고 49개를 사용하는데, 사용하지 않는 1개를 따로 뽑아내는 단계를 '태극'의 단계로 보는 것이다. ㉡ 문장에서 49개의 시초를 임의로 둘로 나누는 단계를 '음양'으로 보는 것이다. ㉢ 문장에서 시초를 네 개씩 덜어내는 단계를 '사상'으로 보는 것이다. ㉣ 문장에 사영십팔변四營十八變하는 단계를 팔괘의 생성으로 보는 것이다. ㉠에서 ㉣까지의 과정은 일반적으로 시초점을 쳐서 소성괘를 얻는 과정이다.

진라이(陳來)는 태극과 양의와 사상은 시초점을 치는 과정에서 하나의 범주라고 말한다.[41] 그는 대연지수大衍之는 수목數目, 즉 아직 기수와 우수가 나뉘지 않은 상태, 시초들이 뒤섞여 나뉘지 않은 상태를 지칭하며, 이는 64괘의 가장 원초적인 근원이라고 설명한다. 시생양의是生兩儀는 이를 나누어 둘로 만듦(分而爲二, 以象兩)에 해당하며, 49개의 시초를 임의적으로 두 부분으로 나눈 상태라고 말한다. 양의생사상兩儀生四象은 네 개씩 섭시하여 사시를 상징함(揲之以四, 以象四時)에 해석되며, 두 부분으로 나눈 시초를 네 개씩 나누어 한 묶음으로 만드는 단계라고 한다. 사상생팔괘四象生八卦는 18번 변하여 괘를 이룸(十有八變而成卦)에 해당하며, 이는 여러 번 시초점을 경영하여 여섯 효를 뽑으면 괘가 성립된다고 말한다. 결국 진라이는 태극－양의－사상－팔괘는 대연의 수에서 6효의 괘를 뽑아내는 과정으

以象三. 揲之以四, 以象四時. 歸奇於扐, 以象閏 …… 四營而成易, 十有八變而成卦, 八卦而小成.

41. 朱伯崑 主編, 『周易通釋』, 崑崙出版社, 2004, p.155 참조.

로 이해한 것이다.

이러한 일반적 이해와 달리, 태극－음양－사상－팔괘를 발생론적 체계로 해석하는 경향이 한나라 시기에 나타난다. 대연의 수 '50'을 구성하는 각 수목을 해석하면서 '태극'을 '천의 생기(天之生氣)' 또는 '북극성(태일)'으로 본다거나, '양의'를 '춘추' 또는 '일월'로 해석하는 경우, '사시'를 사계절로 보면서 '사시'에서 '오행'이 생성된다고 보는 사례들이 등장한다. 이러한 경향은 왕충의 『논형』「담천」에서 확인할 수 있다. 왕충은 당시 역이나 유학을 논하는 사람들이 원기를 언급하거나 일기를 말하는 사례를 인용해 다음과 같이 설명한다.

> 역을 논하는 사람들은 원기가 아직 나뉘지 않아, 혼돈이 하나인 상태라고 한다. 유가 문헌에서도 또 어둑한 기가 흐릿하다고 하여, 기가 아직 나뉘지 않은 상태를 뜻한다. 기가 나뉘어 떨어지면 맑은 것은 하늘이 되고, 탁한 것은 땅이 된다. 역을 말하는 사람들의 주장과 유가 문헌의 설명에 따르면, 천지가 비로소 나뉠 때는 그 형체는 작고 서로 거리가 가까웠다고 한다.[42]

왕충의 이러한 언급은 당시 유학자들이 역학을 기론적으로 해석

42. 『論衡』「談天」: 說易者曰元氣未分, 渾沌為一. 儒書又言溟涬濛, 氣未分之類也. 及其分離, 清者為天, 濁者為地. 如說易之家, 儒書之言, 天地始分, 形體尚小, 相去近也.[『논형』의 번역과 인용은 성기옥 역주, 『논형』(동아일보사, 2016)의 번역을 참조해 필자가 재해석하였다.]

한 사례를 예로 든 것이다. 위 문장에서 '원기가 아직 나뉘지 않은 것을 혼돈하여 하나인 것'은 '역유태극易有太極'에 해당하고, '기가 나뉘어 떨어져 맑은 것은 하늘이 되고 탁한 것은 땅이 되는 것'은 '태극생양의太極生兩儀'에 해당한다. 이는 태극을 일기로 해석하는 경향을 지적한 것이다. '일' 혹은 '일기'에 대한 사유는 『설문해자』에서도 나타난다. 『설문해자』 '일一' 항목에서는 "일은 오직 태시이니, 도는 그 일에서 세워져, 하늘과 땅을 나누어 만들고, 만물이 변화하여 이루어진다."[43]라고 한다. 이에 대해 서개徐鍇는 『설문해자통석說文解字通釋』에서 '태시'를 '태극'으로 고치면서,[44] "'일'은 천지가 아직 나뉘지 않은 것으로 태극생양의의 태극이다."[45]라고 주석한다.

「계사전」상 11장의 '역유태극易有太極, 태극생양의太極生兩儀, 양의생사상兩儀生四象, 사상생팔괘四象生八卦.'에서 태극을 일기로 해석되는 경향이 나타났다면, 「계사전」 상 9장의 시초점을 치는 내용에 대해서도 기론적 해석이 보인다. 시초점을 치는 과정에서 대연수 50을 해석하는 사유에서 이러한 현상이 드러난다.

유흠은 『한서』 「율역지」에서 대연수 50을 다음과 같이 해석한다. "원시元始는 상으로서 1이 되고, 춘추春秋는 2가 되며, 삼통三統은 3이 되고, 사시四時는 4가 된다. 이것들을 합하면 10이 되고, 오체를 이룬

43. 『說文解字』: 一惟初太始, 道立於一, 造分天地, 化成萬物.
44. '有初太始'를 '有初太極'으로 수정하면서, 최초의 처음 출발점이 되는 것을 태극이라고 한다고 주석한다.(『說文解字通釋』, 有初太始 初始出發点 所謂太極)
45. 『說文解字通釋』: 一者, 天地之未分, 太極生兩儀.

다. 이 5에 10을 곱하면 대연의 수가 된다."[46] 그리고 원시의 '1'을 사용하지 않는 것은 '하늘이 생성하는 기(天之生氣)' 때문이라고 한다.

반면, 한나라 시기 학자 마융은 태극太極, 즉 북극성北極星을 '1'로, 태극에서 양의를 생성하는데 이것이 '2', 양의가 일월日月을 생성하는데 역시 '2', 일월이 사시四時를 생성하는데 이 사시가 '4', 사시가 오행을 생성하는데 이 오행이 '5', 오행이 12개월을 생성해서 이 12개월이 '12', 12개월이 24절기節氣를 생성해 이 24절기가 '24'라고 본다. 북극성의 수부터 24절기의 수까지 모두 합하면 (1+2+2+4+5+12+24=50) 50이 된다고[47] 본다. 마융은 북극성에 상응하는 수로 '1'을 제시하고, 그 '1'을 사용하지 않는 이유도 설명한다. 마융은 태극을 1, 즉 일기로 보고 일기로부터 24절기까지 이르는 기론적 체계로서 대연수 50을 해석하였다.

이렇게 볼 때 「계사전」 상 9장의 시초점법에서 대연수 50 해석 역시 태극을 원시元始의 1로 보거나, 태극의 1로 보든지 모두 일기라는 관점에서 접근하고 있음을 확인할 수 있다. 이는 「계사전」 상 11장의 태극을 일기로 본 사유가 시초점법을 설명한 「계사전」 상 9장까지 확대된 것으로 이해된다. 「계사전」 상 11장에서 태극을 일기로 보는 것과 마찬가지로, 대연수 50에서 사용하지 않는 하나의 시초 역시 일기一氣로 해석하는 것이다.

---

46. 『漢書』「律曆志」: 是故元始有象一也, 春秋二也, 三統三也, 四時四也. 合而爲十, 成五體. 以五乘十, 大衍之數也.
47. 朱伯崑 主編, 『周易通釋』, 崑崙出版社, 2004, p.34 참조.

한대 태극에 대한 해석은 당대에 이르러 공영달의 『주역정의』에 수용된다.[48] 공영달은 「계사전」상 11장의 '역유태극易有太極, 시생양의是生兩儀, 양의생사상兩儀生四象, 사상생팔괘四象生八卦.'에 대해, "태극은 천지가 나뉘기 이전, 원기가 섞여 하나로 된 상태이니, 바로 태초이며 태일이다."[49]라고 주석한다. 공영달의 주석은 한대 기화론의 흐름이 역학에 도입되면서 태극을 원기나 일기로 해석한 사유를 수용한 결과다.

이처럼 「계사전」 상 11장의 내용은 한대 기화론을 체계화하며, 일기 개념을 공유함으로써 태극–음양–(사상)–오행의 체계가 형성되는 주된 근거가 되었다. 이것은 『노자』 42장의 생성론과 함께 참조되면서 기화론 형성을 뒷받침한 것으로 이해된다.

한대 이후 동양 우주론의 발전 과정에서는 원기 · 태일 · 태극부터 음양 · 오행에 이르는 개념들이 논리적으로 체계화되고, 각 사상가와 문헌에서 다양한 해석과 융합이 이루어졌다. 특히 한대에 이르러 원기 · 태일 · 태극을 바탕으로 한 기화론이 마련되면서, 음양과 오행 역시 큰 틀에서 하나의 우주론적 체계로 융합되었다. 이제 다음 절에서는 이러한 사상적 토대를 바탕으로 음양과 오행이 구체적으로 어떻게 결합하여 전개되는지 그 과정을 살펴본다.

48. 朱伯崑, 『周易哲學史』 上冊, 北京:北京大學出版社, 1986, p.75 참조.

49. 『周易正義』: 太極謂天地未分之前, 元氣混而爲一, 即是太初、太一也.

02

음양과 오행의 결합

음양오행의 기원 초기에는 음양과 오행이 각각 독립적으로 발전하였으며, 두 개념은 별개의 사유 체계로 인식되었다.

음양오행론의 결합 시기와 방식에 대해서는 학자마다 다양한 견해가 나타난다. 이 문제를 규명하기 위해 주요 고전의 저작 연대를 검토하고, 각 고전의 결합 논리를 비교 · 분석하고자 한다. 특히, 『관자』, 『여씨춘추』, 『회남자』, 『춘추번로』, 『백호통의』 등 고전에서 음양오행 사상의 전개 과정을 추적한다.

전국시대에 쓰였다고 하는 『관자』에는 초기 음양오행 결합 양상이 나타난다. 이에 대해 서복관은 "이 사상이 추연에서 비롯되어 후학들에 의해 더욱 발전했으며, 그 사상적 흐름이 『여씨춘추』 「십이기」 첫 편에 반영되었을 가능성이 크다."[50]라고 하였다. 『관자』 「유관」편의 여러 문장에서는 음양과 오행이 서로 결합하여 하나의 사유 체계를 형성하고 있다. 이 사유 체계는 천지 → 음양 → 사시四時로 이어지며, 음양설은 정精과 신神의 실질을 설명하는 근거가 되고, 오행설은

50. 徐復觀, 『兩漢思想史』 제2권, 臺灣學生書局, p.7 참조.

세계의 형식적 완전성을 드러내는 틀로 작용한다. 이 사유 체계는 이후『여씨춘추』,『회남자』,『춘추번로』,『백호통의』로 계승되어, 음양오행 사상이 점차 완성된 체계로 정립된다.

음양오행설이 결합된 분명한 기록은 한대 동중서의『춘추번로』이다. 동중서는 '천지의 기氣는 합해져서 하나가 되고, 나뉘어서 음양이 되며, 쪼개져서 사시四時로 되고, 나열되어 오행五行이 된다'고 하여 천지－음양－사시오행의 생성 구조의 논리를 제시하고 있다.[51]

『회남자』의 천지 → 음양 → 사시에서『춘추번로』의 소양: 목, 태양: 화, 소음: 금, 태음: 수의 배속을 거쳐『백호통의』에서 오행을 음양에 온전하게 배속함으로서 오행과 음양이 서로 배합하는 방식이 최종적으로 확정되었다.[52]

이처럼 음양과 오행의 결합에 관한 논의는 시기마다 다양한 관점과 해석이 존재한다. 초기에는 음양과 오행이 각각 독립적인 범주로 인식되었으나, 이후『관자』,『여씨춘추』,『회남자』,『춘추번로』,『백호통의』등 여러 고전에서 두 개념의 연결 고리가 다양한 방식으로 제시되었다. 이들 고전의 결합 논리를 비교 · 분석함으로써, 음양과 오행의 결합 구조와 그 사상적 발전의 흐름을 종합적으로 이해할 수 있다.

---

51. 이정재,「陰陽五行論의 형성과 이의 응용연구」,『한국문화연구』7권, 경희대학교민속학연구소, 2003, p.184 참조.
52. 은남근 지음 이동철 옮김,『오행의 새로운 이해』, 범인문화사, 2000, p.102 참조.

1.『관자』의 음양오행 체계

『관자』는 진나라 이전 여러 사상가들의 언행을 모은 책으로, 내용이 매우 광범위하다. 전국시대(기원전 475~221)에서 진 · 한 시대에 걸쳐 편찬되었으며, 법가 · 유가 · 도가 · 음양가 · 명가 · 병가 · 농가 등 다양한 관점을 담고 있다.『관자』는 원래 86편이었으나 10편이 분실되어 현재 76편이 전한다.『관자』에서는 '음양'이라는 두 글자가 자주 등장한다. 천지의 규칙성, 사시 및 낮밤의 변화, 국가 정책의 흥망성쇠 등 모든 원인을 음양으로 해석한다.

『관자』 연구로 대표적인 논문은 류명월劉明月의「종사시편간관자음양오행사상從四時編看管子陰陽五行思想」이 있다. 이 논문은 크게 세 가지 내용으로 구성된다. 첫째, 관자 이전에는 음양과 오행이 각자의 다른 방식으로 전개 · 발전되었음을 정리한다. 둘째, 관자에서는 음양과 오행이 도식적으로 결합된다는 점을 분석한다. 셋째, 이러한 전개는 관자 이전의 음양과 오행사상을 계승하면서 이후 본격적 결합을 여는 계기가 된다는 데 의의가 있다.

류명월은『관자』의 여러 편에 흩어진 음양, 오행, 사시 관련 문장들을 모아 정리하며, 음양과 오행의 결합이 이루어지고 있음을 주장한다. 예를 들어, "'음양이란 천지의 큰 이치이며, 사시란 음양의 큰 벼리이다. 형덕이란 사시의 합함이다. 형과 덕이 때에 합하면 복을 낳고 어기면 화를 낳는다(陰陽者, 天地之大理也. 四時者, 陰陽之大經也. 刑德者, 四時之合也. 刑德合於時則生福, 詭則生禍-四時編)'라는 문장, '춘하추동은 음양이 미루어 옮겨감이며, 때의 장단은 음양이 이롭게 쓰이다. 낮과 밤의 바뀜은 음양의 조화이다(春夏秋冬, 陰陽之推移也. 時之長短, 陰陽之利用也. 日夜之易, 陰陽之化也－乘馬編)', '서방을 진이라고 하며, 그때는 가을이며, 그 기는 음이다(西方曰辰, 其時曰秋, 其氣曰陰)', '양인 봄에 농사일을 비로소 시작한다(陽春農事方作－地數編)', '남방을 일이라고 하며, 그때는 여름이며, 그 기는 양이고, 양은 화와 기를 생성한다(南方曰日, 其時曰夏, 其氣曰陽, 陽生火與氣)'"[53] 등에서, 음양 · 사시 · 오행의 결합이 드러난다고 본다.

이 논문에서는 『관자』의 각 편에 산재해 있는 음양, 오행, 사시 관련 문장을 종합하여 이들 요소의 결합 과정을 논증하고 있다. 또한 저자는 음양과 오행의 결합이 『관자』에서 최초로 시도된 것이며, 이후 이 결합이 발전함을 지적한다. 다만, 음양과 사시, 그리고 오행 결합이 완전한 사상적 · 이론적 체계를 이루지는 못했으며, 이 요소들의 결합 시도 자체에 의의가 있음을 강조한다.

『관자』「사시」편에서는 "음양이란 천지의 큰 조리이고, 사시란 음양의 큰 법칙이다."[54]라고 하였다. 『관자』「추언」편에는 "만물은 음양 두 가지가 생성되어 셋이 되어 살아간다, 선왕들은 일음이양을 사용한

---

53. 劉明月, 「從四時編看管子陰陽五行思想」, 黑龍江大學校 석사학위청구논문, 2023 참조.
54. 『管子』「四時」: 陰陽者, 天地之大理也 四時者, 陰陽之大經也.(번역 인용은 유재현 외 역, 『管子』(영신사, 2006)를 참조하여 필자가 보완하였다. 이하 『管子』번역 인용도 동일하다.)

것이다. 폐자는 모두 양을 쓰는 것이고, 왕자는 한 번은 양을, 한 번은 음을 썼다. 그렇게 되면 국토를 일부 빼앗기는 경우가 있고, 음을 다 쓴 사람은 국토를 다 잃는다."[55]라고 하여, 음양으로 왕도와 폐도의 국가 사업의 성패를 해석했다.

『관자』「승마」편에서는 "음양을 이용하여 자연현상의 변화를 해석하고, 춘추동하 사계절은 음양의 변화이며, 각 계절의 길고 짧음은 음양을 이롭게 쓴 것이고, 낮과 밤이 바뀌는 것은 음양의 변화이다."[56]라고 하였다. 이는 음양이라는 범주가 매우 광범위하게 적용되고 있음을 보여준다. 요컨대 『관자』는 음양과 오행을 결합하는 초기 단계이고 이를 통해 천지와 사계절의 이치와 법칙으로 인식한다.

> 음양이란 하늘과 땅의 큰 이치이고, 사계절이란 음양의 큰 법칙이다. 동방은 별이라 말하고, 그 계절은 봄이라 말하고, 그 기는 바람이라 말한다. 바람은 나무와 뼈를 낳는다.[57]
>
> 춘하추동은 음양이 미루어 이동하는 것이고, 계절의 길고 짧음은 음양의 상호작용이며, 낮과 밤이 바뀌는 것은 음양의 변화이다. 그러므로

---

55. 『管子』「樞言」: 凡萬物, 陰陽兩生而參(三也)視(生存､生活). 先王用一陰二陽者, 霸;盡以陽者, 王;以一陽二陰者, 削;盡以陰者, 亡.
56. 陳德述, 「略論陰陽五行學說的起源與形成」, 四川省社會科學院哲學研究所 四川成都 610071, 第33 卷第2期 Vol.33. No.2 西華大學學報(哲學社會科學版), 2014, p.3 참조.
57. 『管子』「四時」: 陰陽者, 天地之大理也, 四時者, 陰陽之大經也. 東方日星, 其時日春, 其氣日風, 風生木與骨.

음양은 바른 것이며, 비록 바르지 않더라도 남는 것은 덜 수 없고, 부족한 것은 보탤 수 없다. 하늘과 땅은 덜거나 보탤 수 없다. 그러므로 정치를 바르게 하는 것은 땅이다.[58]

음양이 미루어 이동하거나 상호 작용하면서 사계절의 변화와 낮과 밤의 교체를 설명한다. 이는 음양 개념을 천과 지의 구조적 이치로, 사계절의 변화를 음양의 이동과 상호작용으로 설명하여 천지와 사계절이 음양의 작용임을 설명해 낸다.

『관자』에서는 오행도 논한다. 『관자』에서는 사시를 오행五行, 십간十干, 오방五方에 배당하고, 오행을 활용해서 오령五令, 오음五音, 오미五味, 오색五色, 오사五事 등 다양한 생활 · 정치의 측면에 적용했다. 『관자』에는 '음양'이라는 표현이 18회, '오행'이 2회 출현한다. 그중 음양오행 사상이 집중적으로 드러나는 부분은 「유관」, 「사시」, 「오행」, 「경중기」 네 편이다.

먼저, 「유관」은 음양오행을 사시와 정령 체계에 처음 적용한 편으로, 왕이 계절마다 행해야 할 의례나 의복, 음악, 음식 등을 규정하여 자연 질서와 정치 질서를 일치시키려 한 '시령합정時令合政'의 사상을 보여준다.

다음으로, 「사시」는 사시교령사상을 중심으로, 오행을 계절의 운행

---

58. 『管子』「乘馬」: 春秋冬夏, 陰陽之推移也, 時之短長, 陰陽之利用也, 日夜之易, 陰陽之化也. 然則陰陽正矣, 雖不正, 有餘不可損, 不足不可益也, 天地莫之能損益也. 然則可以正政者地也.

과 결부시켜 봄·여름은 양, 가을·겨울은 음으로 배속하는 등 음양과 오행의 실질적 결합을 시도하였다. 「오행」 편은 오행의 연원과 배속을 체계화하여 1년 360일을 오행에 각각 72일씩 배분하였으나, 실제 계절 운행과의 괴리가 남아 있어 수적 균형에 치중한 면이 있다.

마지막으로 「경중기」는 1년을 팔절八節로 나누어 시기별 제사, 의복, 제물, 행정 규범 등을 기술함으로써 음양오행이 구체적 의례와 행정 체계에 융합되는 양상을 보여준다.

『관자』 「유관」

「유관」은 총 10개 단락으로 나뉘며, 각각 시령時令과 정치·병법의 내용을 포괄한다. 시령은 왕이 계절마다 입는 의복, 음식, 주거, 행동에 대한 규범, 각 시기별로 필요한 깃발, 병기, 형벌 등 필요한 도구에 대한 설명을 담고 있다.

> 팔거시절에는 임금은 청색 옷을 입고 신맛을 먹고 각성을 듣는다. …… 칠거시절에는 임금은 적색 옷을 입고 쓴맛을 먹고 우성을 듣는다. …… 구화시절에는 임금이 백색 옷을 입고 매운맛을 먹고 상성을 듣는다. …… 육행시절에는 임금이 흑색 옷을 입고 짠맛을 먹고 치성을 듣는다.[59]

---

59. 『管子』「幼官」: 八擧時節 君服青色 味酸味 聽角聲 …… 七擧時節 君服赤色 味

동 · 남 · 중 · 서 · 북의 오방과 목 · 화 · 토 · 금 · 수가 서로 짝이 되는 형식에 따라, 각기 순서에 맞추어 계절마다 마땅히 반포해야 하는 각종 정령의 의례를 상세히 규정하였다. 다만 「유관」에서는 오행 가운데 토를 중앙에 두었지만, 사계절 중 어디에 두는지, 토의 역할과 일수 배정에 대해서는 구체적으로 언급하지 않는다.

「유관」은 정령과 의례 등을 시령에 합치시키려는 모색은 하였으나, 토의 역할 및 위치와 일수 배정 등은 해결하지 못하였다. 그러나 「사시」는 「유관」에 비해 사시에 대한 설명이 구체적이고 실질적이며, 사시를 목화금수에 배치하는 것도 더 명확하다. 특히 편제상 토를 여름과 가을의 중간에 배치해 오행상생의 순환 서열을 분명하게 밝혔다.[60]

「유관」은 음양오행을 사시와 정령 체계에 처음 적용한 편으로, 자연 질서와 정치 행위를 일치시키려는 '시령합정時令合政' 사상을 보여주지만, 토土의 위치 규정이 미완인 점에서 후대 「사시」편으로 이어지는 과도기적 단계라고 판단한다. 하지만 「사시」편에서 토의 위치가 확정되므로, 「유관」편과 「사시」편은 시기적으로 편차를 보이는 점을 확인할 수 있다.

苦味 聽羽聲 …… 九和時節 君服白色 味辛味 聽商聲 …… 六行時節 君服黑色 味鹹味 聽徵聲.

60. 오청식, 「『관자』의 음양오행이론에서 時와 政의 合一과 '四時五行循環式'에 관한 연구」, 『원불교사상과 문화』 제90집, 원광대학교 원불교사상연구원, 2021, p.417 참조.

『관자』「사시」

「사시」에서는 '때에 힘써 정치를 펼친다'는 사시교령사상에 따라, 군주가 각종 정령을 반포할 때는 반드시 '사시음양의 법칙'에 부합해야 함을 강조한다. 『관자』에서 오행을 사시에 배합하는 것은 엄격히 천문의 운행과 사시 절기 변화에 맞추어 기술된다.

「사시」편에서는 1년을 4계절로 나누고 중앙의 토를 덧붙여 5개 부분으로 구분했으며, 각 시기에 맞는 정령을 천문과 계절의 운행에 따라 상세히 규정했다. 다음은 각 계절의 정령에 대한 구체적인 서술이다.

> 동방을 별이라 하고, 그때를 봄이라 하고, 그 기를 풍이라 하고, 풍이 목과 뼈를 생성한다. 그때 행할 일은 신을 모신 신위들이나 조상 사당들을 수리 · 청소하며 오래됐고 낡은 것을 폐기하며, 삼가 기도하고 정양을 우두머리로 삼아, 제방을 다스리고, 식물을 심고 밭을 갈며, 도랑을 청소하고, 강이나 큰 냇물의 둑을 정비하고, 기와나 지붕을 수리하여 물이 통하게 하고, 원한을 해소하고 죄인을 석방하여 사방이 통하게 한다.[61]

이처럼 봄은 만물이 소생하는 계절로, 생산 활동이 시작되는 계절

61.『管子』「四時」: 東方曰星, 其時曰春, 其氣曰風, 風生木與骨. …… 其事號令, 修除神位, 謹禱獘梗, 宗正陽, 治隄防, 耕芸樹藝, 正津梁, 修溝瀆, 甃屋行水, 解怨赦罪, 通四方.

임을 보여준다. 실제로 식물을 심고, 청소 및 수리 작업 등이 봄의 정령으로 제시되어 있다.

> 남방을 태양이라고 말하고, 그때는 여름이라고 말하며, 그 기는 양이라고 말하며, 양은 불과 기를 낳는다. 그때 일은 상을 내리고 관직을 부여하며 녹봉을 내리되, 그 지방이나 고향에 따르게 하며, 삼가 제사들을 다루며, 공과를 계산해서 현명한 자에게 상을 내려, 양기를 돕게 한다. 중앙을 토라 하며, 토의 덕은 사계절을 실질적으로 돕는다. …… 토의 덕은 조화롭고 고르며 널리 쓰이므로 중정하여 사사로움이 없으니, 사계절을 실지로 돕는다. 서방은 별자리라 말하며, 그때를 가을이라고 하며, 그 기를 음이라고 말하며, 음은 금과 갑을 생성한다.[62]

여름은 만물이 성장하는 계절로, 봄에 뿌린 씨앗이 잘 자라도록 장려하는 시기이다. 이 시기에는 공이 있는 자에게 상을 주고 관직을 부여하며, 생산을 촉진하는 정령이 시행된다.

이 인용문에 주목할 점은 '중앙의 토'가 등장한다는 것이다. 인용문에 따르면, 중앙의 토는 사계절에 모두 관여하며 사계절을 돕는 덕을 지닌 것으로 나타난다. 사계절에 모두 토의 덕을 배당하고, 토가 사

62.『管子』「四時」: 南方曰日, 其時曰夏, 其氣曰陽, 陽生火與. …… 其事號令, 賞賜賦爵, 受祿順鄕, 謹修神祀, 量功賞賢, 以動陽氣. 中央曰土, 土德實輔四時, …… 其德和平用均, 中正無私, 實輔四時, 西方曰辰, 其時曰秋, 其氣曰陰, 陰生金與甲.

계절에 관여하는 사유가 나타났다. 그러면서 토의 덕을 중앙이며, 사계절을 돕는 것이며, 널리 쓰이며 사사로움이 없다고 말한다. 이는 오행 중에서 토의 자리가 중앙에 위치하며, 토가 나머지 사행四行에 해당하는 계절의 운행을 돕는 덕을 지녔고, 이 덕은 사사로움이 없는 것으로 설명한다. 이는 토를 사계절에서 모두 관여하는 것으로 규정한 것이며, '토왕사계土旺四季'의 개념의 원형을 보여준 것이다.

> 서방은 진이라 말하고, 때는 가을이라 말하며, 그 기운은 음이라 말한다. 음은 금과 껍데기를 낳으며, 그 덕은 근심과 슬픔, 조용하고 바름, 엄숙하고 순응, 거처에 감히 방탕하지 않음이다. …… 이것이 진의 덕이며 진은 모으는 것을 주관하는데, 모으는 것은 음이다. …… 따라서 가을 석 달은 경신의 날로 다섯 가지 정령을 선포한다. 제1정령은 박색을 금하고, 소변을 금하며, 역기를 다툰다. 제2정령은 오병의 칼날을 보이지 않는다. 제3정령은 여농을 신중히 하고 취수를 즐겁게 한다. 제4정령은 창고의 균열을 보수한다. 제5정령은 담장을 수리하며 문을 둘러본다. 이 다섯 정령이 만일 때에 맞으면 오곡이 모두 들어온다.[63]

가을은 결실의 계절로, 풍작을 저장하고 보호하는 정령이 시행된

63.『管子』「四時」: 西方曰辰, 其時日秋, 其氣曰陰, 陰生金與甲, 其德憂哀, 靜正,嚴順, 居不敢淫佚. 此謂辰德. 辰掌收, 收為陰. …… .是故秋三月以庚辛之日發五政, 一政, 曰禁博塞, 圉小辯, 鬥譯跽. 二政, 曰毋見五兵之刃, 三政, 曰慎旅農, 趣聚收, 四政, 曰補缺塞坼, 五政, 曰修牆垣, 周門閭, 五政苟時, 五穀皆入.

다. 서방은 가을, 음의 기운으로 경신庚辛을 날로 삼아 정령을 선포하며 오곡을 저장하고 지키는 제도가 중시된다.

> 북방은 월, 때는 겨울이라고 말하며, 기운은 차갑다고 말한다. 차가움은 물과 피를 낳으며, 그 덕은 순박하고 따뜻하게 용서하며 세심하다. …… 이는 월의 덕이며 월은 벌을 주관하고 벌은 차갑다. …… 따라서 겨울 석 달은 임계의 날로 다섯 가지 정령을 선포한다. 제1정령은 고아와 홀아비를 배려하고 노인을 구휼한다. 제2정령은 음의 기운에 잘 순응하고 사당을 수선하며, 작록을 부여하고 준비된 자리를 준다. 제3정령은 회계에 힘쓰고, 산천의 저장물을 꺼내지 않는다. 제4정령은 강간하고 숨은 자를 체포하고 도적을 잡은 자에게 상을 준다. 제5정령은 도주를 금하고 유민을 방지하며 따로 갈라지는 것을 막는다. 이 다섯 정령이 만일 때에 맞으면 겨울 일은 지나침이 없고, 구하는 것을 반드시 얻으며, 싫어하는 것은 반드시 제압할 것이다.[64]

겨울은 수렴의 계절이므로 형벌을 집행하고 질서를 바로잡는 정령이 도입된다. 각 계절마다 음양과 오행에 맞는 정령이 시행되어 사회

64.『管子』「四時」: 北方曰月, 其時曰冬, 其氣曰寒, 寒生水與血, 其德淳越溫怒周密, …… 此謂月德, 月掌罰, 罰為寒. …… 是故冬三月以壬癸之日發五政, 一政, 曰論孤獨, 恤長老. 二政, 曰善順陰, 修神祀, 賦爵祿, 授備位, 三政, 曰效會計, 毋發山川之藏, 四政, 曰捕姦遁, 得盜賊者有賞, 五政, 曰禁顫徙, 止流民, 圍分異. 五政苟時, 冬事不過, 所求必得, 所惡必伏.

질서와 생산, 저장, 복지 등 국가의 주요 제도가 맞물려 있음을 보여준다.

「사시」편은 음양과 오행의 계절 배속이 가장 큰 특징이다. 봄 · 여름은 양, 가을 · 겨울은 음으로 각각 계절에 배속한 것이다. 오행에서는 천간을 계절에 배속했는데, 춘삼월은 갑을甲乙로, 하삼월은 병정丙丁으로, 추삼월은 경신庚辛으로, 동삼월은 임계壬癸로 한다는 것이다. 간지 중 지지는 언급이 아직 없다. 하지만 천간을 음과 양으로 구분하지 않았으므로 음양과 오행이 결합되었다고 보기는 어렵다. 오행을 각 계절에 배속해 봄 · 여름에는 양, 가을 · 겨울에는 음을 각각 대응했을 뿐이다. 오행의 계절 배속에서 오행과 계절의 수적 불일치 문제도 지적된다. 이명재는 "토의 덕은 실제로 사계절의 입출을 돕는 것이라고 하면서 토를 별도로 배속하지 않고 여름에 포함시켰다. 결과적으로 토가 주관하는 계절이 없게 되고, 이에 따라 별도의 정령을 설정하지 않았다."[65]라고 평가한다.

그러나 앞에서 인용한 여름과 관련된 내용의 단락을 나누어 보면, 토가 여름에 배당된 것이 아님을 알 수 있다. 앞의 인용문에서 여름을 설명하는 내용과 토를 설명하는 내용이 다르기에 단락을 구분지어 이해하는 것이 적절하다.

단락을 구분지어 토와 관련해 정리하면, 토는 사계절에 모두 작용

65. 李明載, 「『管子』의 陰陽五行論」, 『東洋學』 第69輯(2017年10月) 檀國大學校 東洋學研究員, p.157 참조.

하는 덕을 지녔으며, 널리 쓰이고 사사로움이 없는 것으로 설명된다. 이는 토가 사계절을 돕고 관여하는 덕을 지녔음을 의미한다. 이를 후대에서 '토왕사계土旺四季'라고 한다.

토왕사계는 오행학설에서 토를 사계절의 특정한 시기에 배당하지 않고 각 계절의 말미에 18일씩 배당하여, 이를 오행에서 토로 규정하는 이론이다. 이러한 토왕사계의 개념적 원형이 『관자』「사시」에 나타났다. 이는 오행을 사계절에 나누어 배분하면서 각 계절의 속성을 오행의 각 행들의 속성과 일치시켜 배분하였지만, 토는 각 계절의 속성을 모두 포함하기 때문에 이러한 배분이 이루어진 것으로 이해할 수 있다.

다른 측면에서는 고대 농경사회에서 농업을 중시한 사유로 토지신을 숭배하여 그에 해당하는 토를 중시했다. 토를 집안의 한 가운데 배치하거나 궁중의 한 가운데 배치하고, 이를 '중류中霤'라고 부르거나 음력 6월의 토왕일에 토지신에게 제사를 지냈는데, 이 제사를 '중류제中霤祭'라고 부른 것이다.[66] 이 역시 토를 오행 가운데 중앙에 배당해 중시하고, 토가 사계절에 관여하고 나머지 네 행을 주관하도록 한 사유의 반영으로도 볼 수 있다. 특히 토가 사계절에 관여하고, 오행에서 토기가 왕성한 날인 토왕지절土旺之節 개념은 이러한 시령사상에서 기인한 것으로 이해된다.

---

66. 羅竹風 主編, 『漢語大詞典』, 漢語大詞典編纂處編. 漢語大詞典出版社, 1993, 전자판, 【中霤】항목 p.1,013 참조.

또한 1년의 날수를 360일로 삼고, 오행에 각 72일을 배당한다. 중앙의 토는 사행에 18일씩 배당하여 4행에 모두 관여하는 것으로 설명한다. 가령 입춘 전의 18일을 토왕의 절(土旺之節)이라고 불렀는데, 입하와 입추, 입동 전의 18일 역시 토왕의 절로 불렀다. 토를 중시한 사유는 '개화改火' 혹은 '반화頒火' 의식과도 관련된다. 동양 사유에서 왕실은 절기에 맞게 기존의 불씨를 끄고 새로운 불씨를 만들어 관아官衙 신하들에게 불씨를 나누어 주는 의식을 행하였는데, 이를 '찬목개화鑽木改火' 혹은 '반화頒火'라고 불렀다. 불씨를 새롭게 만드는 날은 입춘일과 입하일, 계하의 토왕일, 입추일, 입동일로 정해져 있었다. 계하의 토왕일土旺日, 즉 6월달에 토왕일도 개화에 속한다는 것이다. 개화의 대상이 되는 나무는 계절별로 달랐다. 입춘에는 버드나무판에 느릅나무로 불을 일으키고, 입하에는 살구나무판에 대추나무로 불을 일으키고, 토왕일에는 산뽕나무판에 뽕나무로 불을 일으키고, 입추에는 참나무판에 가락나무로 불을 일으키며, 입동에는 박달나무판에 홰나무로 불을 일으켰다. 이는 토를 중시해 새롭게 불씨를 일으키는 개화의식에 포함시킨 것을 알 수 있다.[67] 오행에서 토의 중심성을 강조하며, 왕실이 사계의 '토왕일'마다 다양한 나무로 새 불씨를 만들어 나눠주던 개화改火 의식은 동양적 시간관과 제사의례의 대표적 실례이다.

이처럼 『관자』「사시」편은 음양과 오행을 계절에 배속한 것이 가장

67. 羅竹風 主編, 앞의 책, 전자판【改火】항목 p.11,415 참조.

큰 특징이다. 이는 음양과 사시를 결합하면서 사계절의 변화를 포착하고 시령사상과 결합하려한 사유가 나타난다. 특히 토를 사계절에 관여하는 것으로 설명한 것이 그 특징이다.

『관자』「오행」

「오행」 편에서는 오행의 연원과 각각의 배속 및 의의를 다음과 같이 설명한다. 오성五聲에서 오행으로 이어지는 체계를 만들어서 천시를 바로 잡고, 이에 따라 관직을 세워 조화를 이루고자 한 것이다.

> 옛날 황제는 그 완급으로 오성을 만들었다. …… 오성이 조화를 이룬 연후에 오행을 세워 천시를 바로 잡고, 오관으로 사람의 위치를 바로 잡을 수 있다. 사람과 하늘이 조화를 이룬 연후에 천지가 올바르게 생겨난다.[68]

「오행」편에서는 오성이 먼저 만들어지고, 그 뒤에 오행이 생긴 것으로 설명한다. 이어 계절의 오행 배속을 구체적으로 제시한다.

> 동지에서 갑자를 보면 목행의 기운이 주관한다. …… 72일로 끝나 병

68. 『管子』「五行」: 昔黃帝以其緩急, 作五聲, …… 五聲旣調, 然後作立五行, 以正天時, 五官以正人位,人與天調, 然後天地之美生.

자를 보면 화의 기운이 주관한다. …… 72일로 끝나 무자를 보면 토의 기운이 주관한다. …… 72일로 끝나 경자를 보면 금의 기운이 주관한다. …… 72일로 끝나 임자를 보면 수의 기운이 주관한다. …… 72일로 끝나 갑자를 보면 목의 기운이 주관한다.[69]

이와 같은 배분 방식은 1년을 오행에 균등하게 분배해 「유관」이나 「사시」에서 나타나는 계절-오행 숫자 불일치 문제를 해결하려는 시도처럼 보인다. 사계절을 사행(목, 화, 금, 수)에 배당하고, 토를 사계절에 모두 관여한다고 전제하고 이 인용문을 살펴보면, 봄인 목에 72일을 배당하고, 여름인 화에 72일을 배당하며, 가을인 금에 72일을 배당하고, 겨울인 수에 72일을 배당하면, 1년의 날 수에서 대략 72일 정도가 부족하다. 이 부족한 72일을 토에 배당하고, 토가 사계절에 관여하는 것으로 계산하면 1년의 날수 360일이 된다.[70] 이는 오행을 사계절에 배당하고 1년 날수에 배당하려 한 시도임을 알 수 있게 한다.

「오행」 편에서는 그에 맞는 계절별 의기를 다음과 같이 설명한다.

천자가 정령을 내려 …… 관리의 현명함과 무능함을 가리며, 축적한 재

69. 『管子』「五行」: 日至, 睹甲子木行御. …… .七十二日而畢, 睹丙子, 火行御. …… 七十二日而畢, 睹戊子, 土行御. …… 七十二日而畢, 睹庚子, 金行御. …… 七十二日而畢, 睹王子, 水行御. …… 七十二日而畢, 睹甲子, 木行御.

70. 1년의 날수를 360일로 계산하고 이를 오행에 설명하는 체계이다. 1년을 365일로 계산하는 체계는 한나라 시기에 본격적으로 논의가 진행된다.

> 물을 풀어서 나라 안의 백성들에게 상을 내린다.[71] 천자가 명령을 내려 …… 전답의 수로를 파고 나루터에 다리를 놓는다. 비축된 물품을 풀어 상을 내린다.[72] 천자가 명령을 내려 …… 형벌과 상을 내리지 않고 농사일에 힘쓰게 한다. 은혜로운 말을 크게 드러내고 형벌을 너그럽게 하며 벌을 내리는 것을 늦춘다.[73] 천자가 명령을 내려 …… 병장기를 점검하고 군대 조직을 정비하며 군대를 훈련하며, 열 명씩을 하나의 오伍로 묶어 편성하여 사방 경계 안을 정비한다.[74] 천자가 명령을 내려 …… 대나무로 화살을 만들고, 박달나무와 산뽕나무를 베게 하며, 백성을 동원하여 사냥한다. 금수의 크기를 가리지 않고 죽이는 까닭은 천지가 폐장하는 것을 귀하게 여기기 때문이다.[75]

이와 같이 「오행」 편은 계절과 오행, 그리고 각 계절에 해당하는 정령과 의기를 구체적으로 밝힌다. 계절별 오행에 따라 천자는 시기마다 적합한 정령을 발표하고 백성을 다스려야 함을 강조하고 있다. 이러한 오행의 운용 원리에 따라 『관자』는 계절별로 군주가 어떠한 옷, 음식, 음악을 통해 오행의 상징을 실천해야 하는지 규정하고 있다.

---

71. 『管子』「五行」: 天子出令 …… 論賢不肖士吏. 賦秘賜賞於四境之內.
72. 『管子』「五行」: 天子出令 …… 令掘溝澮津舊塗. 發臧任君賜賞.
73. 『管子』「五行」: 天子出令 …… 不誅不貞 農事為敬 大揚惠言 寬死刑 緩罪人.
74. 『管子』「五行」: 天子出令 …… 衍組甲厲兵 合什為伍以修於四境之內.
75. 『管子』「五行」: 天子出令 …… 數剰竹箭 伐檀柘 令民出獵 禽獸不釋巨少而殺之所以貴天地之所閉藏也.

「오행」 편은 육십갑자를 기준으로 천간과 오행을 계절에 배속한 점이 돋보인다. 하지만 동지를 시작점으로 72일씩 배속한 결과, 실제 계절 순환과는 괴리가 발생한다. "동지를 기점으로 삼은 것은 주나라의 동지세수冬至歲首 관습을 반영한 것"[76]이다. 표면적으로 오행과 천간이 결합한 것처럼 보이지만, 갑자 등 천간을 단순히 시작일로 삼았을 뿐 지지가 실제 계절에 배속된 것은 아니다. 또한 목, 화, 토, 금, 수의 오행을 각각 72일씩 균등하게 배분한 것은 계절-오행 숫자 불일치 문제를 해결하려는 나름의 해결책이다.

『관자』「경중기」

「경중기」편에서는 1년을 춘시, 춘지, 하시, 하지, 추시, 추지, 동시, 동지 등 8절로 나누고, 각 시기에 맞춰 제사를 지내며 정령을 선포한다.

> 봄이 시작되면 푸른색 옷을 입고 푸른색 면류관을 쓴다. 여름이 시작되면 천자는 누런 옷을 입고 고요히 거처한다. 가을에 이르면 흰색 옷을 입고 흰색 면류관을 쓴다. 겨울이 시작되고 동지가 되면 천자는 검은색 옷을 입고 검은색 면류관을 쓴다.[77]

---

76. 『論語集註』「衛靈公」: 故斗柄建此三辰之月, 皆可以爲歲首而三代迭用之, 夏以寅爲人正, 商以丑爲地正, 周以子爲天正也.

77. 「輕重己」: 春始, 服青而絻青 : 夏始 天子服黃而靜處 : 秋至, 服白而絻白 : 冬始,

「경중기」 편에서 군주가 여름 제사 때 착용하는 의관의 색은 「유관」·「유관도」의 적색과 달리 황색으로 차이가 난다. 숭배 대상도 「경중기」 편과 「사시」 편이 서로 다르다. 예를 들어 「경중기」 편의 봄제사 대상은 일日과 성星으로 중복되고, 겨울제사의 대상은 나타나지 않는다. 제물도 가을에는 서黍와 체彘가 중복되고, 겨울에는 제물 대상이 없다. 음양과 오행의 배속 문제를 살펴볼 때, 「유관」·「유관도」 및 「경중기」 편에서는 계절에 배속하지 않았다. 「오행」 편에서는 오행 전체가 배속되어 있으나, 「사시」 편에서는 토의 덕을 사계절의 입출을 돕는 것으로 보고 계절에 배속하지 않았다. 「오행」 편은 72일씩 오행을 균등하게 배속해 수적 불일치는 해소하였으나, 계절의 실제 운행과는 괴리되는 문제점도 남겼다.

여기서 주목해야 할 점은 각각의 자연현상이었던 음양과 오행이 직접 결합된 것은 아니지만, 계절이라는 틀 속에서 같이 논의되고 있다는 점이다. 『상서』, 『시경』, 『좌씨전』 등 이전 저술에서 음양과 오행은 완전히 별개의 존재였다.[78]

『관자』 각 편의 시령사상에 나타난 음양과 오행의 배속을 정리하여 도식화하면 다음 페이지의 〈표 2〉와 같다.[79]

冬至, 天子服黑絻黑.

78. 李明載, 「『管子』의 陰陽五行論」, 『東洋學』 第69輯(2017年10月), 檀國大學校 東洋學硏究院, p.161 참조.

79. 李明載, 「『管子』의 陰陽五行論」, 『東洋學』 第69輯(2017年10月), 檀國大學校 東洋學硏究院, pp.100~101 참조.

〈표 2〉『관자』 각 편의 음양오행 배속

구분	「幼官」·「幼官圖」					「四時」				「五行」					「輕重 · 己」			
季節	春	夏	五和	秋	冬	春	夏	秋	冬	72일	72일	72일	72일	72일	春	夏	秋	冬
五色	青	赤	黃	白	黑										青	黃	白	黑
五味	酸	苦	甘	辛	鹹													
五音	角	羽	宮	商	徵													
五數	8	7	5	9	6													
五方	東	南	申	酉	北										東	南	酉	北
兵器	矛	戟		劍	弩盾													
祭物															魚	麥	黍彘	
崇拜對象						星	日	辰	月						日星	星	月	
陰陽						陽	陽	陰	陰									
五行						木	火	金	水	木	火	土	金	水				
干支						甲乙	丙丁	庚辛	壬癸	甲子	丙子	戊子	庚子	壬子				

『관자』 음양오행 사상의 특징과 한계

『관자』에서는 음양과 오행이 완전히 결합된 체계로 볼 수는 없지만, 『관자』의 시령사상은 백성을 위한 위민爲民사상에 가까우며, 양덕음형陽德陰刑의 사상을 반영하고 있다. 또한 재이災異를 때에 맞지 않는 정령에 대한 하늘이 내리는 재앙으로 인식함과 동시에, 음양과 오행이 처음으로 추상적 개념으로 성립되었다는 의의를 갖는다.

오청식은 “『관자』 음양오행론의 가장 큰 특징이 음양과 오행의 합류이며, 시령과 정령의 합일이고, 이를 바탕으로 사시오행의 순환상생하는 세계 도식을 지향한다.”[80]라고 하였다. 오청식의 평가는 이명재의 평가와 달리 『관자』에서는 음양과 오행의 합류가 실제로 이루어졌다고 하였다.

또한 “『관자』에서 음양과 오행의 합류 및 시령과 정령의 합일과 관련한 최초의 이론을 제시한 곳은 「유관」이고, 사시 · 오행 · 오방을 결합한 최초의 세계 도식은 「유관도」이다. 「사시」는 사시를 목화금수에 배치한 것이 「유관」에 비하여 더 구체적이고, 토를 여름과 가을 사이에 배속하여 오행상생의 순환 서열을 명확하게 하였다. 「오행」은 「유관」과 「사시」의 기본 도식을 배제하고 1년 360일을 각각의 오행에 72일씩 배분하였는데, 이는 계절 관념이 없는 결함이 있다. 「경중기」는 「유관」, 「사시」, 「오행」과 달리 1년을 팔절八節로 구분한 것이 특징이다.”[81]라고 하였다.

『관자』에는 음양오행 이론의 독특하고 풍부한 내용이 포괄적으로 집약되어 있으며, 그중에서도 가장 중요한 것이 바로 ‘음양형덕’과 ‘무시기정務時寄政’이다. 음양형덕과 무시기정은 내용적으로 음양과 오행이 융합된 독특한 이론 구조를 이루고, 형식적으로 “정령에는 때

---

80. 오청식, 「『관자』의 음양오행이론에서 時와 政의 合一과 ‘四時五行循環式’에 관한 연구」, 『원불교사상과 문화』 제90집, 원광대학교 원불교사상연구원, 2021, pp.393~426(p.34) 참조.
81. 오청식, 앞의 책, p.422 참조.

가 있다."[82]라는 원칙에 따라 춘추시대 이래의 시정사상時政思想 전통을 계승한다.

『관자』 음양 시령사상의 핵심은 춘하추동 사계절의 정령을 어떻게 실행해야 하는가를 음양과 음양의 기에 따른 형덕刑德의 원리에 따라 설명하는 데 있다. 즉, "음양은 천지간의 승강 소식하고 순환하는 규율에 따라 운행하고, 사시는 그 변화 자체가 음양이 순환하는 이치이고 인간 생활에 미치는 영향이 절실하다. 따라서 정령은 시령에 부합하여야 하니, 사시의 변화를 알지 못하면 나라의 기틀을 잃게 되고, 오곡이 때에 따라 생장하는 규율을 알지 못하면 나라가 쇠약해진다. 형벌과 은덕을 시행하는 것도 사시에 부합하면 복이 되고, 부합하지 않으면 화가 된다."[83] 오행의 큰 특징을 사시와 어떻게 결합하는가, 각 계절마다 백성의 실제 삶에 영향을 주는 정령과 의기宜忌를 어떻게 시행해야 하는가에 있다는 것이다.

1년을 크게는 동지로 양의 기운이 시작되고, 하지로 음의 기운이 시작되며, 이를 다시 춘분과 추분으로 나누어 사계절을 음양 두 기운의 소식消息 운동의 징표로 삼았다. "봄과 여름은 생장하고 가을과 겨울은 수장하는 것이 사시의 절도이다. 사시는 언제나 생살을 시행하지 않은 적이 없고, 임금은 언제나 상벌을 시행하지 않은 적이 없

82. 『管子』「四時」: 令有時

83. 오청식, 「『관자』의 음양오행이론에서 '時'와 '政'의 合一과 '四時五行循環圖式'에 관한 연구」, 원광대학교 원불교사상연구원, Vol.90 No.– [2021], p.409 참조.

다."[84] 따라서 임금은 상벌을 시행할 때 반드시 음양형덕의 절도에 따라야 한다.

백해白奚는 「유관」, 「사시」, 「오행」, 「경중기」 네 편의 내용을 종합하여, "자연계의 사시가 흘러가고 인류사회의 농경 교령에까지 미쳐서 그것은 한편으로 오행의 도식으로 안배되어 운용되었던 것이며, 다른 한편으로는 음양 소장의 규칙으로 결정한 것이다. 음양설로 정신적인 실질을 표현하고, 오행설로 형식적인 완전성을 갖춘 세계 도식을 표현했다."[85]라고 말한다.

남위는 현존 문헌을 근거로 "음양과 오행이 결합하는 것은 『관자』 중에서 가장 분명히 나타나며, 『관자』 「유관」편 등의 한 단락의 문장 안에서 음양이 오행과 융합된 음양오행의 일체들이 나타나 있는 것을 볼 수 있다."[86]라고 평가한다.

반면, 사송령은 "직하 황로학의 집대성으로서 『관자』에는 음양, 오행 관념이 모두 나오지만 그것이 통합되어 있지는 않다. 당시의 음양오행사상은 아직 우주와 인생에 대한 관념을 표현하는 보편적인 체계가 아니였기 때문이다."[87]라고 주장한다. 사송령은 남위와 달리 『관자』에서 음양과 오행이 실제로 통합되었다고 볼 수 없다는 견해를 내

---

84. 『管子』「形勢解」: 春夏生長 秋冬收藏 四時之節也 賞賜刑罰 主之節也 四時未嘗不生殺也 主未嘗不賞罰也.
85. 白奚, 「稷下学研究」, 三聯書店, 1998, pp.234~249 참조.
86. 南偉, 「論陰陽五行之起源」, 青島大學 碩士學位請求論文, 2006 참조.
87. 양계초, 풍우란외 지음, 김홍경 편역, 『음양오행설의 연구』, 신지서원, 1993, p.504 참조.

놓았다. 위와 같이 주요 학자들은『관자』 음양오행사상의 결합과 통합 여부에 대해 상이한 관점을 보인다.

『관자』에서 계절과 방위는 모두 오행과 서로 결합된 것이었으니, 남방과 여름은 화와 결합하고 서방과 가을은 금과 결합되었다. …… 남방 곧 여름의 기가 양이라면 화는 당연히 양에 속한다. 그리고 서방 곧 가을의 기는 음이니 그와 결합되는 금은 당연히 음에 속한다. 하지만 목 · 토 · 수 3가지의 속성이 어떠한가에 대해서는『관자』에서 여전히 언급하지 않고 있다. 음양과 오행을 서로 결합하는 그 방법은 후대인에 의해 계승되고 발전되었다.[88] 은남근 또한 목 · 토 · 수의 속성이『관자』에서 언급하지 않았기 때문에 음양과 오행이 결합하지 않았다고 보았다.

『관자』는 화와 금에 대하여 음양을 명시했지만, 목 · 토 · 수에 대하여는 음양의 구분을 언급하지 않았는데 음양과 오행의 배속 관계는 후대의 사람들에 의하여 계승되고 발전되었다.[89] 강성인 역시 사송령, 은남근과 마찬가지로『관자』에서 목 · 토 · 수에 대한 음양 구분의 부재를 들어 음양과 오행의 결합이 이루어지지 않았다고 주장하였다.

요컨대,『관자』에서 음양오행이 결합되었다고 보는 학자들도 있으나, 다음과 같은 실제 내용이 확인된다.

---

88. 은남근 지음, 이동철 옮김,『오행의 새로운 이해』, 법인문화사, 2000, p.100 참조.
89. 강성인,「『淮南子』의 음양오행학설과 사주명리의 연관성 연구」, 동방문화대학원대학교 박사학위청구논문, 2017, p.18 참조.

『관자』는 사시를 오행, 십간, 오방에 배속하고, 오행의 개념을 바탕으로 오령, 오음, 오미, 오색, 오사 등 실생활의 여러 방면에 적용하였다. 「오행」편에는 오행을 모두 계절에 배정한 반면, 「사시」 편에서는 토가 사계절의 입출入出을 돕는 존재로 보아 별도의 계절 배속을 하지 않았다. 「사시」 편의 특징은 봄 · 여름은 양, 가을 · 겨울은 음으로 나누어 음양과 오행의 계절 배속을 보다 분명히 드러낸다는 점이다.

천간을 계절에 배속하기는 했으나 천간을 음양으로 구분하지 않아 음양과 오행의 결합은 미완에 가깝다. 오행의 계절 배속에서는 오행과 계절의 숫자 불일치라는 근본적 한계가 남는다. 「유관」편에서는 오행 중 토를 중앙에 배정하는 데 그쳤고, 사계절 내 어디에 둘지, 또 토의 역할을 어떻게 배정할지 구체적인 언급이 없다. 반면 「사시」는 「유관」에 비하여 사시에 대한 설명이 구체적이고 실질적이며, 사시를 목 · 화 · 금 · 수에 보다 명확하게 배치한다. 그 가운데 토는 사계절에 모두 관여하는 것으로 제시되며, 오행을 1년 날수 360에 배당하기 위하여 토의 날 수를 72일로 상정하고 이를 적용한다. 이는 사계절과 오행의 결합을 시도한 것으로 볼 수 있으며, '토왕일土旺日' 개념이 형성된 것으로 이해할 수 있다. 즉, 오행과 사계절을 결합할 때 입춘과 입하, 입추와 입동 전의 각 18일씩을 토기가 왕성한 날로 삼는 사유가 『관자』로부터 연유한 것임을 알 수 있다.

종합하면, 『관자』는 계절 · 방위 · 정치 · 농경 등 사회 전체에 음양오행 관념의 초기 결합 방법을 보여주나, 토의 위치와 음양 구분에서 미완의 한계를 남긴다. 그럼에도 불구하고 시령과 정령의 합일, 사시 오행 순환 원리의 도입은 후대 음양오행 이론과 국가 운영 사상의 토대를 마련했다. 이러한 흐름은 전국 말기 진나라에서 집대성된『여씨춘추』로 이어진다.

2.『여씨춘추』의 음양오행 조직 논리와 배속 구조

전국시대 말기 진나라의 승상 여불위가 학자들을 조직해 편찬한『여씨춘추』는 다양한 학파의 견해를 종합한 백과전서적 저작이다. 이 책은『관자』에서 전개된 오행학설을 한층 더 발전시켜 12기의 월령 체계 안에 오행, 오방, 오색, 오음, 오사 등을 최초로 배당하였다. 그러나 체계적 집대성에 비해 본질적으로 중요한 새로운 이론을 제시하지는 않았다.

『여씨춘추』의 오덕과 월령의 구조화

조주은에 따르면, "『여씨춘추』는 천도와 인도의 관계상 유가와 도가의 천인합일의 유기체적인 관점을 계승하였고, 역사관에서는 음양오행설을 채택하여 역사와 자연을 상호 결합했으며, 반면에 정치 사회관에서는 순자의 사상을 수용하였다. 또한 28수가 처음으로 시간과 공간적으로 배분되고 있다는 점에 주목했다."[90] 서복관은 "십이기에서 보이는 계절과 천간의 분류는 본래 음양과 관계되는 시간이지만, 지상의 만물과 오행을 도식화하면서 상호 연계되고 있다. 각각 이렇게 배당한 데 대한 근본적인 이유는 제시되고 있지 않지만, 이전의 오행 분류의 도식을 집대성한 것으로 보아야 할 것이다. 다만 선행 제자서에 이와 관련된 자료가 산견되고 일부 합리적 측면이 있지만 견강부회의 측면이 많다."[91]라고 진단한다.

손염여의 「논여씨춘추지음양오행설論呂氏春秋之陰陽五行說」에서는 "『여씨춘추』가 백과전서의 성격을 지닌 저작으로 음양오행가, 술수가, 율령파, 병음양파 등의 여러 이론을 음양오행의 관점에서 수용하여 천지인이 일체가 되는 구조를 형성한 점을 규명하고 있다. 『여씨춘추』에서 음양오행 사상은 정치, 군사, 농업, 제사, 천문 현상, 인사, 질병과 양생, 일상생활 등 각 영역에 적용되는 세계 도식"[92]임을 해명하고 있다. 손염여도 지적하듯 『여씨춘추』에서는 오덕종시설의 관점에서 음양과 오행을 논하지만, 오행 순서 문제는 여전히 해결되지 않은 채로 남아 있다. 오행설에 있어 오행상승설과 오행상생설의 개념이 병존하지만, 『여씨춘추』에서 오행상생설은 여전히 명확하게 규

---

90. 조주은, 「陰陽五行의 結合過程 硏究-天人關係論과의 相關性을 中心으로」, 동방문화대학원대학교 박사학위청구논문, 2014, p.72 참조.
91. 徐復觀, 『兩漢思想史』 제2권(「徐復觀先生文集」 제9권), 臺灣學生書局, 1975, p.22 참조.
92. 孫艶茹, 「論呂氏春秋之陰陽五行說」, 河北師範大學校 석사학위청구논문, 2012 참조.

정되어 있지 않다. 이 논문은 음양오행이 세계 구조를 도식으로 파악하고 체계화한 점에 의의를 둔다.

『여씨춘추』에서는 "오행을 오기五氣라고 하였다. 오기란 다섯 가지 성질을 가진 기이다. 이 다섯 가지 기는 세계 속에서 항상 움직이고 있기 때문에 오행이라고 한다. 오행은 모두 본질적으로 기이다. 음양도 역시 기이다. 따라서 그것들은 모두 물질적인 것이다. 이러한 의미에서 음양오행 관념은 중국과학의 발전에 매우 커다란 영향을 주었다."[93]

이어『여씨춘추』는 "음양과 오행을 결합하여 우주 만물을 분류하고 도식화하면서 동시에 인사와 연계시켰다. 내용상으로는 정치, 경제, 사회, 군사, 천문, 지리, 의학, 교육, 역사 등 거의 모든 학문 분야를 포괄하고 있다. 특히 전국시기에 유행하였던,『일주서』,『하소정』,『황제사경』등의 문헌과 추연을 비롯한 직하학자들의 사상이 반영된 관자에 보이는 월령사상을 종합하였다."[94]

또한『여씨춘추』는 "『황제사경』및 후대의『회남자』등과 더불어 황로학파에 속한다. 이 책은 비록 여러 사상가의 학설을 널리 채용한 것은 사실이나, 어디까지나 초기 도가의 사상을 기본 원칙으로 삼고 각 사상의 장점들을 널리 흡수하여 새로운 학설을 형성한 것이다.

---

93. 양계초, 풍우란 외 지음, 김홍경 편역,『음양오행설의 연구』, 신지서원, 1993, p.301 참조.
94. 조주은, 윤무학,「『呂氏春秋』에서의 陰陽과 五行의 結合─十二紀의 月令思想을 중심으로」,『한국철학논집』42권, 한국철학사연구회 2014, p.134 참조.

『여씨춘추』는 노자를 대표로 하는 초기 도가의 사상을 계승함에 있어서도 역시 그대로 이어받은 것이 아니라 새롭게 개조하는 작업을 거쳤다."[95] 이와 같이 『여씨춘추』는 음양오행을 기氣로 파악하여 우주와 인간사, 제도 전반을 도식화하고 분류한 저작으로, 다양한 사상과 학설을 통합해 중국 고대 과학과 사상 체계화에 큰 영향을 미쳤다는 것이다.

『여씨춘추』의 시령 및 오행의 월령 · 방위 배분

『여씨춘추』의 시령 규정과 오행, 왕조별 배치는 구체적 사례와 함께 다음과 같이 전개된다.

> 황제의 때에는, 하늘이 먼저 큰 지렁이와 큰 땅강아지를 보였다. 황제가 말하기를 '토의 기운이 왕성하다!' 토기가 왕성하기 때문에, 그 색인 황색을 숭상하고, 그 모든 일에 토를 본받게 하였다. 우임금 때에 이르러서는, 하늘이 먼저 초목이 가을과 겨울에도 죽지 않은 것을 나타냈다. 우임금이 말하기를 '목의 기운이 왕성하다!' 목기가 왕성하기 때문에, 그 색은 청색을 숭상하고, 일에서는 목을 법칙으로 했다. 탕임금 때에 이르러, 하늘이 먼저 쇠가 수에서 생겨나는 것을 보였다. 탕임금이 말하기를 '금의 기운이 왕성하다!' 금기가 왕성하기 때문에, 그 색인 흰

95. 여불위 지음, 김근 옮김, 『여씨춘추』, 글항아리, 2012, p.19 참조.

색을 숭상하고, 그 일에서는 금을 법칙으로 했다. 문왕의 때에 이르러, 하늘이 먼저 불을 나타냈다, 붉은 새가 붉은 서책을 물고 주나라 제단에 모였다. 문왕이 말하길 '화의 기운이 왕성하다!' 화기가 왕성하기 때문에 붉은색을 숭상하고, 그 일은 화를 법칙으로 한다. 화의 기운을 대신하는 것은 반드시 수이므로, 하늘이 또 먼저 수의 기운이 왕성한 것을 나타냈다. 수기가 왕성하기 때문에, 그 색은 검은 색을 숭상하며, 그 일은 수를 본받는다. 수의 기운이 이르렀으나 굳이 알지는 못하지만, 오행의 숫자들이 갖추어져서 토로 옮겨가려고 한다.[96]

『여씨춘추』「세응」 편은 기본적으로 추연의 오덕종시설의 역사적 진행 과정을 서술한 것이다. 「세응」 편의 고증 결과에 따르면, 이 편은 잃어버린 추연의 원문이나 그의 학설을 참고해 정리된 내용임을 알 수 있다. 앞서 인용한 부분들을 근거로 살펴볼 때, 추연이 오행학설 측면에서 남긴 가장 큰 공헌은 '오덕상생' 학설을 제시한 데 있다.

오덕종시설의 등장은 전국시대의 혼란에서 진대와 한대의 통일기

96. 『呂氏春秋』「世應」: 黃帝之時, 天先見大螾大螻. 黃帝曰: '土氣勝!' 土氣勝, 故其色尚黃, 其事則土. 及禹之時, 天先見草木秋冬不殺. 禹曰: '木氣勝!' 木氣勝, 故其色尚青, 其事則木. 及湯之時, 天先見金刃生於水. 湯日: '金氣勝!' 金氣勝, 故其色尚白, 其事則金. 及文王之時, 天先見火, 赤鳥銜丹書集於周社. 文王曰: '火氣勝!' 火氣勝, 故其色尚赤, 其事則火. 代火者必將水, 天且先見水氣勝. 水氣勝, 故其色尚黑, 其事則水. 水氣至而不知, 數備將徙於土.(번역 인용은 여불위 저, 김근 옮김, 『여씨춘추』(파주:글항아리, 2012년)를 참조하여 필자가 보완하였다. 이하 『여씨춘추』 번역 인용도 동일하다.)

로 이행하는 시대적 요구에 부응하였을 뿐만 아니라, 음양과 오행 사상을 신비주의적 역사철학으로 고도화시키는 계기가 되었다. 또한 『여씨춘추』「십이기」에서는 1년을 춘하추동 사계로 나누고, 각 계절을 맹孟 · 중仲 · 계季의 삼월로 세분하여 자연 변화와 인간의 활동이 음양오행과 연계되는 시령時令의 도식을 제시하였다.

「십이기」는 음양가의 월령月令을 채용하여 편찬 체계로 삼았는데, 이는 『관자』의 「유관」과 「유관도」를 모방하여 쓴 것으로서 각 편의 논문을 춘, 하, 추, 동의 사계절 아래에 분배한 형태다.[97] 이 과정에서 음양과 오행, 천간과 지지를 결합하고, 계하季夏에 중앙 토를 추가 배치함으로써 구조적 모순을 해소하고 월령사상을 보다 완성도 높게 구축했다. 이에 따라 『여씨춘추』의 음양오행론 중 일부는 비록 선진 제자서에 이미 보이는 내용이지만, 전체를 통일적 · 체계적으로 종합했다는 점에서 사상사적으로 중대한 의미를 지닌다.

맹춘孟春의 시령과 중춘仲春의 시령을 요약하면 다음과 같다.

> 태양은 갑을이다. …… 음은 각, 율은 대족, 수는 8, 맛은 신이다. …… 제사 대상은 호이고, 희생 제물은 비脾를 앞세운다. …… 푸른 옷을 입고, 푸른 옥을 장식하고, 보리와 양을 먹는다. …… 입춘일에 천자가 친히 삼공, 구경, 제후, 대부를 거느리고 동교에서 봄을 맞이한다. 돌아와서 조정에서 공경, 제후, 대부에게 상을 내린다. 재상에게 덕을 널리

97. 여불위 지음, 김근 옮김, 『여씨춘추』, 글항아리, 2012, p.27 참조.

알리고, 온화한 명령을 시행하게 하며, 축하와 혜택을 베풀어 백성에게까지 미치게 한다. …… 왕은 농사를 선포하고, 동교의 농사를 맡은 관리에게 땅의 경계를 모두 바로 잡고 농로와 도랑을 바로 잡으라고 명한다. …… 산림, 강, 호수 등에 제사지낼 때 암컷을 제물로 쓰지 말고 벌목을 금지하며, 새집을 허물지 말고 어린 벌레나 알을 죽이지 말며, 새끼나 알을 먹지 말고 사람들을 모아 성곽을 쌓지 않도록 명한다. …… 군사를 동원하지 말라고 명한다.[98]

태양은 갑을이다. …… 음은 각이고, 율은 협종, 수는 8, 맛은 신맛, 냄새는 누린내(羶)다. …… 제사의 대상은 호이고, 제물은 비脾를 앞세운다. …… 푸른 옷을 입고, 푸른 옥을 장식하며 보리와 양고기를 먹는다. …… 관원에게 명령하여 옥사를 점검하고, 수갑과 족쇄를 풀어주고 약탈을 금지하고, 옥사와 송사를 중지시킨다. …… 낮과 밤이 구분되니 도량형을 고르게 하고, 저울추와 평형석을 고르며 두통을 견주고 저울추와 평미레를 바로잡는다. …… 춤과 음악을 가르친다.[99]

98. 『呂氏春秋』「十二紀 · 孟春」: 其日甲乙. …… 其音角, 律中太蔟, 其數八, 其味酸, 其臭羶, 其祀戶, 祭先脾, …… 衣青衣, 服青玉, 食麥與羊. …… 立春之日, 天子親率三公九卿諸侯大夫以迎春於東郊. 還乃賞公卿諸侯大夫於朝. 命相布德和令, 行慶施惠, 下及兆民. …… 天子乃以元日祈穀於上帝. 乃擇元辰, 天子親載耒耜. …… 王布農事, 命田舍東郊, 皆修封疆, 審端徑術. …… 命祀山林 川澤, 犧牲無用牝. 禁止伐木, 無覆巢, 無殺孩蟲胎夭飛鳥, 無麛無卵, 無聚大衆 無置城郭. …… 不可以稱兵.

99. 『呂氏春秋』「十二紀 · 仲春」: 其日甲乙. …… 其音角, 律中夾鐘. 其數八. 其味酸, 其臭羶, 其祀戶, 祭先脾. …… 衣青衣, 服青玉, 食麥與羊. …… 命有司, 省

계춘季春의 시령을 요약하면 다음과 같다.

> 태양은 갑을이다. …… 그 음은 각이고, 율은 고세이며, 그 수는 8이다. 맛은 신맛이고, 냄새는 누린내이며, 제사의 대상은 호이고, 제물은 비를 앞세운다. …… 푸른 옷을 입고, 푸른 옥으로 치장하며, 보리와 양을 먹는다. …… 사공에게 명하여, 때에 맞는 비가 오면 하수가 위로 오를 수 있으니 나라의 읍을 순행하여 들판을 두루 살피고 제방을 수리하며, 도랑을 잘 흐르게 하고, 도로를 개통하여 막히지 않도록 한다. 밭에서 수렵할 때는 그물과 주살 및 독약을 가지고 구문을 나가지 않는다. …… 관리에게 명하여, 뽕나무를 베지 않는다. …… 황소와 수말을 각각 교배시킨다.[100]

춘삼월의 오행 배속은 12율만 다르고, 그 외에 음音, 숫자, 맛, 제사 대상, 제물, 의복 색상, 옥의 색, 곡식, 육식 등은 동일하게 정해진다. 춘삼월 시령의 초점은 만물이 소생하는 시기에 맞게 생명의 씨앗을 뿌리는데 있다. 맹춘은 생명을 중시하고 농사를 준비하는 시기로

囹圄, 去桎梏, 無肆掠, 止獄訟. …… 日夜分, 則同度量, 鈞衡石, 角斗桶, 正權概 …… 上丁, 命樂正, 入舞舍采. …… 中丁, 又命樂正, 入學習樂.

100. 『呂氏春秋』「十二紀 · 李春」: 其日甲乙. …… 其音角, 律中姑洗其數八. 其味酸, 其臭羶, 其祀戶, 祭先脾. …… 衣青衣, 服青玉, 食麥與羊. …… 命司空日, 時雨將降, 下水上騰, 循行國邑, 周視原野, 修利隄防, 導達溝瀆,開通道路, 無有障塞, 田獵罼弋, 罝罘羅網, 餧獸之藥, 無出九門. …… 命野虞, 無伐桑柘. …… 乃合纍牛騰馬游牝於牧.

서 군사를 동원하면 반드시 하늘의 재앙이 있음을 경계한다. 중춘에 옥사를 중지시키는 것은 노동력을 농업에 집중시키기 위함이며, 계춘季春에는 제방과 수리시설을 정비하고, 수렵 시 그물이나 독약 사용을 금지하는 것은 생산기 생명을 보호하여 가을의 수확을 증진하려는 의도이다.

맹하孟夏의 시령과 중하仲夏의 시령을 요약하면 다음과 같다.

> 태양은 병정이다. …… 음은 징이고, 율은 중려이다. 그 수는 7이고, 그 본성은 예이다. 맛은 쓴맛이다. …… 제사의 대상은 조이고, 제물은 폐를 앞세운다. …… 적색 옷을 입고 적색 옥을 차며 콩과 닭을 먹는다. …… 길이를 잇고 높이를 더하며, 무너뜨리거나 망가뜨리지 마라. 토목 공사를 일으키지 말고 대중을 모으지 않고, 큰 나무를 베지 않는다. …… 짐승을 몰아내어 오곡에 피해가 없게 한다. …… 약초를 채취하여 저장한다.[101]

> 태양은 병정이다. …… 음은 징이고, 율은 유빈이며, 수는 7이고, 맛은 쓴맛이다. …… 제사의 대상은 조이고, 제물은 폐를 앞세운다. …… 붉은 옷을 입고 붉은 옥을 차며 콩과 닭을 먹는다. …… 북을 수리하고 거문고와 비파를 고르게 한다. …… 남쪽에서 불을 내지 않고, 높고 밝은

101. 『呂氏春秋』「十二紀 · 孟夏 : 其日丙丁. …… 其音徵律中仲呂. 其數七. 其性禮. 其味苦. …… 其祀竈, 祭先肺. …… 衣赤衣, 服赤玉, 食菽與雞. …… 繼長增高, 無有壞隳. 無起土功, 無發大衆, 無伐大樹. …… .驅獸無害五穀. …… 聚蓄百藥.

곳에 거처하고, 멀리 조망한다.[102]

계하季夏의 시령을 요약하면 다음과 같다.

> 태양은 병정이다. …… 음은 징이고, 율은 임종이며, 그 수는 7이고 맛은 쓰다. …… 제사의 대상은 조이고, 제물은 폐를 앞세운다. …… 붉은 옷을 입고 붉은 옥을 차며, 콩과 닭을 먹는다. …… 염색과 자수, 문양 등은 반드시 제도와 옛 법도를 지켜라. …… 큰일을 일으켜 기운을 흐트리지 말고, 때에 맞지 않는 명령을 내서 농사일을 방해하지 마라.[103]

계하의 시령에서는 특별히 토에 대한 배정이 나타난다. "중앙은 토이고, 태양은 무기이다. …… 음은 궁이고, 율은 황종이며, 수는 5이고, 맛은 단맛이다. …… 제사의 대상은 중류中霤이고 제물은 심장을 앞세우며 …… 황색 옷을 입고 황색 옥을 차며 기장과 소고기를 먹는다."[104] 등이다. 여기서 '중앙'이라는 말의 해석에 따라 토의 계절 배

---

102. 『呂氏春秋』「十二紀 · 仲夏」: 其日丙丁. …… 其音徵. 律中蕤賓. 其數七. 其味苦. …… 其祀竈, 祭先肺. …… 衣朱衣, 服赤玉, 食菽與雞. …… 修鞀鞞鼓, 均琴瑟管簫, …… 無用火南方. 可以居高明, 可以遠眺望.
103. 『呂氏春秋』「十二紀 · 季夏」: 其日丙丁. …… 其音徵. 律中蕤賓. 其數七, 其味苦, …… 其祀竈, 祭先肺. …… 衣朱衣, 服赤玉, 食菽與雞. …… 染采, 黼黻文章, 必以法故. …… 無舉大事, 以搖蕩於氣. 無發令而干時, 以妨神農之事.
104. 『呂氏春秋』「十二紀 · 季夏」: "中央土, 其日戊己. …… 其音宮. 律中黃鐘之宮, 其數五. 其味甘, …… 其祀中霤, 祭先心. …… 衣黃衣, 服黃玉, 食稷與牛."

정이 달라지게 된다. 계하 한 달 내의 중앙으로 본다면, 한 달을 열흘씩 상순, 중순, 하순으로 나누고 중순에 토를 배속한 셈이 된다. 반면 1년 전체에서 중앙으로 해석하면, 계하와 맹추 사이, 즉 1년 내에서의 특정 기간을 토에 할당한 것이라 볼 수 있다. 이렇게 해석하면 그 기간이 며칠인지는 명확하지 않으나 하루 이상 30일 미만으로 추정할 수 있다.

하삼월夏三月의 오행 배속은 음, 숫자, 맛, 제사 대상, 제물, 옥의 색, 곡식, 육식 등은 동일하고, 여름옷의 색상과 12율만이 서로 다르다. 하삼월의 시령은 봄에 뿌린 만물의 생명이 온전히 성장함에 초점을 둔다. 맹하孟夏에는 토목공사를 일으키지 말고 대중을 동원하지 말며, 큰 나무를 베지 않고, 짐승을 쫓아내는 등 작물 성장에 방해가 되는 행동을 금한다. 중하仲夏에는 악기를 수리하고, 불조심하라고 명시한다. 계하季夏에는 큰일을 만들어 기운을 어지럽히지 말고, 명령을 내리는 일로 농사를 방해하지 말라고 한다.

맹추 · 중추 · 계추의 시령을 정리하면, 추삼월秋三月의 오행 배속은 음, 숫자, 맛, 제사 대상, 제물, 옷의 색, 옥의 색, 곡식, 육식 등이 같고, 12율만 각각 다르다. 추삼월의 시령은 봄 · 여름에 기른 곡식을 수확 · 저장하며, 형벌의 집행으로 사회질서를 확립하는 데 집중한다. 맹추에는 논공행상을 베풀고, 형벌을 엄격히 한다. 중추에는 형벌을 엄정히 집행하고, 성곽을 쌓고 도읍을 건설한다. 계추에는 지위고하를 막론하고 모두 오곡을 수확해 저장하게 한다.

맹동 · 중동 · 계동의 시령을 요약하면, 동삼월冬三月의 오행 배속

역시 음, 숫자, 맛, 제사 대상, 제물, 옷의 색, 옥의 색, 곡식, 육식 등은 같고 12율만 다르다. 겨울 세 달의 시령은 한 해를 마무리하고 곡식을 저장하며 내년 농사를 준비하는 데 중점을 둔다. 맹동에는 곡식 저장에 힘쓰고, 중동에는 토목공사와 대중 동원을 금하여 곡식 안전을 도모한다. 계동에는 한 해를 마무리하는 산천 제사를 지내고, 고기잡이를 시작하며, 오곡 종자를 내어 내년 농사를 준비한다.

요컨대 『여씨춘추』의 월령 · 오행 배분 체계는 계절, 천간 · 지지, 오행, 방위의 각 요소를 유기적으로 연결하고, 자연 변화와 인간 활동의 상호작용을 체계화하였으며, 후대 음양오행론의 월령 체계와 왕조 교체 사상의 이론적 토대로 작용한다.

『여씨춘추』의 오행 배치의 체계화와 내재적 한계

「십이기」에서는 계절을 춘하추동 네 시기와 계하를 더해 오행 도식으로 만들고, 각각에 10간을 배당했다. 이외에도 오제五帝, 오신五神, 오충五蟲, 오음五音, 오수吳數, 오미五味, 오취五臭, 오제五祭, 오장五臟, 오방五方, 오색五色, 오곡五穀, 오축五畜 항목을 일련의 배속 체계로 정비하였다.

〈표 2. 『관자』 각 편의 음양오행 배속〉표와 비교해 보면 『관자』에서는 계절별로 시령이 제시된 반면, 『여씨춘추』에서는 시령이 월별로 세분되어 제시된 차이점이 있다. 그러나 사계절을 기준으로 살펴보면 『관자』의 시령사상을 크게 벗어나지 않는다. 『여씨춘추』의 시

령에서도 『관자』에서 시작된 양덕음형의 원칙이 그대로 반영되어 있다.[105] 『여씨춘추』는 오행 배속에서도 대체로 『관자』의 사상을 이어받았으며, 「십이기」에 나타난 월별 시령의 오행 배속은 〈표 3〉[106]과 같이 도식화할 수 있다.

〈표 3〉 『여씨춘추』의 음양오행 배속

구분	春			夏				秋			冬		
	孟春	仲春	季春	孟夏	仲夏	季夏		孟秋	仲秋	季秋	孟冬	仲冬	季冬
五行	木	木	木	火	火	火	土	金	金	金	水	水	水
天干	甲 乙	甲 乙	甲 乙	丙 丁	丙 丁	丙 丁	戊 己	庚 辛	庚 辛	庚 辛	壬 癸	壬 癸	壬 癸
五音	角	角	角	徵	徵	徵	宮	商	商	商	羽	羽	羽
12律	太 簇	夾 鍾	姑 洗	仲 呂	蕤 賓	林 鍾	黃 鍾	夷 則	南 呂	無 射	應 鍾	黃 鍾	大 呂
數	8	8	8	7	7	7	5	9	9	9	6	6	6
五味	酸	酸	酸	苦	苦	苦	甘	辛	辛	辛	鹹	鹹	鹹
제사	戶	戶	戶	竈	竈	竈	中 霤	門	門	門	行	行	行
제물	脾	脾	脾	肺	肺	肺	心	肝	肝	肝	腎	腎	腎
衣色	靑	靑	靑	赤	朱	朱	黃	白	白	白	黑	黑	黑
玉色	靑	靑	靑	赤	赤	赤	黃	白	白	白	黑	黑	黑
곡식	麥	麥	麥	菽	菽	菽	稷	麻	麻	麻	黍	黍	黍
육식	羊	羊	羊	雞	雞	雞	牛	犬	犬	犬	彘	彘	彘

105. 李明載, 「戰國時代의 陰陽五行論」, 『동방문화와 사상』 제3집(pp.65~86.), 2017, p.80 참조.

106. 李明載, 앞의 책, p.80 참조.

〈표 3〉에서 보는 바와 같이 『여씨춘추』에서는 음양의 계절 배속에 관한 내용은 없으며, 오행의 계절 배속만 제시되어 있다. 오행 중에서도 천간만 배속되고 지지는 아직 배속되지 않았다. 그 이유는 당시 천하가 통일되기 이전으로서 한 해의 시작점을 알리는 세수歲首가 확립되지 않았기 때문으로 보았다.[107] 따라서 『여씨춘추』에서도 음양과 오행은 아직 결합하지 않았다.

특이한 점은 1년 12개월을 사시로 나눌 때 각각 3개월이 되는데, 여름에 해당하는 맹하, 중하, 계하 가운데 계하의 끝부분에 중앙 토에 해당하는 분류를 추가한 것이다. 이렇게 된 이유는 사시를 매개로 음양과 오행을 결합하는 과정에서 어쩔 수 없는 배당으로 보인다. 12개월을 오행으로 분류하기에는 숫자상 균등 분배가 불가능하기 때문이다.[108]

『여씨춘추』는 비록 잡가로서 제자백가를 집대성한 것이지만 음양가가 전체 내용의 중점이다. 음양설은 지위가 높게 언급되고 많은 편장의 수에서 이를 증명할 수 있다.[109] 진기유는 『사기열전』에 나타난 추연에 관한 서술을 근거로 「유시」편 또한 음양가의 작품으로 보았다. 여기에서는 중앙과 팔방을 기준으로 하늘의 명칭과 28수가 고르게

---

107. 李明載, 앞의 책, p.81 참조.
108. 조주은, 윤무학, 「『呂氏春秋』에서의 陰陽과 五行의 結合—十二紀의 月令思想을 중심으로」, 『한국철학논집』 42권, 한국철학사연구회 2014, p.141 참조.
109. 陳奇猷, 「呂氏春秋成書的年代與書名的確立」, 『呂氏春秋校釋』上 · 下, 附錄, 上海古籍出版社, 2002.

배당되어 있는데, 다른 방위에는 각각 3수씩 배정하면서 북방에만 4수를 배정하고 해당 지역도 다른 방위보다 1개국이 많게 되어 있다. 이를 정리하면 〈표 4〉와 같다.

이것은 후대에 『사기』「천관서」에서 하늘을 중앙과 사방으로 나누고 28수를 사방에만 배치하는 것과 다른 것이다. 『여씨춘추』에서 28수가 처음으로 시간과 공간으로 배분되고 있다는 점은 주목할 만하다.[110]

『여씨춘추』「십이기」의 시령에 나타난 오행 배속은 음양의 계절 배속에 관한 내용을 포함하지 않고, 오행의 계절 배속만을 제시한다. 이때 오행 중에서는 천간이 배속될 뿐, 지지는 아직 배속되지 않았

〈표 4〉 중앙 팔방 하늘의 명칭과 28수

방향	하늘의 명칭	28수	해당 지역
中央	鈞天	角, 亢, 氐	韓, 鄭
東方	蒼天	房, 心, 尾	宋, 燕
東北	變天	箕, 斗, 牽牛	燕, 吳
北方	玄天	婺女, 虛, 危, 營室	越, 齊, 衛
西北	幽天	東壁, 奎, 婁	衛, 魯
西方	顥天	胃, 昴, 畢	魏, 趙
西南	朱天	觜巂, 參, 東井	晉, 秦
南方	炎天	輿鬼, 柳, 七星	秦, 周
東南	陽天	張, 翼, 軫	周, 楚

110. 조주은, 윤무학, 「『呂氏春秋』에서의 陰陽과 五行의 結合-十二紀의 月令思想을 중심으로」, 『한국철학논집』 42권, 한국철학사연구회 2014, p.139 참조.

다. 『여씨춘추』는 12기를 통해 오행, 오방, 오색, 오음, 오사 등의 항목을 최초로 배당하였으나, 이론적으로 중대한 독자적 학설을 세우지는 않았다. 결국 음양의 계절 배속에 관한 내용은 없고 오행의 계절 배속만 주어져, 『관자』와 마찬가지로 『여씨춘추』에서도 음양과 오행이 결합한 완성된 이론은 확인되지 않는다. 다만 「십이기」에서 음양과 오행, 천간과 지지를 결합했다고 보는 견해들도 일부 존재한다.

『여씨춘추』는 전국 말기 기존 음양오행과 월령 체계를 집대성하여 12기에 오행 · 오방 · 오색 · 오음 등을 배속하고 정치 · 농경 · 제사 등 다양한 실용 지침을 상세히 규정하였다. 월별 시령 규정에 따라 계절 · 방위 · 천문 · 제사 · 군사 활동을 체계화했으나, 음양과 오행의 완전 결합이나 상생 원리의 이론적 정립은 아직 미완이었다. 결과적으로 이는 『관자』의 시령체계를 세분화 · 확장한 초기 통합 단계로, 실용성과 체계성은 높았으나 이론적 완성도에서는 일정한 한계가 있었다.

3. 『회남자』의 음양오행 체계와 우주론적 구조

한나라 초기, 유방의 손자인 회남왕 유안劉安(기원전 179~122)이 중심이 되어 편찬한 『회남자』는 선진 도가사상을 기반으로 하여 제자백가의 다양한 학설을 종합한 일종의 백과사전 성격의 저작이다. 전체 21권으로 구성되며, 『여씨춘추』와 더불어 잡가雜家의 대표작으로 평가된다. 동시에 노자사상을 중심으로 다양한 제자백가 사상을 아우르려 했던 전한 황로학의 결정체로도 이해된다. 회남왕 유안이 한무제에게 헌상한 『회남자』에는 음양오행사상이 깊이 내재하여 있다. 『회남자』에 내재된 음양오행 개념은 이미 성숙한 단계로, 단순히 자연현상 설명을 넘어 정령政令, 제도의 시행, 통치 활동의 방편으로 적극적으로 활용되는 단계에 이르렀다. 아울러 우주 내 사물을 분류하고 구분하는 데에도 활용되었다.

『회남자』「천문훈」에서는 "도道는 해시계(日規)와 같다. 만물의 시작은 하나에서 비롯된다. 그러나 하나만으로는 생겨날 수 없기 때문에, 나뉘어져 음과 양이 되고, 음양이 조화롭게 합해져 만물을 낳는다."[111]라고 말한다. 이는 우주의 생성과 만물의 분화, 그리고 자연·인사의 조화 원리를 음양오행론에 근거하여 해석한 것이다.

『회남자』의 오행 상생·상극설의 유형과 특징

주신림의 「회남자음양오행사상연구淮南子陰陽五行思想硏究」[112]에서는 오행상생설이 동중서 사상에서 처음 나타난다는 고힐강의 주장을 비판하면서, 동중서보다 앞선 『회남자』에 오행상극설과 오행상생설이 모두 나타난다고 주장한다. 그는 특히 『회남자』에는 두 종류의 오

111. 『淮南子』「天文訓」: 道日規, 始於一. 一而不生, 故分而爲陰陽, 陰陽和合, 而萬物生.

112. 朱新林, 「淮南子陰陽五行思想硏究」, 山东大学 碩士學位請求論文, 2006 참조.

행상생설이 제시된다고 설명하며, 이를 갑종 오행상생설과 을종 오행상생설로 구분하였다.

우리가 익히 알고 있는 오행상생설은 갑종에 해당하며, 그 내용은 「천문」편에 '수생목, 목생화, 화생토, 토생금, 금생수'로 나타난다. 을종 오행상생설은 「지형」편의 '시고련토생목是故煉土生木, 연목생화煉木生火, 연화생운煉火生雲, 연운생수煉雲生水, 연수반토煉水反土.' 등에 보인다. 천문편의 오행상생은 수→목→화→토→금→수의 순서이지만, 지형편의 상생 순서는 토→목→화→운→수→토로 상이하다. 을종 오행상생설에서는 '연煉'과 '운雲'이라는 특이한 개념이 들어가 있지만, 기본적으로 상생의 순서를 은유적으로 표현하는 것이다.

이와 관련해 저자는 전국 말기에서 한대 초기까지 오행상생설은 두 종류가 병존했고, 동중서는 갑종 오행상생설을 취하여 『춘추번로』에서 이를 적용했다고 본다. 동중서의 『춘추번로』 이후에는 갑종 오행상생설이 중심 이론으로 자리잡아 유향, 유흠 부자에게 계승되었음을 밝힌다. 또 한나라 성립 초기에 한나라의 덕이 수덕인지 토덕인지를 두고 논쟁이 벌어지다가, 한나라가 토덕에 배당됨으로써 갑종 오행상생설이 주류로 자리잡게 되었다고 분석한다. 이 논문은 오행 개념이 역사적 정황에서 어떻게 형성되었는지의 과정을 보여준다는 점에 의미가 있다. 오행을 오행상극설과 오행상생설을 포괄하는 것으로 이해할 경우, 오행설은 한나라 동중서를 경계로 완성된 것으로 평가할 수 있다.

『회남자』「지형훈」편에서는 "목은 토를 이기고, 토는 수를 이기며, 수는 화를 이기고, 화는 금을 이기며, 금은 목을 이긴다."[113]라고 하여 오행의 상극 관계를 명확하게 서술하고 있다. 또한 이 편에서는 오행을 '목은 장壯하고, 수는 노老하며, 화는 생生하고, 금은 인囚하고, 토는 사死한다.'라는 식으로 각기 생명 과정의 단계와 대응시킨 이론을 제시하였다.

한편, 정월의 시령에 관해서 『회남자』「시칙훈」에서는 다음과 같이 서술을 시작하고 있다.

> 맹춘의 달이 되면, 초요는 인을 가리키고, …… 그 위치는 동방이고, 그 날은 갑을에 해당되며, 성덕은 목에 속한다. 그 동물은 비늘 있는 동물이다. 소리는 각이며 율은 태족이다. 그 수는 8이고, 그 맛은 신맛이며, 냄새는 누린내가 난다. 제사 지내는 곳은 문이며, 제사에는 먼저 비장을 사용한다.[114]

맹춘은 동쪽, 목의 덕, 비늘 있는 동물, 각음 · 태축, 신맛 · 누린내, 숫자 8, 문을 제사 장소, 비장을 제물로 삼는 시기임을 알려준다.

---

113. 『淮南子』「地形訓」: 木勝土, 土勝水, 水勝火, 火勝金, 金勝木.
114. 『淮南子』「時則訓」: 孟春之月, 招搖指寅, …… 其位東方, 其日甲乙, 盛德在木, 其蟲鱗, 其音角, 律中太蔟, 其數八, 其味酸, 其臭膻, 其祀戶, 祭先脾.

사송령은 『회남자』와 동중서가 각각 도가와 유가의 사상을 대표하지만 동일한 문장들을 예로 들어 두 저작에서 서술한 내용은 오히려 동일한 체험 세계를 표현한 것이며, 유사한 논술이 거듭 반복되어 쉽게 발견된다고 하였다.

> 예컨대 '천인상부天人相副'의 이론이나 '동류상동同類相動'의 원칙 등이 그것이다. 양자 사이의 유사한 혹은 동일한 논술은 발에 채일 정도로 많다. 가령 "음기가 승하면 수재가 나고, 양기가 승하면 가뭄이 든다(『회남자』「지형훈」)"와 "비를 부르려면 음기를 움직여서 양기를 일으키고, 비를 그치려면 양기를 움직여서 음기를 일으킨다(『춘추번로』「동류상 동」)", "산(양기)은 덕을 쌓은 것이고, 내(음기)는 형벌을 쌓은 것이다(『회남자』「지형훈」)"와 "음은 형벌의 기운이고, 양은 덕의 기운이다(『춘추번로』「왕도통삼」)" 그리고 "금 · 목 · 수 · 화 · 토의 성질을 깨끗이 늘어놓음으로써 부모 · 자식간의 친함을 세워 가정을 이루었다(『회남자』「태족훈」)"와 "목은 화를 낳고, 화는 토를 낳고, 토는 금을 낳고, 금은 수를 낳고, 수는 목을 낳으니 이것은 부자의 관계와 같다(『춘추번로』『오행지의』)" 등 이러한 예는 일일이 다 열거할 수 없을 정도이다.[115]

『회남자』는 천상의 일과 인간의 일을 포괄하며, 만물과 만상에 대한

115. 사송령, 「음양오행학설사」, (양계초, 풍우란외 지음, 김홍경 편역, 『음양오행설의 연구』), 신지서원, 1993, p.572 참조

논의를 담고 있다. “그러므로 이 책 20편을 저술하여 천지의 이치를 궁구하였고, 인간세상의 일이 다루어지며, 제왕의 도가 갖추어진다. 그 내용에는 작은 것도 있고 큰 것도 있으며, 미세한 것도 있고 거친 것도 있다.”[116] “그 가운데서 기본 골격으로 음양오행의 기능도 보다 정제되고 내재된 모습으로 표현된다. 이러한 모든 것들이 『여씨춘추』를 멀리 뛰어넘는다.”[117] 『회남자』가 『여씨춘추』 「십이기」의 방대한 시령 체계를 「시칙훈」에 요약하면서, 일부분 수정하거나 보충한 형태가 되게 하였고,[118] 음양오행 기능을 다양하게 수록한 「천문훈」·「지형훈」·「태족훈」 등에서는 음양오행 부분에서 『여씨춘추』를 능가한다.

'오행'이란 바로 오기가 서로 연결되어 지속적으로 순환 운행하는 것이다. 이러한 체계를 통해 알 수 있는 것은 서한시기에는 오행생극학설이 이미 체계화되고, 오행의 생극이론이 정식적으로 확립되었음을 보여준다는 점이다.

『회남자』에서 음양오행의 중요한 이론인 오행의 생극生剋·상치相治 이론과 지지육합, 지지삼함과 인술오午戌寅 합토설, 오행의 왕상휴수사와 십이운성법, 토의 배속에 따른 지장 간의 관계와 간지 오행 배속, 오장五臟의 오행 배속과 오행수五行數 그리고 오시체계 완성과

---

116. 『淮南子』「要略訓」: 故著書二十篇, 則天地之理究矣, 人間之事接矣, 帝王之道備矣, 其言有小有巨, 有微有粗.
117. 양계초, 풍우란외 지음, 김홍경 편역, 『음양오행설의 연구』, 신지서원, 1993, p.323 참조.
118. 이석명, 「『회남자』의 시령사상과 음양오행론」, 『大東文化硏究』 70, 성균관대 대동문화연구원, 2010, p.145 참조.

오행의 차서 등이 기술되어 제반 음양오행 이론이 정립되었다. 그리고 육십갑자 간지력 성립, 인월세수寅月歲首 지정, 24절기 완성 등이 이루어졌다.[119] 『회남자』는 동아시아 사주명리와 음양오행 이론의 구조와 실무적 기초를 완성한 고전인 것이다.

『회남자』 이후 음양오행론을 중요하게 다룬 『춘추번로』와 『백호통의』 등에 수록된 음양오행론은 대부분 「천문훈」·「지형훈」·「태족훈」을 중심으로 이십일훈二十一訓 전반에 걸쳐 기술되면서, 진한대에 성행한 음양오행론이 『회남자』에 포함되어 한대의 음양오행론을 대표할 수 있다.[120]

특히 『회남자』에 수록된 24절기는 명칭 하나 변함없이 오늘날까지 사용되고 있으며, 월건月建 체계의 기준이 되었다. 이러한 음양오행 분류를 228~229쪽의 〈표 5〉[121]로 정리하였다.

『회남자』의 이론적 의의와 구조적 한계

『회남자』에서는 생극 · 상치 이론, 지지육합과 지지삼함, 오술인午戌寅 합토설, 오행의 왕상휴수사 · 십이운성법, 토의 배속에 따른 지

119. 강성인, 「『淮南子』의 음양오행학설과 사주명리의 연관성 연구」, 동방문화대학원대학교 박사학위청구논문, 2017, pp.44~45 참조.
120. 강성인, 김만태, 「음양오행론에서 『淮南子』와 『五行大義』의 위상과 차이점」, 『東洋學』 第62輯(2016年 1月) 檀國大學校 東洋學硏究院, p.3 참조.
121. 강성인, 「『회남자』의 음양오행 사상과 명리학의 연관성 고찰」, 『도교문화연구』 40, 한국도교문화학회, 2014, p.54 참조.

〈표 5〉『회남자』의 음양오행 분류표

구분	1월	2월	3월	4월	5월	6월
음양	양(陽)					
오행	목			화		토
천간(天干)	甲 · 乙	甲 · 乙	甲 · 乙	丙 · 丁	丙 · 丁	戊 · 己
12진(地支)	寅	卯	辰	巳	午	未
방향	동	동	동	남	남	중
계절	봄	봄	봄	여름	여름	사계
오수(五數)	8	8	8	7	7	5
오음(五音)	角	角	角	徵	徵	宮
오미(五味)	신맛	신맛	신맛	쓴맛	쓴맛	단맛
오취(五臭)	누린내	누린내	누린내	그을린내	그을린내	향내
오장(五臟)	비장	비장	비장	폐	폐	심장
오색(五色)	청색	청색	청색	적색	적색	황색
제도	그림쇠(規)	그림쇠(規)	그림쇠(規)	저울대(衡)	저울대(衡)	먹줄(繩)
짐승	창용(蒼龍)	창용	창용	주작	주작	황용
행성	목성(歲星)	목성	목성	화성(熒惑)	화성	토성(鎭星)
황제	태호	태호	태호	염제	염제	황제
보좌역	구망(句芒)	구망	구망	주명(朱明)	주명	후토(后土)

구분	7월	8월	9월	10월	11월	12월
음양	음(陰)					
오행	금			수		
천간(天干)	庚 · 辛	庚 · 辛	庚 · 辛	壬 · 癸	壬 · 癸	壬 · 癸
12진(地支)	申	酉	戌	亥	子	丑
방향	서	서	서	북	북	북
계절	가을	가을	가을	겨울	겨울	겨울
오수(五數)	9	9	9	6	6	6
오음(五音)	商	商	商	羽	羽	羽
오미(五味)	매운맛	매운맛	매운맛	짠맛	짠맛	짠맛
오취(五臭)	비린내	비린내	비린내	썩은내	썩은내	썩은내
오장(五臟)	간	간	간	신장	신장	신장
오색(五色)	백색	백색	백색	검은색	검은색	검은색
제도	곱자 炬)	곱자 (炬)	곱자 (炬)	저울추 (權)	저울추 (權)	저울추 (權)
짐승	백호	백호	백호	현무	현무	현무
행성	금성 (太白)	금성	금성	수성 (眞星)	수성	수성
황제	소호	소호	소호	전욱	전욱	전욱
보좌역	요수 (蓐收)	요수	요수	현명 (玄明)	현명	현명

고 하였다. 또 반고는 '동중서는 「공양춘추」를 공부하고 처음으로 음양의 이치를 추구하여 유자의 종사가 되었다[董仲舒治公羊春秋, 始推陰陽, 為儒者宗]'라고 하였다. 왕충은 동중서를 지극히 높게 평가하여 '비록 삼공의 지위는 없었으나 지혜는 공경의 위에 있었다[雖無是之位, 知在公卿 之上]'라고 하였고, '문왕의 예악 제도는 공자에게 있고, 공자의 예악 제도는 동중서에게 있다[文王之文在孔子, 孔子之文在仲舒]'라고 하여 성통聖統의 계승자로 인식하였다. 한편 동중서의 학문은 민간에도 광범위한 영향을 미쳤다.[122]

동중서의 오덕종시설과 음양오행론의 사회적 전개

장명은 「오덕종시설적형성여연변五德終始說的形成與演變—종추연도동중서從鄒衍到董仲舒, 유향劉向」이라는 논문에서, 추연의 오덕종시설에서 귀토貴土 사상을 계승하여 토土와 충忠, 효孝를 결합해 한나라의 종법사상宗法思想을 구축하였으며, 음양과 오행 관념을 사회 영역에 끌어와 삼강과 오상 관념(三綱五倫)을 결합했음을 해명하고 있다. 그는 오덕종시설을 천인감응사상과 결부시켜 천제의 뜻에 부응하는 사상임을 밝혔다. 그리고 유향의 경우는 추연과 동중서의 오덕종시설을 계승하여 재이설과 결합하고, 오행 간의 생극관계를 통해 정권

122. 소여 지음, 허호구 윤재환 정동화 옮김, 『역주 춘추번로의증』, 소명출판사, 2016, p.6 참조.

장 간 관계와 간지 오행 배속, 오장의 오행 배속과 오행수, 오시체계와 오행의 순서 등 다양한 음양오행 이론이 발전하여 체계적으로 정립되었다.

『회남자』는 이러한 음양오행 이론을 자연 · 정치 · 제도 · 제사 등 전반에 적용하고, 육십갑자, 24절기 등 현실의 명리 체계를 완성함으로써 오행의 상생 · 상극, 월별 시령, 방위 · 오미 · 오장 · 오색 등 광범위한 대응 체계를 마련해 한대 음양오행론의 성숙한 형태를 제시하였다. 다만 〈표 5〉에서 나타나듯이 토가 6월에만 배당되어 있어 완전한 음양오행 결합이라 할 수는 없지만, 이 이론들이 정립되어 『춘추번로』, 『백호통의』등에 영향을 주어, 한대 음양오행론의 집대성 및 후대 동아시아 우주론의 핵심 토대가 되었다.

4. 『춘추번로』의 음양오행 통합 구조

『춘추번로』는 본래 총 17권 82편으로 구성되어 있었으나, 송나라 이후 3편이 궐실闕失되어 현재는 79편만이 전해지고 있다. 동중서에 대한 후세 유자儒者들이 남긴 평가는 다음과 같다.

> 유향은 '동중서는 왕좌의 재주가 있어 이윤과 여상이라도 그 위에 둘 수 없으니, 관중과 안영 같이 패자를 도운 사람은 거의 미치지 못한다[董仲舒有王佐之材, 雖伊 · 呂亡以加, 管 · 晏之屬, 伯者之佐, 殆不及也]'라

이 전환되는 이론을 펼쳤다고 밝히고 있다.[123] 이 논문은 동중서의 음양오행사상과 관련해 오행상생설을 다루고 있지 않다. 오행사상에서 오행상생설은 동중서에서 처음 나타난다는 주장은 고힐강에 의해 제기되었다. 고힐강의 주장은 앞에서 언급한 두 가지 오행상생설에서 수→목→화→토→금→수의 상생설이 동중서에 의해 확정되며 한나라의 사상 흐름에서 주도 역할을 한다[124]는 의미이다.

이풍경은 「동중서음양오행철학사상연구董仲舒陰陽五行哲學思想研究」에서 동중서는 음양을 시비와 선악의 도덕관념과 결합하고 또 천도가 표현되는 방식으로 전환하였다고 설명한다. 오행은 천도의 운행차서次序로 해석하고, 오행에서 토의 중요성을 강조하였다고 분석한다. 그러면서 오행을 자연과 정치, 인사와 역사 등의 영역으로 확장한다고 평가한다.[125]

후영은 「동중서음양오행사상연구董仲舒陰陽五行思想研究」에서 동중서는 천유오행天有五行, 인유오상人有五常의 논리로 오행과 유가의 도덕사상을 결합해 오상의 도를 형성했음을 규명하고 있다. 이는 삼강오륜의 유가 강상윤리가 음양오행설에 따른 것임을 해명한 것이다.[126]

---

123. 藏明, 「五德終始說的形成與演變－從鄒衍到董仲舒, 劉向」, 西北大學 博士學位請求論文, 2012.
124. 顧詰剛, 『古史辨』 제1책, 上海古籍出版社, 1982.
125. 李豊琼, 「董仲舒陰陽五行哲學思想研究」, 西南大學 碩士學位請求論文, 2010.
126. 侯瑩, 「董仲舒陰陽五行思想研究」, 西安電子科技大學 석사학위청구논문, 2023.

정일동은 『춘추번로』에는 우주 자연의 운행 및 인간사회의 전개와 음양과의 관계가 자주 언급되어 있는데, 특히 「양존음비陽尊陰卑」, 「음양위陰陽位」, 「음양종시陰陽終始」, 「음양의陰陽義」, 「음양출입상하陰陽出入上下」 및 「천지음양天地陰陽」등 여덟 편에 집중적으로 설명되어 있다. 각 편마다 음과 양에 대하여 독자적인 내용을 다룬 부분도 있지만 서로 중복되는 경우도 많고, 주제에 따라 체계적으로 정리되어 있지는 않다. 그렇지만 음 · 양과 우주 자연 및 인간사회와의 관계에 대하여 설명하는 데에는 전혀 부족함이 없다고 볼 수 있다.[127]

또한 "오행에 대하여 전문적으로 언급된 것은 대략 아홉 편 정도로 꼽을 수 있다. 그 중 「오행대五行對」, 「오행지의五行之義」, 「오행상생五行相生」, 「오행상승五行相勝」 등 네 편에는 주로 오행과 인간사회와의 관계에 대하여 언급되어 있다. 「오행순역五行順逆」, 「치수오행治水五行」, 「치란오행治亂五行」, 「오행변구五行變救」 및 「오행오사五行五事」 등 다섯 편은 그 내용과 성격상 위 오행 관련 네 편과는 약간 다른 점이 있다. 「오행순역」편은 오행을 사계에 배당하고 군주가 취해야 할 자세와 군주의 잘못된 정치에 뒤따라 나타나는 재이를 말하였고, 「치수오행」편은 계절에 어울리는 정치, 「치란오행」편은 오행 상호 간의 혼란과 재이, 「오행변구」편은 오행 각각의 잘못된 연결과 재이, 그리고 「오행오사」편은 군주의 정치와 자연계의 관계 등에 대하여 논함으로

127. 鄭日童, 「『春秋繁露』에서의 天人相關論」, 『中國史硏究』 第54輯(2008.6), p.15 참조.

써 모두가 오행을 인간사회와 결부시켜 보려고 노력했다는 점이 돋보인다."[128]라고 평가하였다.

서근석은 동중서는 천인상감론을 내서워 그동안 정치적인 것이었던 오행사상을 자연과 인간 사이의 관계로 만들었다. 오행사상의 문제는 이제 정치적인 문제에서 사회 · 문화적인 것으로 넘어가게 되었다고 논하였다.[129]

이상의 논문들을 종합하면, 동중서는 오덕종시설의 구조 위에 음양오행과 유가 강상윤리를 통합해 한나라의 종법적 · 사회적 질서를 정당화하였으며, 오행의 사유를 천인감응의 논리에 따라 자연 · 정치 · 사회 전반으로 확장한 대표적 사상가로 평가할 수 있다.

『춘추번로』의 오행상생 · 상승설과 토의 위상

『춘추번로』「오행지의」편에서는 다음과 같이 말한다.

> 하늘에는 오행이 있으니 첫째는 목, 둘째는 화, 세째는 토이고, 네째는 금이며, 다섯째는 수이다. 목은 오행의 시작이고, 수는 오행의 끝이며, 토는 오행의 가운데이고, 이것은 하늘이 정해 놓은 차례이다. 목생화,

---

128. 鄭日童, 앞의 책, p.19 참조.
129. 서근석, 「오행사상(五行思想)의 변천에 관한 철학적 고찰」, 『우계학보』 제44호 2023, p.73 참조.

화생토, 토생금, 금생수, 수생목, 이것은 아버지와 자식의 관계이다.[130]

오행의 순서를 목, 화, 토, 금, 수로 정리하며, 이는 오행상생의 논리를 표현한 것이다. 동중서는 오행을 효자와 충신의 행실에 비유하여 우주 자연과 인간 윤리를 연결한다.

한편, 「오행상승」편에서는 다음과 같이 말한다.

"금은 목을 이기고", "수는 화를 이기고", "목은 토를 이기고", "화는 금을 이기고", "토는 수를 이긴다" 등등 "성"이란, 이겨서 제압하다라는 뜻이다. "오행상승"이란 바로 오행이 이겨서 통제한다라는 의미이다.[131]

「오행상승」편에서는 금극목, 수극화, 목극토, 화극금, 토극수와 같이 오행이 서로 극하는 '상승相勝'의 논리를 설명하고 있으나, 동중서의 기본적 오행관념은 오행상생설에 중심을 두고 전개된다.

다음은 「오행대」의 예문이다.

하늘에는 오행이 있으니 목화토금수가 이것이다. 목은 화를 낳고 화는

130. 『春秋繁露』「五行之義」: 天有五行 一曰木, 二曰火, 三曰土, 四曰金, 五曰水. 木五行之始也, 水, 五行之終也, 土, 五行之中也, 此其天次之序也. 木生火, 火生土, 土生金, 金生水, 水生木, 此其父子也.

131. 『春秋繁露』「五行相胜」: 金胜术, 水胜火, 木胜土, 火胜金, 土胜水 等等胜者, 克制也. 五行相胜 即五行相克制的意思.

> 토를 낳고 토는 금을 낳고 금은 수를 낳고 수는 목을 낳는다. 수는 겨울이 되고 금은 가을이 되고 토는 계하가 되고 화는 여름이 되고 목은 봄이 된다. 봄은 생을 주재하고 여름은 성장을 주재하고 계하는 양육을 주재하고 가을은 수확을 주재하고 겨울은 저장을 주재한다. 장藏은 겨울이 이루는 바이다. 이런 고로 아버지가 생하는 바는 그 아들이 장長하고, 아버지가 장長하는 바는 그 아들이 양養한다. ……[132]

여기서 오행상생의 순서(목생화, 화생토, 토생금, 금생수, 수생목) 및 오행의 계절 배당(수는 겨울, 금은 가을 토는 계하, 화는 여름, 목은 봄)을 확인할 수 있다.

동중서는 오행을 부자父子 사이의 수수授受 관계로 해석한 측면이 강하다. 이는 곧 천도의 원리이며, 천도의 경상經常은 '효'라고 보았다. 또 부자관계를 군신관계로 확장하여 '충'을 논하며, "임금을 섬기기를 땅이 하늘을 섬기듯이 해야 한다"[133]라고 강조한다. 특히 동중서는 군신관계에서의 충을 논할 때 '토'를 매우 중시하였다.

> 부지런히 수고한 것은 땅에 있으나 공명은 한결같이 하늘에 돌려보내니 지극한 의리가 없다면 그 무엇이 이럴 수 있겠는가? 그러므로 아랫

---

132. 『春秋繁露』「五行對」: 天有五行 木火土金水是也. 木生火 火生土 土生金 金生水 水生木. 水為冬 金為秋 土為季夏 木為春. 春主生 夏主長 季夏主養 秋主收 冬主藏. 冬主藏. 藏冬之所成也. 是故父之所生 其子長之 父之所長 其子養之. ……
133. 『春秋繁露』「五行之義」: 事君 若土之敬天也.

사람이 윗사람 섬기기를 땅이 하늘을 섬기듯 한다면, 큰 충성이라 할 수 있느니라.[134]

「오행대」에서는 "목은 봄이라 부르고, 화는 여름이라 부르고, 금은 가을이라 부르고, 수는 겨울이라 부른다. 충신의 의리와 효자의 행실은 모두 토에서 비롯된다. 토는 오행 중 가장 귀한 것이니, 그 의리에는 더할 것이 없다."[135]라고 말한다. 동중서는 오행 가운데 토가 가장 귀하다고 하며, "토를 하늘의 고굉股肱, 또는 오행의 주군主君"[136]이라고 하였다. 충신의 의리와 효자의 효도를 토에서 취한 것은 땅이 오행 가운데 토에 해당하기 때문이다. 「오행대」에서는 경우에 따라 토를 계하로 명칭하거나, 토를 생략하고 목 · 화 · 금 · 수만으로 봄 · 여름 · 가을 · 겨울을 배정하기도 한다. 동중서는 "토는 화의 자식이다. 오행에서 토보다 귀한 것이 없으나, 토는 사계절 가운데 명명한 것이 없는 것은 화와 함께 공명을 나누지 않기 때문이다"[137]라고 한다.

토의 중요성을 강조한 동중서의 이론은 다음 예에서도 확인할 수 있다.

---

134. 『春秋繁露』「五行對」: 勤勞在地 名一歸於天 非至有義 其孰能行此. 故下事上如地事天也 可謂大忠矣.

135. 『春秋繁露』「五行對」: 木名春, 火名夏, 金名秋, 水名冬. 忠臣之義, 孝子之行, 取之土. 土者, 五行最貴者也, 其義不可以加矣.

136. 『春秋繁露』「五行之義」: 土者 天之股肱也. 土者 五行之主也.

137. 『春秋繁露』「五行對」: 土者, 火之子也, 五行莫貴於土. 土之於四時, 無所命者, 不與火分功名.

금 · 목 · 수 · 화가 비록 각기 맡은 직분이 있지만, 토에 의지하지 않으면 맡은 직분을 확립하지 못하니 신맛 · 짠맛 · 매운맛 · 쓴맛이 단맛에 의지하지 않으면 맛을 이루지 못하는 것과 같다. 단맛은 오미의 근본이고 토는 오행의 주인이니 토기가 오행의 주인이 되는 것은 오미에 단맛이 있는 것과 같아서 얻지 못하면 이루지 못하는 것이다. [138]

동중서는 『춘추번로』를 통해 유가의 강상윤리를 음양오행의 틀로 재해석하면서 군신 간의 위계와 부자 간의 위계를 확립하고 이를 확대하여 한무제의 절대 권력을 옹호한다. 동중서가 유가적 해석에 음양오행을 결합하자, 한대 역학자들은 역학 해석에 오행을 적용했다. 『주역』 원문에는 오행 개념이 없으나, 동중서로 인해 음양과 오행이 결합하여 역학 해석에도 오행이 도입된 것이다.[139] 동중서는 음양오행을 유가 윤리와 결합해 정치적 위계와 통치 명분을 정당화하고, 한대 이후로 역학 해석에도 오행 이론이 적용되도록 만들었다는 것이다.

『춘추번로』「오행상생」에서는 음양과 오행의 관계를 다음과 같이 언급하고 있으며, 주요 내용을 도식화하면 기氣 → 음양陰陽 → 사시四

---

138. 『春秋繁露』「五行之義」: 金木水火雖各職, 不因土, 方不立, 若酸鹹辛 苦之不因甘肥, 不能成味也. 甘者五味之本也, 土者五行之主也. 五行之 主土氣也, 猶五味之有甘肥也, 不得不成.

139. 이봉호, 「『참동계』와 태극(태일)-음양-오행 체계」, 『대순사상논총』, 제37집, 2021, p.279 참조.

時 → 오행五行 → 오관五官의 순서가 된다. 내용을 종합하면 자연 질서를 음양오행으로 추상화하고 거기에 순응하는 것이 최선의 정치인 것이다.[140]

음양론과 오행론은 그 원류가 각기 다른 곳에서 시작되어 개별적으로 발전하다가 전한시대 중엽에 이르면 음양사상과 오행사상은 이미 융합을 끝내고 점차 새로운 관념 체계를 서술하는 공인된, 체계적인 서술 체계로 자리 잡게 된다. 그리고 각각 도가와 유가라는 두 개의 전통을 대표하는『회남자』와 동중서에 의해 최종 완성되었다.[141] 이로써 음양오행은 질서와 혼란, 정치와 자연의 원리를 설명하는 공인된 이론으로 자리 잡게 되었다.

> 『춘추번로』에서는 음양과 오행 사상을 융합시키고 거기에 계절, 방위 등을 배당하였으며 그 역할을 부여한 후 왕자의 정치와 일치시켰다. 『춘추번로』에서의 그러한 논리 전개는 천이 목적과 의지를 가지고 인간을 비롯한 우주 자연을 창조하였고, 인간사를 주재하는 것은 천이라는 천인상관론을 강조하려는 데에 그 배경을 두는 것이다. 그와 같은 점은 이미『회남자』에서도 찾아볼 수 있다.『회남자』「천문훈」에는 허곽虛廓 –우주–기氣–천지–음양–사시–만물의 생성, 십간과 오행, 방위 및 계

---

140. 윤무학,「五行의 원시적 배속과 상호관계 –『左傳』과『國語』를 중심으로」, 율곡학회 논문집『율곡학연구』 제46집 (2021), p.369 참조.
141. 시에 쑹링 저자(글), 김홍경 외 번역,『음양오행이란 무엇인가』, 연암출판사, 1995.

절에의 배당이 제시되어 있고, 「본경훈」에는 태일-음양-사시-육률 그리고 「정신훈」에는 오행이 천에 속하는 것으로 설명되어 있지만 음양과 오행의 관계는 확실하게 제시하지 못했다. 그러므로 오행사상은 『회남자』가 편찬될 시기에는 재이설과 결합되어 실용적인 단계에 이르렀을 것으로 볼 수도 있지만 『춘추번로』 「오행상생」의 '천지지기天地之氣, 합이위일合而爲一, 분위음양分為陰陽, 판위사시判為四時, 열위오행列爲五行' 전후 문장에서와 같이 천지의 기가 오행으로까지의 발전단계를 거쳐 우주 자연에 작용한다는 수준에까지는 미치지 못했다고 보아야 할 것이다.[142]

『춘추번로』는 음양오행사상과 계절 · 방위의 역할을 통합하여 왕도정치와 연결하였고, 천이 인간사와 자연을 주재한다는 천인상관론을 보다 뚜렷하게 강조하였다는 것이다. 『춘추번로』에서는 음양의 기가 오행으로 발전했고 음양오행의 논리적 결합이 명확하다고 본다. 『춘추번로』 각 편에서 논술하는 오행(목, 화, 토, 금, 수)의 사상 · 기운 · 관직 · 본성 · 역할과 음양의 분류는 다음 페이지의 〈표 6〉으로 정리할 수 있다.

142. 鄭日童, 「『春秋繁露』에서의 天人相關論」, 『中國史硏究』 第54輯(2008.6), p.25 참조.

〈표 6〉『춘추번로』의 음양오행 분류표

天次之序	木	火	土	金	水	五行之義
二氣	陽			陰		天辯在人
四象	少陽	太陽		少陰	太陰	天辯在人
기운	愛	樂		嚴	哀	天辯在人
기운	德			刑罰		王道通三
계절	春	夏	季夏	秋	冬	五行對
맛	酸	苦	甘	辛	鹹	五行之義
방위	동방	남방		서방	북방	五行之義
주관	生	暑		殺	寒	五行之義
居	左	前		右	後	五行之義
주관	生	養		收	藏	王道通三
감정	喜	樂		憂	悲	王道通三
관직	農之本	本朝	君官	大理司徒	執法司寇	五行相生
五德	仁	智	信	義	禮	五行相生
직책	司農	司馬	司營	司徒	司寇	五行相勝
본성	生之性	主成長	成熟百種	殺氣	至陰	五行順逆
用事	72일	72일	72일	72일	72일	治水五行
色	青	赤	黃	白	黑	治水五行
기후	風	電	雷	霹靂	雨	五行五事
성격	肅	哲		乂	謨	五行五事

동중서의 음양오행 체계의 통합과 구조적 성과

동중서는『춘추번로』에서 음양오행을 유가 정치 · 윤리사상과 결합하여 군신 · 부자 위계를 정당화하고, 토를 가장 귀하게 여기는 귀토사상을 중심으로 상생 · 상승 이론을 전개한다. 오행을 계절, 방위,

맛, 관직, 덕목 등에 배속하며, '기→음양→사시→오행→오관'이라는 우주 생성의 원리로 자연 질서에 순응하는 정치 이념을 제시한다.

나아가 기존에 정치적 영역에 머물던 오행사상을 천인상감론으로 확장하여 자연과 인간의 관계 속으로 자리잡게 하였다. 『춘추번로』에서는 음양과 오행, 오행의 상호 관계가 가장 분명하게 체계화되었다고 평가받으며, 한대에 음양오행을 종합적이고 체계적으로 통합한 대표적 사례로 간주된다. 그렇지만 〈표 6〉에서 보는 대로, 『춘추번로』의 세부 체계에서는 토의 음양 분류를 계하로 하거나 명확한 분류 없이 남기기도 하여, 음양오행론이 완전히 결합된 상태라 단정하기 어렵다.

5. 『백호통의』의 음양오행 체계 완성

『백호통』 또는 『백호통의』는 동한시대를 대표하는 중요한 저작이며, 반고를 비롯한 여러 학자들에 의해 집필되었다. 이 책은 장제張帝가 즉위한 후 백호관에서 4년간에 걸쳐 논쟁한 오경 해석의 결과를 정리한 것이며, 논의가 이루어진 장소인 백호관의 이름을 따서 붙여졌다. 『백호통의』는 옛 경전의 전통과 현대 금문경학적 해석을 아우른다. 동중서 이후 음양오행론의 흐름을 계승하여 자연, 사회, 윤리, 생활 등 다양한 현상을 해석하는데 중요한 역할을 하였고, 이후 명리학과 유교적 사유에도 적지 않은 영향을 남겼다.

이 책은 모두 43편의 주제로 이루어져 있으며, 주된 내용은 ① 사회적 역할 영향의 의미, ② 철학 · 사상 개념의 의미, ③ 각종 사회 조직화, ④ 자연현상과 역법, ⑤ 천자의 고유한 사항, ⑥ 종교 문화의 행사로 크게 6가지로 대별 할 수 있다.[143] 특히 「오행편」에서는 "행이라는 말은, 하늘이 기를 운행한다는 뜻을 말하고자 하는 것이다."[144]라며, 오행은 오기가 서로 연결되어 끊임없이 운행된다고 설명하고 있다.

『백호통의』 오행의 방위와 변화 원리

『백호통의』에서 각 오행의 방위와 성질, 그리고 변화 원리가 어떻게 설명되는지 살펴보면 다음과 같다.

> 수의 자리는 북방에 해당된다. 북방은 음기이며, 황천 아래에 있고, 만물을 맡아서 기른다. 수는 평평하다는 뜻이고, 만물을 고르게 기르는 데에 준칙이 있다. 목은 동방에 해당된다. 동방은 양기가 움직이기 시작하여, 만물이 생성하기 시작한다. 목은 부딪치다는 뜻이다. 양기가 약동하여 땅과 부딪쳐서 나온다. 화는 남방에 해당된다. 남방은 양기가 위에서 작용하여 만물이 가지를 늘어뜨린다. 화는 바꾼다는 뜻이다. 양

143. 신정근 역주, 반고 저, 『백호통의』, 소명출판, 2005, pp.25~26 참조.
144. 『白虎通義』「五行篇」: 言行者, 欲言爲天行氣之義也.

기가 용사하여 만물이 변화한다. 금은 서방에 해당된다. 서방은 음기가 일어나기 시작하여 만물이 성장을 멈춘다. 금은 그치게 하다는 뜻이다. 토는 중앙에 해당된다. 중앙은 토의 영역이며, 토는 만물을 함축했다가 토해내고 품는다. 토는 토한다는 뜻이다.[145]

오행의 방위는 수가 북방, 목이 동방, 화는 남방, 금은 서방, 토가 중앙에 배속된다. 오행의 성질을 살펴보면, 수는 평평함을 뜻하고, 목은 부딪침의 성격이 있다. 화는 바뀌고 변화하는 성질, 금은 성장을 멈추는 역할, 토는 만물을 함축했다가 토해내는 특징이 있다고 설명된다.

오행은 왜 바꾸어 가며 왕 노릇을 하는가? 바뀌어 가며 상생하여 끝이 있으면 시작이 있기 때문이다. 목이 화를 낳고 화가 토를 낳으며 토가 금을 낳고 금이 수를 낳으며 수는 목을 낳는다. 그래서 목이 왕이면, 화는 상相이 되며, 토는 사死가 되고, 금은 인囚이 되며, 수는 휴休가 된다. 왕에게 극을 받은 것은 죽고 왕을 극한 것은 갇히며 왕이었던 자는

145. 『白虎通義』「總論五行」: 水位在北方. 北方者陰氣, 在黃泉之下, 任養萬物. 水之爲言准也. 養物平均, 有准則也. 木在東方. 東方者, 陽氣始動, 萬物始生. 木之爲言觸也. 陽氣動躍觸地而出也. 火在南方.南方者, 陽在上, 萬物垂枝. 火之爲言化也. 陽氣用事, 萬物變化也. 金在西方, 西方者, 陰始起, 萬物禁止. 金之爲言禁也. 土在中央, 中央者土, 土主吐含萬物, 土之爲言吐也.[번역 인용문은 신정근 역주, 반고 저, 『백호통의』(소명출판, 2005)를 참조하여 필자가 보완하여 인용한다. 이하 백호통의』 번역도 동일하다.]

쉬는 것이다.[146]

『백호통의』「오행경왕상생상승변화지의五行更王相生相勝變化之義」에서는 목생화, 화생토, 토생금, 금생수, 수생목의 오행상생 관계와 왕 · 상 · 휴 · 수 · 사의 개념을 들어 오행의 변화와 상극 원리를 함께 설명한다.

> 오행이 서로 해하는 까닭은 자연의 성질이 많은 것이 적은 것을 이기니 그래서 수는 화를 이긴다. 정밀함은 견고함을 이기니 그래서 화는 금을 이긴다. 강건함은 유약함을 이기니 그래서 금은 목을 이긴다. 오로지함은 흩어짐을 이기니 그래서 목은 토를 이긴다. 실함은 허함을 이기니 그래서 토는 수를 이긴다.[147]

이와 같이 오행의 상극 관계는 수극화, 화극금, 금극목, 목극토, 토극수의 관계로 설명되며, 이는 자연의 법칙에 따른 것이다.

> 목의 왕 노릇은 왜 72일에 그치는가? 토는 4계절의 각각 18일씩만 왕

---

146. 『白虎通義』「五行更王相生相勝變化之義」: 五行所以更王何? 以其轉相生, 故有終始也. 木生火, 火生土, 土生金, 金生水, 水生木. 是以木王, 火相, 土死, 金囚, 水休. 王所勝者死, 囚, 故王者休.
147. 『白虎通義』, 「五行更王相生相勝變化之義」: 五行所以相害者, 天地之性, 衆勝寡, 故水勝火也. 精勝堅, 故火勝金. 剛勝柔, 故金勝木. 專勝散, 故木勝土. 實勝虛, 故土勝水也.

노릇을 하고, 목화금수 4행은 토의 18일을 합하여 90일이 한 계절이 되어 90일씩 왕 역할을 한다. 토는 왜 4계절에 왕 노릇을 하는가? 목은 토가 아니면 자랄 수 없고 화는 토가 아니면 탈 수 없으며, 금은 토가 아니면 이루어질 수 없고, 수는 토가 아니면 쌓일 수 없다. 토는 미약한 것을 돕고, 쇠퇴한 것을 도와서 도를 이루게 한다. 그래서 오행이 바뀌며 왕 노릇을 하더라도 반드시 토를 필요로 한다. 토는 4계절에 왕 노릇을 하고, 중앙에 자리함으로 일정한 때에 이름 붙일 수 없다.[148]

즉, 토왕사계절 이론에 따라 네 계절 각각의 18일과 목 · 화 · 금 · 수의 72일을 합산해 한 계절 90일이 왕을 이루고, 토의 역할은 사계절과 우주의 중심을 담당한다.

소양은 인寅에서 나타나서, …… 묘卯에서 왕성하고, …… 진辰에서 쇠퇴하며, …… 그 날은 갑甲과 을乙이고, …… 방위는 동쪽이고 그 색은 청색이며 그 음은 각이다. …… 태양은 사巳에서 나타나서, …… 오午에서 왕성하고, …… 미未에서 쇠퇴하며, …… 그 날은 병丙과 정丁이고, …… 방위로는 남쪽이고 그 색은 적색이며 그 음은 치이다. …… 소음은 신申에서 나타나서, …… 유酉에서 왕성하고, …… 술戌에서 쇠퇴

148. 『白虎通義』「五行更王相生相勝變化之義」: 木王七十二日何? 土王四季各十八日, 合九十日爲一時, 王九十日. 土所以王四季何? 木非土不生, 火非土不榮, 金非土不成, 水非土不高, 土扶微助衰, 歷成其道, 故五行更王, 亦須土也. 王四季, 居中央, 不名時.

하며, …… 그 날은 경庚과 신辛이고, …… 방위는 서쪽이고 그 색은 백색이며 그 음은 상이다. 태음은 해亥에서 나타나서, …… 자子에서 왕성하고, …… 축丑에서 쇠퇴하며, …… 그 날은 임壬과 계癸이고, …… 방위는 북쪽에 있으며 그 음은 우이다. …… 토土는 중궁이 되고 그 날은 무戊와 기己이며, …… 그 음은 궁이다.[149]

인묘진寅卯辰은 동쪽, 사오미巳午未는 남쪽, 신유술申酉戌은 서쪽, 해자축亥子丑은 북쪽을 나타내며, 소양 · 태양 · 소음 · 태음으로 사상을 분류한다. 견見, 성盛, 쇠衰는 각 지지의 성쇠를 담고 있다. 그 밖에 『백호통의』 「음양성쇠」에 명시된 계절의 분류, 제帝, 신神, 정精 등 오행의 작용을 다음 페이지의 〈표 7〉과 같이 요약할 수 있다.

『백호통의』의 음양오행 결합과 체계적 완성

『백호통의』에서는 봄(목)을 소양, 여름(화)을 태양, 가을(금)을 소음, 겨울(수)을 태음이라 했는데, 이는 바로 후한의 장제가 흠정欽定한 내용이다. 이 『백호통의』의 출현은 오행과 음양이 서로 결합하는 방식

149. 『白虎通義』 「陰陽盛衰」: 少陽見於寅, …… 盛於卯, …… 衰於辰, …… 其日甲乙, …… 位在東方, 其色靑, 其音角. …… 太陽見於巳, …… 壯盛於午, …… 衰於未, …… 其日丙丁, …… 位在南方, 其色赤, 其音徵. …… 少陰見御申, …… 壯於酉, …… 衰於戌, …… 其日庚辛, …… 其位西方, 其色白, 其音商. …… 太陰見於亥, …… 壯于子, …… 衰于丑, …… 其日壬癸, …… 其位在北方, 其音羽. …… 土爲中宮, 其日戊己, …… 其音宮.

〈표 7〉『백호통의』의 음양오행 분류표

<table>
<tr><th>五行</th><th colspan="6">木</th><th colspan="6">火</th><th colspan="6">土</th><th colspan="6">金</th><th colspan="6">水</th></tr>
<tr><td>味</td><td colspan="6">酸</td><td colspan="6">苦</td><td colspan="6">甘</td><td colspan="6">辛</td><td colspan="6">咸</td></tr>
<tr><td>臭</td><td colspan="6">羶(누린내)</td><td colspan="6">焦(타는내)</td><td colspan="6">香(향내)</td><td colspan="6">腥(비린내)</td><td colspan="6">腐朽(썩은내)</td></tr>
<tr><td>사상</td><td colspan="6">少陽</td><td colspan="6">太陽</td><td colspan="6"></td><td colspan="6">少陰</td><td colspan="6">太陰</td></tr>
<tr><td>왕쇠</td><td colspan="2">見</td><td colspan="2">盛</td><td colspan="2">衰</td><td colspan="2">見</td><td colspan="2">盛</td><td colspan="2">衰</td><td colspan="2"></td><td colspan="2"></td><td colspan="2"></td><td colspan="2">見</td><td colspan="2">盛</td><td colspan="2">衰</td><td colspan="2">見</td><td colspan="2">盛</td><td colspan="2">衰</td></tr>
<tr><td>12지지</td><td colspan="2">寅</td><td colspan="2">卯</td><td colspan="2">辰</td><td colspan="2">巳</td><td colspan="2">午</td><td colspan="2">未</td><td colspan="2"></td><td colspan="2"></td><td colspan="2"></td><td colspan="2">申</td><td colspan="2">酉</td><td colspan="2">戌</td><td colspan="2">亥</td><td colspan="2">子</td><td colspan="2">丑</td></tr>
<tr><td>意</td><td colspan="2">演</td><td colspan="2">茂</td><td colspan="2">震</td><td colspan="2">必起</td><td colspan="2">滿長</td><td colspan="2">味</td><td colspan="2"></td><td colspan="2"></td><td colspan="2"></td><td colspan="2">身</td><td colspan="2">老</td><td colspan="2">滅</td><td colspan="2">亥</td><td colspan="2">孳</td><td colspan="2">紐</td></tr>
<tr><td>십이율</td><td colspan="2">大簇</td><td colspan="2"></td><td colspan="2">姑洗</td><td colspan="2">仲呂</td><td colspan="2">蕤賓</td><td colspan="2">林鍾</td><td colspan="2"></td><td colspan="2"></td><td colspan="2"></td><td colspan="2">夷則</td><td colspan="2">南呂</td><td colspan="2">無射</td><td colspan="2">應鍾</td><td colspan="2">黃鍾</td><td colspan="2">大呂</td></tr>
<tr><td>日(날수)</td><td colspan="3">甲</td><td colspan="3">乙</td><td colspan="3">丙</td><td colspan="3">丁</td><td colspan="3">戊</td><td colspan="3">己</td><td colspan="3">庚</td><td colspan="3">辛</td><td colspan="3">壬</td><td colspan="3">癸</td></tr>
<tr><td>狀態</td><td colspan="3">껍질</td><td colspan="3">蕃屈</td><td colspan="3">炳明</td><td colspan="3">強</td><td colspan="3">茂</td><td colspan="3">抑屈起</td><td colspan="3">更</td><td colspan="3">陰始成</td><td colspan="3">陰始任</td><td colspan="3">揆度</td></tr>
<tr><td>계절</td><td colspan="6">봄</td><td colspan="6">여름</td><td colspan="6"></td><td colspan="6">가을</td><td colspan="6">겨울</td></tr>
<tr><td>意</td><td colspan="6">偆(꿈틀대다)</td><td colspan="6">大(커진다)</td><td colspan="6"></td><td colspan="6">愁(슬프다)</td><td colspan="6">終(끝나다)</td></tr>
<tr><td>方位</td><td colspan="6">東</td><td colspan="6">南</td><td colspan="6">中宮</td><td colspan="6">西</td><td colspan="6">北</td></tr>
<tr><td>色</td><td colspan="6">青</td><td colspan="6">赤</td><td colspan="6"></td><td colspan="6">白</td><td colspan="6"></td></tr>
<tr><td>音</td><td colspan="6">角</td><td colspan="6">徵</td><td colspan="6">宮</td><td colspan="6">商</td><td colspan="6">羽</td></tr>
<tr><td>帝</td><td colspan="6">太皞</td><td colspan="6">帝炎</td><td colspan="6">黃帝</td><td colspan="6">少皞</td><td colspan="6">顓頊</td></tr>
<tr><td>神</td><td colspan="6">勾芒</td><td colspan="6">祝融</td><td colspan="6">后土</td><td colspan="6">蓐收</td><td colspan="6">玄冥</td></tr>
<tr><td>精</td><td colspan="6">青龍</td><td colspan="6">鳥離</td><td colspan="6"></td><td colspan="6">白虎</td><td colspan="6">玄武</td></tr>
</table>

이 최종적으로 확정되었음을 나타낸다.[150] 『백호통의』에서 방위 · 색 · 음을 오행에 배속시키면서 목화금수토 오행을 음양과 결합시킨다. 목: 소양, 화: 태양, 금: 소음, 수: 태음으로 사행四行을 음양에 배합하고 토는 중궁中宮이라 하여 음양 중간에 배합함으로써 오행이 음양

150. 은남근 지음 이동철 옮김, 『오행의 새로운 이해』, 법인문화사, 2000, p.102 참조.

에 온전하게 배속되었다.[151] 은남근과 강성인은『백호통의』에서 오행을 음양에 배속함으로서 오행과 음양의 결합 방식이 최종적으로 확정되었다고 평가한다.

『백호통의』는 자연 · 사회 · 윤리 · 제도 전반을 음양오행론으로 설명하며, 전반적인 체계를 완성했다. 목 · 화 · 금 · 수 · 토의 방위 · 성질 · 상생 · 상극 관계와 왕상휴수사, 소양 · 태양 · 소음 · 태음의 음양 사상 배속, 오미 · 오색 · 방위 · 계절 · 신격 등 각 분야의 대응 체계를 마련했다. 이로써 목 · 화 · 금 · 수 · 토 오행이 음양에 온전히 배속되어 오행과 음양의 결합 방향이 체계적으로 마련되었고,『백호통의』는 한대 음양오행 사상의 완성판으로 자리 잡게 되었다.

6.『주역참동계』의 태일(태극) 음양오행 사상 융합

『주역참동계』(이하『참동계』로도 약칭)의 성립과 구조에 대해 학계에서는 다양한 견해가 제시되었다. 대표적인 의견은 다음과 같다.

현재『주역참동계』의 원래 저작 상태 그대로 전해지는 원본은 찾아볼 수 없으며, 팽효의『주역참동계분장통진의周易參同契分章通真義』가

151. 강성인,「中國古典에서 漢代 陰陽五行論의 성숙과정 考察–『淮南子』·『春秋繁露』·『白虎通義』를 중심으로」, 한국외국어대학교 중국연구소,『중국연구』80권 2019. p.12 참조.

그것을 소개한 최초의 주석서이자 원문이다.[152] 여러 논란과 의심에도 불구하고 현재까지의 정설은 이 책의 저자가 동한시대(25~220)의 위백양이며, 이 책이 쓰인 연대는 대략 서기 126년에서 167년 사이 동한東漢의 순제順帝에서 환제桓帝 사이일 것으로 추정한다.[153]

『주역참동계』의 오행 · 천문 통합 구조

『참동계』에서 오행학설이 채용된 부분을 보면 6장의 '여시응사시如是應四時, 오행득기리五行得其理', 9장의 '감무월정坎戊月精, 이기일광離己日光, 일월위역日月爲易, 강유상당剛柔相當, 토왕사계土王四季, 나락시종羅絡始終, 청적백흑靑赤白黑, 각거일방各居一方, 개품중궁皆稟中宮, 무기지공戊己之功', 19장의 '일함오행정日含五行精, 월수육률기月受六律紀', 39장 '추연오행수推演五行數, 교약이부번較約而不繁', 45장 '오행수계五行守界, 부망영축不妄盈縮'등이다.

이 구절들을 보면 사시오행을 통해 자연의 이치를 얻을 수 있다는 점과 일월, 감리의 역학체계에 있어서 토의 중요성을 강조하기도 했고, 오행의 정기가 갖춰진 일월의 이치에 대해서도 설명하였다.[154] 즉 『참동계』는 상수역학의 화후 과정 해설, 내단의 금 회복 등 다양한 영

152. 李允熙 註解, 『參同契闡幽』, 여강출판사, 2000, p.17 참조.
153. 박연주, 「『주역참동계』를 통한 기공수련에 관한 고찰」, 경희대학교 한의학과 석사학위청구논문, 2001, p.3 참조.
154. 임명진, 「『周易參同契』 연구」, 대전대학교대학원 박사학위청구논문, 2010, p.40 참조.

역에 오행 개념을 유기적으로 활용하며, 신비적 체험을 드러내는 효과적인 상징체계로 삼았다. 본문 곳곳에서 사시 · 일월 · 감리 체계와 융합된 오행 이치를 서술하고, 특히 토의 중심성과 일월에 응집된 오행 정기의 중요성을 강조함이 특징적이다.

『참동계』에서는 음양과 오행의 협력과 상관성에 대해 다방면에서 설명하고 있다. 예컨대, "목정인 단사가 금을 얻어 아우른다. 금과 수가 합해지고 목과 화가 짝이 된다. 네 가지가 뒤섞인 것을 늘어놓으면 용호가 된다. 용은 양으로 기수에 해당하고, 호는 음으로 우수에 해당한다."[155] 또 "해는 오행의 정기와 합하고 달은 육률의 벼리를 받는다."[156]와 같은 구절에서 음양과 오행의 긴밀한 관계가 드러난다.

이와 같이 『참동계』 원문에서는 "음양을 상징하는 용호는 목과 금, 금과 수, 목과 화의 결합과 화합으로 설명되고, 단약의 완성은 감무坎戊와 이기離己의 결합으로 표현되기 때문이다. 이러한 음양과 오행의 관계는 '삼오지정도三五至精圖'라고 부른다.[157] 즉, 『참동계』에서 음양과 오행의 결합은 단순한 이론적 설명에 그치지 않고, '삼오지정도'라는 구체적 도식을 통해 시각화되어 내단 수련의 실질적 지침으로 활용됨을 알 수 있다.

---

155. 『周易參同契』: 丹砂木精章第七十六 丹砂木精, 得金乃并. 金水合處, 木火爲侶. 四者混沌, 列爲龍虎. 龍陽數奇, 虎陰數偶.
156. 『周易參同契』: 日合五行精章第十九, 日合五行精, 月受六律紀.
157. 이봉호, 「『참동계』와 태극(태일)-음양-오행 체계」, 『대순사상논총』, 제37집, 2021, p.284 참조.

> 태양유주는 항상 사람을 떠나가려 하지만, 마침내 금화를 얻으면 서로 전환하여 감응하며, 변하여 흰 액체가 되고 엉기어 지극히 견고해진다. 금화가 먼저 부르면 잠깐 사이에 풀어져서 물이 되고, 엉기면 말 이빨 같고 옥돌 같다. 양은 이에 가서 화답하니, 정과 성이 자연스레 결합한다. 음의 때가 가깝게 닥치면 잡아 가두고 문을 잠가 놓는다. 자애로운 어머니가 길러 키우니 효자가 은혜를 갚고, 엄한 아버지가 명령을 내려 자손을 가르치고 다스린다. 오행이 뒤섞여 왕성하게 자라나고 서로 의거하여 생하니, 화의 성질은 금을 녹이고 금은 목을 쳐내어 영화로워진다. 삼과 오가 하나가 되니 천지의 지극한 정이다. 구결로 전할 수는 있으나 글로 전하기는 어렵다.[158]

태양유주장 제68의 이 인용문은 태양유주(수은)와 금화(납)가 만나 서로 감응·융합되는 단약 연단의 과정을 오행 상생 · 상극 이론에 비유하여, 음양의 순환 속에서 부드럽게 변화하고, 강 · 유가 결합하며 생명의 근원이 완성됨을 설명한다. 이 연단 과정은 만물 생장과 도리와도 연결되어, 부모와 자식 · 효심 · 가르침 · 성숙 등 인간 윤리 및 오행의 구조적 조화까지 함께 포괄하며, 삼오의 화합이 우주 질서의 핵심이라는 철학적 의미로 귀결된다.

158.『周易參同契』: 太陽流珠, 常欲去人, 卒得金華, 轉而相因, 化爲白液, 凝而至堅. 金華先唱, 有頃之間, 解化爲水, 馬齒闌干. 陽乃往和, 情性自然, 迫促時陰, 拘畜禁門. 慈母育養, 孝子報恩, 嚴父施令, 教敕子孫 五行錯王, 相據以生, 火性銷金, 金伐木榮. 三五與一, 天地至精. 可以口訣, 難以書傳.

> 자와 오의 수를 합하면 삼이고, 무기(토)는 오라 불린다. 삼오가 이미 조화를 이루면 팔석이 바르게 규율을 세운다. 날숨과 들숨이 서로 머금고 기르다가 숨이 멈추어질 때 부부가 된다. 황토는 금의 아비요 액체 구슬은 물의 어머니다. 물은 흙을 귀신으로 여기는데 흙이 물을 내리누르면 물은 일어나지 못한다. 주작은 불의 정인데 평형을 잡고 승부를 조절한다. 물이 왕성하면 불은 소멸하고, 물도 함께 죽어서 두터운 흙으로 돌아간다. 세 가지 성이 모여 합쳐지니 본성이 본래 같은 조상이었음을 알게 된다.[159]

위 예문은 오행의 수리적 상생상극 관계와 내단 변화 과정을 통해 만물의 본성이 귀일歸一로 회귀하며, 토 · 금 · 수 세 가지 성질이 융합되어 근본 조상이 하나임을 밝힌다.

이 인용문에서 '자와 오의 수'는 북방의 자와 그 방위에 해당하는 오행 중의 수를 상징하는 숫자 1과 남방의 오와 그 방위에 해당하는 오행 중의 화를 상징하는 수 2를 합하면 3이 된다는 말이다. 이는 수와 화가 결합한 수 3을 의미한다. '무와 기'는 납갑설에서 오행중의 토에 해당하고, 토의 수는 5이다. 팔석은 수와 화, 토가 결합한 것, 다시 말해 수화가 토에서 합한 것을 의미하고 이것이 숫자 8이 되어 약물로 쓰일 팔석의 기준이 된다는 말이다. 두 인용문에서 보이듯이,

159. 『周易參同契』上卷 제11장 : 子午數合三 戊己號稱五 三五旣和諧 八石正綱紀 呼吸相含育 佇息爲夫婦 黃土金之父 流珠水之母 水以土爲鬼 土鎖水不起 朱雀為火精 執平調勝負 水盛火消滅 俱死歸厚土三 性旣合會 本性共宗祖.

음양과 오행의 결합을 설명하는 내용에서 『참동계』는 '삼오여일三五與一'이라는 원칙을 제시한다.[160]

> 건곤 두괘는 역도의 문호이니 단가의 정기를 의미한다. …… 사람 몸에는 각기 조화가 갖추어져 정과 기가 결합하여 태를 이루고.[161]

외단의 용어를 사용하여 내단을 설명한다는 것은 구체적으로 정기鼎器가 인신人身을 비유한다고 여기는 것을 의미한다. 그런데 정기와 인신을 그대로 등치시킬 수 없다. 외단에서 보면 감리성단坎離成丹하는 복잡한 연쇄반응의 과정을 설명하기 위해 오행을 사용한 것이지만, 내단에서는 이것을 그대로 사용하기가 불편하다. 왜냐하면 인체는 정기보다 훨씬 복잡한 구조로 이루어져 있고 설명해야 할 것이 많기 때문이다. 그래서 일반적으로 오행으로 오장을 설명하고 감리로 혼백을 설명하는 방식을 취한다. 그리고 좀더 혼백을 자세히 설명할 때에는 정기신精氣神이란 삼화三華를 사용한다. 이렇게 하면 감리와 오행이 동시적인 것이 아니라 다른 수련의 단계가 된다. 즉 태극도의 오행 → 양의 → 무극의 순서와 같이 정렬되게 된다. 태극도를 보면 오행의 상단부에 반원이 음양 양의에 붙어 있는데, 내

160. 이봉호, 「『참동계』와 태극(태일)-음양-오행 체계」, 『대순사상논총』, 제37집, 2021, p.286 참조.

161. 『古本參同契集註』 乾坤二卦, 爲易道之門戶, 即丹家之鼎器. …… 人身各具造化, 精氣合而成胎.

단의 연성 과정에 의하면 오장의 기가 모여 다음 단계로 올라간다. 즉 태극도의 이 부분과 정확하게 일치한다. 사실상 주렴계나 주자 모두 왜 오행도와 양의도가 그런 모양으로 연결되어야 하는가에 대해서는 설명을 하고 있지 않다. 주렴계와 주자의 설명만을 근거해 볼 때, 이 부분을 그와 같은 방식으로 그려야 할 이유가 없다. 왜냐하면 '오행일음양야五行一陰陽也. 음양일태극야陰陽一太極也. 태극본무극야太極本無極也.'에 근거하면 오행과 음양은 사실상 동일한 것을 그린 것이다.[162] 즉, 『주역참동계』는 외단에서의 정기鼎器를 인신人身에 그대로 등치시키기는 어렵기 때문에, 내단에서는 오행, 감리, 삼화 등 여러 상징과 단계적 구조를 통해 인체와 수련의 과정을 해석한다. 오행, 음양, 태극은 궁극적으로 동일한 원리에 근거하며, 내단 도식은 상징적으로 연결된 각 단계가 구분되어도 본질적으로 하나의 원리에 수렴한다.

태일 · 음양 · 오행 체계의 완성과 사상적 수용

『주역참동계』의 큰 특징은 음양오행설로 연단술의 화학 지식을 해석한 점이고, 바로 이 점은 음양오행설의 새로운 발전 방향을 의미한다. 하지만 분명한 것은 한대 음양오행설은 역학의 발전과 하나로 연

162. 서대원, 「『參同契』와 太極圖」, 『동양철학연구』 제47집 동양철학연구회, 2006, p.359 참조.

결되어 있다는 점이다. 맹희 · 경방역학은 『역위』로 이어지고, 정현, 순상의 『주역』 해석에 이르기까지 모두가 음양오행설로 받아들였고, 나아가 한대의 음양오행학설을 발전시켰다. 이러한 인식을 바탕으로, 위백양은 음양오행학설을 『주역』 계통으로 편입시켜 『주역』을 연단술의 이론적 기초로 삼았다.[163]

> 추위가 오고 더위가 가며, 384효 위에서 움직임이 이루어진다. 월토月兎가 일어나고 일오日烏가 가라앉으며, 384일 동안 오르내림이 있다. 이 모든 변화는 모두 건곤乾坤 두 괘의 본체에서 시작되어 이루어지는 것이다.[164]

우주나 인체의 모든 변화가 계절처럼 반복되고 음 · 양과 같이 서로 대립하는 성질을 가진다. 즉, 달 속 토끼와 해 속 까마귀가 번갈아 나타나며 그 운동과 변화가 끊임없이 일어난다는 것을 비유적으로 보여준다.

> 세상 사람들이 만약 삶을 연장하고 죽음을 피하고자 한다면 반드시 '몸이 시작하고 끝나는 근본'을 알아야 한다. 그 '시작과 끝'이 곧 원기元氣

---

163. 박종태, 「『주역참동계』의 내단학과 양생의 원리」, 공주대학교대학원 석사학위 청구논문, 2020, pp.68~69 참조.

164. 『周易參同契通眞義』(道藏 20권) : 寒來暑往, 運行於三百八十四爻. 兎起烏沈, 升降於三百八十四日. 此皆始於乾坤二卦之體,而成變化者也.

> 이다. 환단을 닦는다는 것은 전적으로 이 원기에 의거해 이루어진다는 뜻이다. 즉, 무한한 원기를 유한한 몸에 이어주는 것이다. 이 무한한 원기란 바로 천지의 음양이 장생하는 참된 정기, 신성한 아버지와 영묘한 어머니의 기운이다. 유한한 몸이란 음양의 짧고 혼탁한 기운, 곧 일반 부모의 기운이다. 그러므로 진정한 부모의 기운으로 일반 부모에게서 받은 몸을 변화시켜 순수한 순양진정의 형태로 만들면, 천지와 함께 영원히 살게 된다. …… 몸에 음陰이 없으니 어찌 죽음이 있을 수 있겠는가![165]

삶과 죽음, 인간의 생명은 우주적 기운인 태일(천지의 순수 정기), 즉 양의 근원과 인체 내 음양 · 오행의 조건이 결합할 때 근본적으로 변화하거나 장생에 이르게 된다는 것이다. 즉, 『주역참동계』에서는 자연의 법칙(태일, 음양, 오행)이 인간의 몸과 삶에도 그대로 적용된다고 보며 이 모든 원리가 연결 · 통합 · 완성된다는 점을 강조하고 있다. 이러한 사상적 통합 구조에 대해 서대원은 "『참동계』는 음양오행과 태일(태극) 사상을 역학 및 연단술과 융합하여 하나의 종합적 체계를 완성했다."[166]라고 평가한다.

---

165. 『周易參同契通眞義』(道藏 20권) : 魏公謂: 世人欲延生命却死期者, 須知得身之始末. 始末者, 元氣也. 喩修還丹全因元氣而成. 是將無涯之元氣, 續有限之形軀.無涯之元氣者, 天地陰陽長生眞精, 聖父靈母之氣也. 有限之形軀者, 陰陽短促濁亂, 凡父母之氣也. 故以眞父母之氣, 變化凡父母之身, 爲純陽眞精之形, 則與天地同壽也. …… 身旣無陰那得死!.

166. 서대원, 「參同契 와 太極圖」, 『동양철학연구』 제47집, 동양철학연구회, 2006,

『참동계』는 역학과 연단술을 결합하면서 태일(태극)-음양-오행의 체계를 사상적으로 완성해 낸다. 『참동계』의 현존 최고본은 팽효彭曉의 『주역참동계분장통진의周易參同契分章通眞義』이다. 이들 판본에 『태극도』는 보이지 않으나, 태일(태극)-음양-오행의 체계는 『참동계』에서 완성됨을 서대원에 의해 검토되고 해명되었다. 『참동계』는 태일신 신앙체계와 동중서의 음양오행론, 오행을 역학에 끌어들인 한대 역학을 수용해 이 체계를 사상적으로 형성한 것으로 볼 수 있다. 다만 『참동계』에서는 '태극'이라는 용어가 등장하지 않고, '태일'이라는 연단을 주관하는 신이자 신선계의 천신이 등장한다. 태일은 당대에 이르러서는 '태극'으로도 표현된다. 한무제의 조신운동造神運動에서 신격의 체계는 태일신 → 천일신(건괘; 양인 신), 지일신(곤괘; 음인 신) → 오제신(오행신)이었다. 이러한 신학 체계가 『참동계』 연단술에서 태일-음양-오행으로 전이되면서 하나의 체계를 세운 것은 분명해 보인다.

후대로 오면서 '태일'의 자리에 '태극'을 대체하면서 『성리대전』에 실려 있는 북송시기 주돈이(1017~1073)의 「태극도」와 같이 태극-음양-오행의 체계가 확립되었으며, 주돈이의 「태극도」는 동한시기의 『주역참동계』에서 연원한다는 학설이 정설처럼 인식되고 있다.[167] 『주역참동계』는 음양오행과 태일(태극) 사상을 역학 및 연단술과 융합하

---

p.332 참조.

167. 이봉호, 「『참동계』와 태극(태일)-음양-오행 체계」, 『대순사상논총』, 제37집, 2021, pp.289~290 참조.

여 하나의 종합적 체계를 완성했으며, 현존 최고본에서는 태극도의 도상은 보이지 않지만, 태일-음양-오행의 구조는 일관되게 드러난다. 후대에 이르러 '태일'의 개념이 '태극'으로 대체되면서, 북송의 주돈이 「태극도」는 『참동계』의 이론적 연원을 이어받아 태극 · 음양 · 오행 철학체계를 확립한 것으로 평가되고 있다.

『주역참동계』는 후한의 위백양이 한대 역학과 도교 연단술을 종합해 사상적으로 완성한 저작으로, 태극이란 용어 대신 태일이 북극성 천신으로 등장한다. 태일(태극) · 음양 · 오행 체계를 정립하고, 경방 역학, 감리위역설, 일월위역설, 오행전도설 등 다양한 이론을 수용 · 발전시켜 오행의 상생 · 상극 논리를 내단 수련과 금단 제작, 그리고 인체 · 자연 · 우주 해명에 통합적으로 적용하였다. 태일은 최고 신격으로 설정되어 한대 도교의 태일 신앙과 음양오행론을 융합하며, 주돈이의 「태극도」로 이어져 동아시아 우주론의 핵심 구조를 제공하였다. 이로써 『주역참동계』의 태일 · 음양 · 오행 체계는 이후 송대 태극도 사상과 동아시아 내단 · 우주론의 중심축으로 자리매김하게 된다.

5장

나가는 글

음양오행은 동양 사상의 중심에 있는 거대한 관념 체계이지만, 장구한 세월에 걸쳐 점진적으로 구체화되었다. 음양의 최초 의미는 햇빛이 비치는 곳과 등진 곳을 가리키는 것이었으며, 갑골문과 금문의 음양 관념은 단순하고 직관적인 자연현상 분류를 보여준다. 여기서 비롯된 음양은 자연현상의 구체적 분류에서 출발해, 점차 만물의 보편적 원리로 확대되었다.

초기의 '음양侌昜' 표기는 후대에 '음양陰陽'으로 정착되었으며, 『시경』에서는 음이 어둠, 침잠, 강우 등 자연 변이의 상징으로, 『좌전』에서는 각종 이변이나 기이한 현상을 '음양의 일'로 설명하는 등 다양한 방식으로 해석되었다. 『국어』의 음양 관념은 육기를 바탕으로 하며, 음양은 추상적 철학 의미를 갖춘 천지간의 두 종류의 기로 설명된다. '양기'가 최초로 나타난 문헌은 『국어』 「주어상」으로, 음양과 기가 최초로 결합하는 사례다. 『역경』에서는 '음'이 한 차례 등장해 그늘의 의미로 쓰이고, 『역전』에서는 음양을 상호 교감 · 함섭 · 전화 · 상착상박 관계로 파악하였다. 노자는 음양을 만물이 보편적으로 갖추는 대립적 본질과 작용의 추상적 범주로 고도화하였고, 『장자』는 자연과 사회 현상 해석의 도구로 삼았다. 『묵자』의 음양은 사계절 변화와 계절적 해석 위주였음을 확인할 수 있다.

오행 역시 실용의 다섯 재료에서 시작해, 전국시대와 한대에 이르러서는 만물 생성의 요소, 철학 · 정치적 원리로 발전했다. 『홍범』의 오행은 철학적이기보다 실제적인 생활 재료를 의미했고, 『좌전』과 『국어』에서는 단지 다섯 가지 재료라는 기본 인식 수준에 머물러 있었다. 『묵자』는 오행을 전쟁에서 신호 전달 등 일반화된 상징으로 활용했으나, '오행무상승五行無相勝'이 아닌 '오행무상승五行無常勝'을 강조했다. 진한 교체기엔 오덕종시 관념에 따라 정치 제도에도 반영되었고, 한대에 이르러 음양오행은 종교 · 정치 · 학술 등 모든 영역에 깊이 사용되었다. 이후 중국 사회 전반의 우주관념은 더욱 심화되어 초월적인 영향력을 가지게 되었다.

전국 말기 이전에는 음양과 오행이 각기 독립적으로 개념화되었으며, 이들이 체계적으로 결합하기 위해서는 개념 확정이 선행되어야 한다. 음양과 오행의 완전한 체계적 결합은 한대에 이르러서야 달성된다. 한대 기화론은 '음양－사시－오행'을 골격으로 하며, 이는 태일–음양–오행 체계를 신학적으로 정립하거나 역학 이론에 도입해 연단 이론으로 해석된 연단 체계, 그리고 태극－음양－사시－오행 체계 등으로 나누어진다. 이들 체계는 태일 또는 태극을 상위 개념으로 삼으며, 원기 또는 일기로 이해한다.

특히 태일은 고대에 북극성의 신격으로 이해되다가, 한대에 이르러서는 우주와 만물의 변화 · 운동을 주관하는 기氣의 개념으로 전환된다. 태일과 태극은 모두 한나라 시기에 원기 또는 일기 개념으로 해석되며, 음양과 오행의 상위 근원으로 통합되었다. 이 과정에서 『노자』 42장의 '도생일, 일생이, 이생삼, 삼생만물' 발생론과 「계사전」의 '태극－음양－사상－팔괘' 논리가 결합되어, 일기에서 음양이 분화되고 음양에서 오행과 사시가 전개되는 체계가 자리를 잡았다. 이렇게 형성된 한대의 기론은 태일과 태극을 만물 생성과 변화의 궁극적 근거로 규정하는 특징을 보인다.

음양오행의 결합을 위해서는 음양과 오행을 연결하는 기개념이 필요했다. 이 기가 음양의 상위 개념이 되면서, 이 기를 태일과 태극으로 해석한다. 태일은 종교적, 태극은 역학적 개념으로 한무제시기 음양오행 체계와 연결된다. 태일 중심의 대일통사상이 모든 권력을 한무제에게 집중시켰으며, 이 신격 구조는 한대 말기 『참동계』에서 태일－음양－오행의 체계로 정립된다.

음양과 오행의 체계적 결합 시기에 대한 논란은 기존 연구에서 추연의 이론을 중심으로 보는 시각과 『관자』, 『여씨춘추』, 『춘추번로』, 『백호통의』 등 고전 문헌에 기반한 논의로 나뉜다. 이런 다층적 논의를 따라 오행과 음양의 배속, 계절 · 천간 · 지지 적용 방식, 그리고 방위 · 색채 · 음성 등 세부적 대응이 시대별로 발전해왔다. 예컨대 『관자』와 『여씨춘추』에서는 배속의 불완전함, 『회남자』에서는 토의 계절배당의 한계 등 동시대 논리와 실제의 괴리가 지적된다. 반면 『춘추번로』에서는 음양오행의 관계와 각 오행간 상호작용이 한층 분명하게 드러나지만, 토의 음양 분류 등에서 미흡한 점이 있다. 『백호통의』에 이르러 목, 화, 금, 수, 토 각 오행이 음양에 분명히 배속되어 음양오행의 결합이 사실상 완성된 것으로 평가받는다. 이후『주역참동계』에서는 태일(태극) · 음양 · 오행의 구조가 완비되고, 주돈이의 태극도로 이어지면서 동아시아 우주론의 사상적 기초가 확립된다.

이 책에서는 음양의 개념화 과정과 오행의 개념화 과정, 그리고 두 체계가 결합하는 원리와 형성 과정을 논리적 · 통시적으로 해명하였다. 시대별로 먼저 음양 개념이 확립되고, 뒤이어 오행 개념이 등장했으며, 최종적으로는 음양과 오행을 연결하는 태일(태극) 개념이 정립되어 전체 체계가 완성되는 과정을 중점적으로 다루었다.

음양과 오행은 각각 개념적 독립을 거친 후, 기氣라는 매개를 통해 논리적 결합에 이르게 된다. 기존 연구가 이러한 개념화와 결합의 논리를 충분히 설명하지 못한 한계를 지적하면서, 이 책은 음양오행의 논리적 오류와 시대적 모호성을 해소하고자 하였다. 특히, 한대에 이르러 기 개념, 태일(태극) 논의가 선행되어야만 음양오행 체계의 결합이 완성됨을 강조하였다.

이 책의 학문적 의의는 네 가지로 정리된다. 첫째, 음양 · 오행의 개념화 과정을 논리적으로 추적, 기존 연구의 개념 규정 미비를 보완하였다. 둘째, 시대별 변천과 결합 논리의 핵심 전환점을 밝혀, 음양오행 개념의 형성과 결합 시기와 논리가 명확하게 드러나도록 했다. 셋째, 음양오행 결합의 조건, 논리, 논란의 해소 과정을 구체적으로 해명했다. 넷째, 결합의 논의를 태일(태극)까지 확장하고, 기氣라는 상위 범주의 전제를 명확히 규명해, 음양 · 오행 · 태일(태극) 체계의 완성 과정을 종합적으로 밝혔다.

음양오행사상은 오늘날에도 한의학, 풍수지리, 명리학 등 건강 · 건축 · 환경 · 인간관계 등 다양한 분야에서 실용적으로 적용되며, 자연과 인간, 사회의 조화와 균형을 실현하는 핵심 원리로 자리잡고 있다. 오행의 상생 · 상극은 인체 건강, 환경 보전, 지속 가능한 발전, 삶의 균형 유지 등에 통찰을 제공하며, 각종 분야에서 음양오행론의 실천적 응용과 영향력은 지속적으로 확대되고 있다.

결국 음양오행은 고대 동양 사상의 근간이면서도 현대 사회에서 인간과 자연의 조화를 위한 실천적 원리로 계승되어, 세대를 초월하는 가치와 응용력을 지니고 있다. 이로써 음양오행 체계의 철학적 발전 과정과 그 영향력, 그리고 실천적 의의가 정리된다고 할 수 있다.

참고문헌

■原典類

『古本參同契集註』 『論語集註』 『詩經』 『周易正義』
『管子』 『論衡』 『易經』 『周易參同契』
『國語』 『墨子』 『易緯』 『春秋繁露』
『道德經』 『白虎通義』 『易緯乾鑿度』 『春秋左氏傳』
『道德眞經注』 『史記』 『列子』 『漢書』
『呂氏春秋』 『史記列傳』 『莊子』 『鶡冠子』
『列子』 『尙書』 『莊子集解』 『黃帝內經素問』
『禮記』 『說文解字通釋』 『周禮』 『黃帝四經』
『老子』 『說文解字』 『周易』 『淮南子』

■單行本

거자오광 지음, 이동연 외 옮김, 『중국사상사』, 일빛출판사, 2013.
顧詰剛, 「五德終始說下的政治和歷史」, 『古史辨』 제5책, 上海人民出版社, 1982.
김필수, 고대혁, 신창호 옮김, 『관자』, 소나무, 2021.
杜預注, 孔穎達正義, 『春秋左傳正義』, 北京大學出版社, 2000.
梁啓超, 「陰陽五行說之來歷」, 『古史辨』 제5책, 上海古籍出版社, 1982.
리쩌허우 지음, 정병석 옮김, 『중국고대사상사론』, 한길사, 2005.
庞朴, 『沉思集』, 上海人民出版社, 1982.
白奚, 「稷下學硏究」, 三聯書店, 1998.

白奚,「鄒衍四時教令思想考索」, 文史哲, 首都師範大學 東方文化研究所, 2001.
사카데 요시노부 주편, 이봉호 등 번역,『도교백과』, 파라북스, 2018.
常正光,「陰陽五行學說與殷代方術」,『中國古代思維模式與陰陽五行說探源』, 江蘇古籍出版社, 1998.
羅竹風 主編,『漢語大詞典』, 漢語大詞典編纂處編. 漢語大詞典出版社, 1993, 전자판上海
徐復觀,「陰陽五行及其有關文獻的研究」,『中國人性論史(先秦篇)』, 上海三聯書店, 2002.
徐復觀,『兩漢思想史』 제2권(『徐復觀先生文集』제9권), 臺灣學生書局, 1975.
성기옥 역주,『논형』, 동아일보사, 2016.
성백효 역주,『서경집전』, 전통문화연구회, 1996.
성백효 역주,『예기』, 전통문화연구회, 2021.
蕭良琼,『從甲骨文看五行說的淵源』,『中國古代思維模式與陰陽五行說探源』, 艾蘭等編, 南京 : 江蘇古籍出版社, 1998.
소여 지음, 허호구 윤재환 정동화 옮김,『춘추번로의증』, 소명출판사, 2016.
시에 쑹링 저자(글), 김홍경 외 번역,『음양오행이란 무엇인가』, 연암출판사, 1995.
신동준 역,『묵자』, 을재, 2018.
신정근 역주, 반고 저,『백호통의』, 소명출판사, 2005.
안동림 역주,『장자』, 현암사, 1992.
劉翔, 『中國傳統價值觀詮釋學』, 三聯書店上海分店, 1996.
양계초, 풍우란 외 지음/ 김홍경 편역,『음양오행설의 연구』, 신지서원, 1993.
楊樹達,「甲骨文中之四方神命與風俗」,『積微居甲文說』, 과학출판사, 1954.
엘리자베스 클레망, 상탈 드몽크, 로렌스 한제 - 뢰브, 피에르 칸 지음, 이정우 옮김,『철학사전』, 동녘출판사, 1996.
여불위 지음 김근 옮김,『여씨춘추』, 글항아리, 2012.
유안 편찬, 이준영 해역,『회남자 상하』, 자유문고, 2020.

유재현 외 역, 『管子』, 영신사, 2006.
은남근 지음 이동철 옮김, 『오행의 새로운 이해』, 법인문화사, 2000.
李基東, 정용선 역, 『동양 삼국의 주자학』, 성균관대출판부, 1995.
이봉호 지음, 『주역의 탄생』, 파라아카데미, 2021.
李允熙 註解, 『參同契闡幽』, 여강출판사, 2000.
이원섭 역주, 『열자』, 현암사, 1976.
任繼愈 主編, 『中國哲學發展史』(先秦卷), 北京 人民出版社,, 1983.
임헌규 지음, 『한자어원으로 읽는 노자도덕경』, 파라북스, 2022.
朱伯崑 主編, 『周易通釋』, 崑崙出版社, 2004.
朱伯崑, 『易學哲學史』(第一卷), 華夏出版社, 1995.
朱伯崑 저, 김학권 번역, 『주역산책』, 예문서원, 2003.
主篇 周立升, 副主篇 王德敏, 『春秋哲学』, 山东大学出版社, 1989.
陳奇猷, 「呂氏春秋成書的年代與書名的確立」, 『呂氏春秋校釋』 上 · 下, 附錄, 上海古籍出版社, 2002
羅竹風主編, 『漢語大詞典』, 漢語大詞典編纂處編. 漢語大詞典出版社, 1993, 전자판
허구호 역주, 『춘추좌씨전』, 전통문화연구회, 2021.
胡孚琛 主編, 『中華道教辭典』, 中國社會科學院出版社, 1995.
胡外廬 등 著, 『中國思想通史』, 人民出版社, 1992.
胡厚宣, 「甲骨文四方风名考」, 『甲骨学商史论丛』, 初集第2册, 齐鲁大学国学研究所, 1944.
候外廬 主編, 양재혁 옮김, 『중국철학사상』, 일월서각, 1988.
(晋)杜预注, (唐)孔颖达正义, 『春秋左传正义』, 北京大学出版社, 2000.

■ 學位論文

강성인, 「『淮南子』의 음양오행학설과 사주명리의 연관성 연구」, 동방문화대학

원대학교 박사학위청구논문, 2017.
金己, 「陰陽五行說의 朱子學的 適用樣相에 關한 硏究」, 성균관대학교 대학원 박사학위청구논문, 2012.
南偉, 「論陰陽五行之起源」, 青島大學 碩士學位請求論文, 2006.
竇福志, 「先秦文献中的陰陽五行思想研究」, 山東師範大學 碩士學位請求論文, 2010.
文載坤, 「漢代易學硏究－卦氣易學의 展開를 中心으로」, 고려대학교대학원 박사학위청구논문, 1990.
박연주, 「『주역참동계』를 통한 기공수련에 관한 고찰」, 경희대학교 한의학과 석사학위청구논문, 2001.
박종태, 「『주역참동계』의 내단학과 양생의 원리」, 공주대학교대학원 석사학위청구논문, 2020.
孫艷茹, 「論呂氏春秋之陰陽五行說」, 河北師範大學校 석사학위청구논문, 2012.
劉明月, 「從四時編看管子陰陽五行思想」, 黑龍江大學校 석사학위청구논문, 2023.
李承慶, 「『周易』의 陰陽思想에 관한 硏究」, 대구한의대학교대학원 석사학위청구논문, 2023.
李豊琼, 「董仲舒陰陽五行哲學思想研究」, 西南大學 碩士學位請求論文 ,2010.
임명진, 「『周易參同契』 연구」, 대전대학교대학원 박사학위청구논문, 2010.
藏明, 「五德終始說的形成與演變－從鄒衍到董仲舒, 劉向」, 西北大學 博士學位請求論文, 2012.
조주은, 「陰陽五行의 結合過程硏究－ 天人關係論과의 相關性을 中心으로 －」, 東方文化大學院大學校 박사학위청구논문, 2014.
주현희, 「직하학파(稷下學派)의 음양오행설(陰陽五行說) 연구－관중(管仲)과 추연(鄒衍)을 중심으로」, 영남대학교대학원 석사학위청구논문, 2019.
朱新林, 「淮南子陰陽五行思想硏究」, 산동대학교 석사학위청구논문, 2006.
陳德述, 「略論陰陽五行學說的起源與形成」, 四川省社會科學院哲學硏究所 四川成都 610071, 第33 卷第2期 Vol.33. No.2 西華大學學報(哲學社會科學版), 2014.
彭華,「陰陽五行研究(先秦編)」, 華東師範大學 博士學位請求論文, 2004.
馮鶴,「陰陽五行學說與秦漢大一統政體的形成」, 中國社會科學院 석사학위청구논문, 2007.
畢曉樂,「齊文化與陰陽五行」, 山東師範大學 碩士學位請求論文, 2005.
侯塋,「董仲舒陰陽五行思想研究」, 西安電子科技大學 석사학위청구논문, 2023.

■ 學術誌論文

강성인,『『淮南子』의 음양오행 사상과 명리학의 연관성 고찰」,『道教文化研究』 제40집(2014).
강성인,「中國古典에서 漢代 陰陽五行論의 성숙과정 考察-『淮南子』·『春秋繁露』·『白虎通義』를 중심으로」, 한국외국어대학교 중국연구소,『중국연구』 80권 2019.
강성인, 김만태,「음양오행론에서『淮南子』와『五行大義』의 위상과 차이점」,『東洋學』 第62輯(2016年 1月) 檀國大學校 東洋學硏究院.
李明載,『『管子』의 陰陽五行論」,『東洋學』 第69輯(2017年10月) 檀國大學校東洋學研究員.
李明載,「戰國時代의 陰陽五行論」,『동방문화와 사상』 제3집, 2017.
文載坤,「陰陽五行論의 展開에 관한 硏究(I)」, 고려대학교 철학연구소,『철학연구』 Vol. No.14, 1989.
서근석,「오행사상(五行思想)의 변천에 관한 철학적 고찰」,『우계학보』 제44호.
서대원,『『参同契』와 太極圖」,『동양철학연구』 제47집 동양철학연구회 2006.
송갑준,「음양오행설의 사유체계」,『人文論叢』제14집, 경남대학교인문과학연구소, 2001.
신미경,「한대 기화론(氣化論)에서 원기(元氣), 태일(太一), 태극(太極)의 관계 연구 -『노자』 42장과「계사전」 11장을 중심으로」,『道教文化研究』 제61집

(2024.11).
오청식, 「『관자』의 음양오행이론에서 時와 政의 合一과 '四時五行循環式'에 관한 연구」, 『원불교사상과 문화』 제90집, 원광대학교 원불교사상연구원, 2021.
윤무학, 「五行의 원시적 배속과 상호관계 -『左傳』과 『國語』를 중심으로」, 율곡학회 논문집 『율곡학연구』 제46집(2021).
윤석민, 「『易傳』과 諸子學의 陰陽 Ⅰ: 戰國時期 諸子學派 陰陽의 同異」, 한국중국학회, 『중국학보』 Vol.65No-(2012).
이봉호, 「『참동계』와 태극(태일)-음양-오행 체계」, 『대순사상논총』 제37집 (2021).
이석명, 「『회남자』의 시령사상과 음양오행론」, 『大東文化硏究』 70, 성균관대 대동문화연구원, 2010.
이정재, 「陰陽五行論의 형성과 이의 응용연구」, 『한국문화연구』 7권, 경희대학교민속학연구소, 2003.
임채우, 「노자 陰陽論의 문제 -易傳과의 비교를 중심으로」, 『동양철학』, 한국동양철학회, 2014.
丁聲樹, 胡厚宣, 「甲骨文四方風名考補證」, 『責善半月刊』 2권 22기, 1942.
鄭日童, 「『春秋繁露』에서의 天人相關論」, 中國史硏究 第54輯(2008.6).
조원일, 「墨子의 天관념 연구」, 『중국학논총』, 한국중국문화학회, 2019.
조윤래, 「陰陽五行說의 同質性에 관한 論考」, 『유교사상문화연구』 9권, 1997.
조주은, 윤무학, 「『呂氏春秋』에서의 陰陽과 五行의 結合-十二紀의 月令思想을 중심으로」, 한국철학사연구회 2014.11, 『한국철학논집』 42권.
千仁錫, 「陰陽五行說의 起源에 關한 一考」, 東西醫學 대구한의대학교 제한동의학술원, 1987.